いつかの夏

名古屋闇サイト殺人事件

大崎善生

角川書店

いつかの夏

名古屋闇サイト殺人事件

目次

カバー写真　吉田和生「Air Blue」
ブックデザイン　鈴木成一デザイン室

アスファルトを這う花

第一章

生温かい風が吹いている。

いつにも増して暗い夜道だった。

夜の十一時を過ぎたというのに、まだうだるような暑さが続いている。二〇〇七年八月二十四日、この日の名古屋《なごや》は最高気温34・5度を記録していた。

名古屋市の中心部を東西に走る地下鉄東山《ひがしやま》線の本山《もとやま》駅を降りた磯谷利恵《いそがいりえ》（三十一歳）は、駅から自宅への二通りある道順のうち、バス通りを歩く道を選んで帰宅する途中だった。もう一本は住宅街の真ん中の急坂を登っていく道だが、そこは車の通りもあまりなく暗いので、夜の帰宅時にはいつも避けるようにしていた。バス通りは少し遠回りになるが、街灯も多く車の通りもあって、比較的明るい。しかし明るいといっても女性が一人で歩くには安全とはいえない。だから利恵は携帯で誰かと話しながら、あるいは話しているふりをしながら、少しでも危険から遠ざかる工夫をしていた。

その日は飲み会だった。

この夏に利恵は長年勤めた派遣先の会社を辞めることになっていて、仲の良かった同僚の女性がお別れ会を企画してくれた。夏の間はそんなお別れ会と称する飲み会が続いていた。

本山駅は名古屋市内を東西に走る大動脈ともいえる広小路《ひろこうじ》通りに面しており、この大通りはもう少し郊外へ進むと東山通りと名前を変える。広小路通りは四車線ある大きな道路で、少し先には東名高速の名古屋インターチェンジがあるなど、名古屋市内でも有数の交通量の多い幹線道路である。本山駅付近は賑《にぎ》やかな街並みが広小路通り沿いに広がっている。都市銀行や大型の都市型スーパー、百円ショップ、ファミリーレストラン、居酒屋チェーン店などがずらりと建ち並んでいる。電線や電柱が地中化されていることもあり洗練された街並みは、裕福さを感じさせる。学生も多いようで、塾の看板があちこちに見られる。

地上への階段を上り、広小路通りに出た利恵は右に折れ、すぐそばの銀行の脇をすり抜けるように進み、やがて一本道のバス通りに出た。日本中どこにでもある街中の道で、中央に黄色いセンターラインが引かれた片側一車線、前からはライトを照らした対向車が来る。道路の左端に歩行者用のスペースがあるが、歩道もガードレールもない。そんな道の上を利恵は背後から来る車を気にしながら、いつものように速足で歩いていった。

やがて左手に自由ヶ丘交番が見えてくる。

そのとき、バス通りを向かいから一台のワンボックスカーが走ってきて擦れ違った。

利恵は気にすることもなく小学校の角を左に折れた。そこは利恵が通っていた自由ヶ丘小学校で、左に折れるとすぐに道路を跨いで架けられた、学校の敷地をつなぐ専用の藤色の歩道橋が見えてくる。歩道橋には千種《ちくさ》区自由ヶ丘と書かれている。小学生たちが学校の校舎からグラウンドに移動する際に、道路を渡る危険を避けるために造られた、小学生専用の歩道橋である。利恵も小学生のころに何度となく渡った橋だ。小学校を過ぎるとその先は広大な丘とその上に建つ高級住宅街が広がっている。

「今、本山駅を出て、バス通りを歩いています」

「交番が見えたよ」

「小学校を左に曲がるよ」

「今、歩道橋をくぐったので、もうすぐ家に着きます」

利恵は交際していた男性に電話をし、状況を説明しつつ帰り道を歩くことも多かった。しかしこの日は、電話がつながらなかった。

バス通りに出るこの小学校の角は、母親の磯谷富美子《ふみこ》がいつも迎えに来てくれる場所だった。中学時代の塾の帰り。高校からの帰宅時。大学時代のアルバイトの帰り。そして社会人として働くようになってからも……。この角を曲がると、閑静な住宅地となり、夜は急に暗くなるという不安があったのだろう。だからここから自宅までは、母娘二人で何度となく歩いた道でもある。もちろん本山駅で待ち合わせるということも幾度となくあった。

バス通りで擦れ違った白いワンボックスカーは、音もなく利恵の背後でUターンをする。それから後をつけながらゆっくりと走り小学校の角を左に曲がり、歩道橋の下あたりで利恵を追い越す。そこは住宅街へ続く暗い一本道で、その先は自宅の市営住宅へ続く坂道になっている。白の日産リバティは歩く利恵の一〇メートルほど先の、茶色いタイル張りのマンションの駐車場の前に停まり、エンジンを切った。場所は利恵の自宅の住所と同じ名古屋市千種区春里町《はるさとちょう》、高級住宅街の真っただ中。あと五メートルも歩いて左に曲がり坂を登れば自宅に着く、しかも通っていた小学校の目の前である。

おそらくこのとき利恵は、自分の身に迫っている危機について、何も気づいていなかった。

マンションの前に、白い車が一台停まっている。

エンジンは切られ、人の気配もない。

道路の左側に停められたその車を、本能的に避けるように、利恵は右側を歩いた。それは普段通りの危機回避的な行動だった。

車の横を通り過ぎようとしたそのとき、真っ暗だった車の右側のスライドドアが開き、巨漢がぬっと出てきた。

一八〇センチは優に超える大柄な男。

利恵は思わずたじろぎ、二、三歩後ずさりをする。

利恵が通り過ぎた歩道橋のあたりに、とろとろと走り回っていたタクシーが停まっていた。それを気にしたのか男は慌てたように低い声で道を尋ねてきた。柄にもなく優しい声だった。

なんだ道に迷ったのか、と利恵は少し安心した。と、同時に本来の親切心が心に蘇《よみがえ》った。しかし次の瞬間のことだ。男は利恵の後ろに回り込んで即座に右手で口を塞《ふさ》ぐと、一切の抵抗を許さない俊敏さで、左手で腹を抱え込むようにして軽々と抱え上げた。そして一瞬にして車のスライドドアの内側に放り込むように投げ入れてしまった。

中にはもう一人の男が待っていて利恵を押さえ込む。ドアを閉める間もなく運転席に座っていた三人目の男が車を発進させる。利恵は悲鳴を上げるが、夜の十一時過ぎ、右側は人気のない小学校で、左側は大きなマンション。その叫びが誰かに届くはずもなかった。

この間、わずか一、二分。

たったそれだけの時間の中で、利恵の運命は急転する。


新聞各紙、テレビのワイドショーは、連日大々的にこの事件を報道した。

闇サイトで仲間を募り、発作的に起こした通り魔的な犯行ということが世間の耳目を集め、マスコミ各社は情報集めに奔走し、報道合戦のような様相を呈していた。

八月二十七日付の読売新聞朝刊は一面と三十八、三十九面で伝えている。


〝名古屋市千種区で24日夜、女性が拉致され、岐阜県瑞浪《みずなみ》市の山林で遺体で見つかった事件で、愛知県警は26日、女性の身元を名古屋市千種区春里町、契約社員磯谷《いそがい》利恵さん（31）と確認し、県警に電話で事件を告げた住所不定、無職川岸健治容疑者（40）と、愛知県豊明市栄町、朝日新聞のセールススタッフ神田司（36）、名古屋市東区泉、無職堀慶末《よしとも》（32）両容疑者を死体遺棄容疑で逮捕した。

3人は、犯罪を行う仲間を募集するインターネットの「闇サイト」を通じて知り合い、

「金を奪う目的で、通りがかりの女性を狙った。顔を見られたので殺した」と供述しており、県警は強盗殺人・死体遺棄事件として特別捜査本部を設置、強盗殺人容疑でも追及する。

3人は25日午前4時ごろ、瑞浪市稲津町の道路脇の山林に磯谷さんの遺体を遺棄した疑い。調べに対し、3人は、24日午後10時ごろ、千種区の路上で、歩いて帰宅途中の磯谷さんをミニバンで拉致し、25日午前0時ごろ、愛知県愛西市の駐車場の車中で約7万円を奪った上、ハンマーで殴って殺害した、と供述。奪った金は3人で分けたという。3人は磯谷さんと面識はなかった。

特捜本部によると、磯谷さんの着衣に乱れはなく、顔には粘着テープが巻かれ、両手首にはステンレス製の手錠がかけられていた。

3人は、犯行直前に顔を合わせて、打ち合わせたという。川岸容疑者は「死刑になるのが怖くて県警に電話した」と話している。

二〇〇七年八月二十七日　読売新聞　朝刊　社会面〃

利恵に道を聞き車に引きずり込んだのが堀《ほり》慶末、車の中で待ち構え押さえ込んだのが神田司《かんだつかさ》、闇サイトを利用して仲間を募りハンドルを握っていたのが川岸健治《かわぎしけんじ》である。事件は非常に単純かつ短絡的で、インターネットでの「裏の仕事しませんか」という川岸の呼びかけに、あっという間に賛同した二人が集い、金持ちの多そうな名古屋市千種区で車を使って目星を付けながら被害者を見つけ、金を奪い殺害し遺体を山林に捨てたというものだった。

それはある夏に起きたあまりにも凄惨《せいさん》な強盗殺人事件——。

たった一夜の出来事である。

暴漢三人に拉致されて手錠をはめられた一五五センチあまりの小柄な利恵は、しかしありとあらゆる凌辱《りょうじょく》、脅迫、暴力に耐え抜いた。最後は四十回にもわたって、鉄のハンマーで顔面や頭部を殴られるという考えられないような暴行を受ける。死因は窒息死。それは四十回のハンマーによる打撃では死に至らなかったということを意味する。顔面に打ち下ろされる三十八回目も、三十九回目も、彼女は生きていたのだ。

契約社員のどこにでもいる小柄な一人の女性。

性格は明るく、生真面目。お酒が好きで、食べ歩くことが趣味。

なぜ彼女がそのような暴行に耐えられたのだろうか。

頭をコンビニのレジ袋でくるまれ、その上からガムテープでグルグル巻きにされ、そして鉄のハンマーで頭から顔面にかけて容赦なく殴りつけられる。血が飛び散り、男たちは返り血を避けるためにTシャツを間にかざしたりした。

誰かが脈を取り「なかなか死なねえな」と苛立《いらだ》つ。

そんな凄惨な状況の車の中で利恵は言葉を発する。

「お願い、話を聞いて」

「殺さないって約束したじゃない」

約束。

その言葉の意味を考える。

そしてわかることは、ひとつ。

こんな状況の中でも磯谷利恵は必死に模索していた。

頭をハンマーで容赦なく殴られながら。

この状況から脱し、生き延びる方法を。

約束――。

その言葉こそがおそらく利恵が人生の中で最も大切にし、守らなければならないと心に決めていたものだったのではないだろうか。それを短い人生の最後に、自分の身を守るただひとつの武器として口にした。

その言葉の、正しさ、美しさ、あるいは覚悟。

しかし荒れ狂う凶漢たちにその思いが通じるはずもなかった。

五分後に利恵は絶命する。

「右足が痙攣《けいれん》してきましたよ」

「それはよかった。じゃあ、もうすぐ死にますね」

「お疲れ様」

これは実際に車の中で交わされた会話である。


事件が起きた日。

つまり二〇〇七年の夏、小椋由紀子《おぐらゆきこ》は二十三歳だった。

東京の大学を卒業後、地元の中日新聞社に入社し、研修期間を終えたばかりのことだ。いきなり社会部に配属され、そして最初に接したのが〝名古屋ＯＬ闇サイト殺人事件〟、つまり本件だった。新聞社に第一報がもたらされてからは、特設応援デスクのような場所に記者が集まり、異様な興奮状態に包まれていた。そんな中で小椋が上司から命令されたのはインターネット掲示板の監視。掲示板の中には何の根拠もないと思われる、被害者への誹謗《ひぼう》中傷や、想像による事件現場の再現など読むに堪えない書き込みで溢《あふ》れていて、それを見ているだけで本当に気持ちが悪くなった。いつもそうだがなぜこのような掲示板は被害者いじめの方向へ進む傾向があるのだろう。そんなことを思いながらそれでも一日中、掲示板を眺めていた。

翌日には小椋は取材に出かけ、記事を書いた。

〝女性拉致殺害　悔しくて、悲しくて

悔しくて、悲しくて、涙が止まらない――。名古屋市千種区の会社員磯谷《いそがい》利恵さん（31）殺害事件。磯谷さんの遺体は三日ぶりに母親が待つ自宅に戻ったが、磯谷さんを知る人たちは突然の悲報に言葉を失い、やり場のない怒りに体を震わせた。一方、磯谷さんが拉致されたとみられる現場周辺では、二度と悲惨な事件を起こさないために、地元住民によるパトロールが始まった。

磯谷さんの遺体は27日午後四時半ごろ、名古屋市千種区春里町にある市営住宅の自宅に運び込まれた。

ひつぎは車からストレッチャーに移されて一階にある居間に。母親の富美子さん（56）は日傘で顔を隠し、親族に肩を抱きかかえられながら、ひつぎの前を歩いた。

（中略）

一人の女性が、通り魔的に男たちに拉致され、無残に命を奪われた事件。27日午後十時、女性がさらわれたとみられる同じ時刻、同じ現場を歩いてみた。

最寄りの市営地下鉄自由ケ丘駅から現場までは十分もかからない。薄暗く、人けはないが、住宅や団地が並ぶ高台の道。街灯もある。一人で歩くのに不安がないとはいえないが、まさか連れ去られるなんて思いもしないだろう。

近くに住む五十代の主婦は、「この辺では〝安全な道〟って言われてるんですよ。事件には全然気がつかなかった。ショックです」と話した。

現場とみられる場所に立つと彼女の家も見える。すぐそばの団地から子どもがはしゃぐ楽しげな声や、カチャカチャと食器を片付ける音が聞こえてきた。自宅まであと百メートルほどの場所。奪われた彼女の〝日常〟が思い起こされ、悲しくなった。

事件を受け、現場近くの住民たちが、夜間のパトロールを始めた。だが、彼女が男たちの車に連れ込まれたのは一瞬のことだったろう。

もし誰か気づいていればと思うと、悔しい。そして〝安全な道〟で、誰にも気づかれなかったことが、怖い。（社会部・小椋由紀子）

二〇〇七年八月二十八日　中日新聞　朝刊　社会面〟

利恵の自宅の最寄り駅は地下鉄名城《めいじょう》線自由ヶ丘である。警察からの情報が少なかった事件発生直後は、拉致現場も発表されておらず、記者たちは利恵が自由ヶ丘駅を使っていたと推測して記事を書いた。自由ヶ丘は名古屋市千種区でも有数の高級住宅街であり、大学などの学校や病院も多く、丘の上には瀟洒《しょうしゃ》な住宅が建ち並ぶ。駅を降りると小さなロータリーがあり、そこを左に曲がって坂を登ると、すぐに商業高校が見えてくる。タイル張りの立派な建物で、それを右手に見ながら道を歩いていくと、左手には大きなマンションや真新しい市営住宅が並んでおり、すぐに自由ヶ丘小学校に突き当たる。どこを見ても美しくて清潔で、テレビドラマにでも出てくるような街並みが広がっている。

小学校の脇はゆるやかな下り坂になっていて、その向かい側には数軒の豪邸が見える。その奥の右手の坂の上には利恵が住んでいた白い市営住宅が三棟、建ち並んでいるのが見渡せる。おそらくこの下り坂のあたりを拉致現場と推定したのだろう。後に報道された週刊誌などの写真でも、拉致現場とされたのはこのあたりの風景が多かった。坂を下り切ると左右に走る道と交差し、そこに横断歩道がある。それを真っすぐに進めば上り坂が現れて、その右手が利恵の自宅。

実際の拉致現場は交差する道の左側。小学校と茶色いマンションに挟まれた路上ということであった。拉致現場は犯人だけが知る重要な状況証拠となるため、正確な情報は警察によって秘匿されたのだろう。

情緒豊かで、日本の代表的な古都という印象が濃い金沢《かなざわ》市。しかし駅の西口の先は大通りが延びておりオフィスビルが建ち並ぶばかりの殺風景な街並が続く。飲食店や喫茶店はいっこうに見当たらず、コンビニすらも見かけない、生活感のない砂漠のようなビル街。そこを七、八分歩いていくと左手に中日新聞北陸本社ビルが見えてくる。小椋は現在ここで社会部記者として働いている。事件のときには二十三歳だった小椋も、取材当時から六年が過ぎ二十九歳。一人前の新聞記者となった。

事件にまつわることで忘れられないことがいくつかある、と小椋は言った。

自由ヶ丘の街を歩き、そのあまりに平和な光景、小学校や自宅までの距離を思い起こし、思わず〝被害者には油断があったのではないか〟と原稿に書いてしまい、それを上司に叱責《しっせき》されてしまったことは特に印象に残っている。

「油断といえるような状況だと思うか?」というのが上司の指摘だった。油断という言葉を使うべきではないというのはまったくその通りだと、小椋は今もこの言葉を胸に留めている。

拉致現場や自宅、利恵が通っていたという囲碁カフェ、どこにいっても凄《すご》い数の報道陣だった。それでも新人記者の小椋は必死に走り回った。囲碁カフェはもちろん、利恵が自分で運営していた食べ歩きブログに出ている店を探しては一軒一軒回ったりもした。

拉致現場近くの小学校のフェンスには花が供えられ、いつからか手書きによるこんな紙が貼り出されるようになった。

〝同じ地域に住みながら、あなたを助けられなくてごめんなさい。あなたの死を無駄にせず、ここから犯罪の撲滅を発信していきます。〟

地元住民によるものだが、ショックの大きさが窺《うかが》える。

事件に接し、調べ回りながら小椋は考え続けていた。

どうして彼女はあんなにひどい暴行に一人で耐えられたのだろう。冷静でいられたのだろう。

自分にはとても無理だ。

「お願い殺さないで」

その痛切な言葉が、今も胸に響いている。

凶暴凶悪な三人の男たちに囲まれ、脅迫と暴行の限りを尽くされ、絶望的な状況の中でも懸命に生きる道を探った。それだけではない。利恵はそんな状況にあって犯人たちに罠《わな》すら仕掛けていたのである。

凄い人だなあと思う。

事件から六年が過ぎ、自分も被害者の年齢に近づいてきている。そして今は利恵のことを同じ女性として、心から〝誇り〟に思っていると小椋は涙を浮かべた。

事件のすぐあとは、自分でも相当に気を付けたという。夜遅くにはできるだけ出歩かないようにした。いつもどこかで緊張していた。でも、最近は、金沢の街で平気で一人で飲み歩くようになってしまった。

「駄目ですね」と小椋は最後に明るく笑った。

タクシー運転手、小林典久《こばやしのりひさ》（六十二歳）はその産業廃棄物処理場の前を走るとき、今でも無意識に頭を下げるのだという。愛知県愛西市《あいさい》を南北に走る国道155号線はこのあたりの幹線道路で、一日数度は必ず通る道だ。片側二車線の、日本の郊外ならどこにでもあるような国道で、両側には水田やこのあたりの特産物である蓮根《れんこん》を栽培する蓮田《はすだ》などが広がっている。遠くには農家が建ち、道路沿いにはJAの施設や、郊外型のスーパー、コンビニエンスストアなどがぽつりぽつりと並んでいる。そんな日本の平均的な風景の中にあって、ただひとつだけ日常からかけ離れたような建物がある。

それが「レストラン天王《てんのう》」。

レストランというよりは巨大割烹《かっぽう》という感じで、二階建ての和風建築に屋根から真っ赤な伊勢《いせ》海老《えび》の巨大なモニュメントが下げられている。建物の周りは車が数十台は駐《と》められる広い駐車場になっていて、送迎用のマイクロバスが停まっている。店頭に立てかけられたメニューは、コース料理が豊富で、法事や歓送迎会のときなどに団体客が使うことが多いようだ。しかし、普通のレストランでもあって、名物のジャンボ海老フライや寿司《すし》、ラーメン、うどん、カレーライスと何でもある。

そのレストラン天王の国道を挟んで向かい側の第二駐車場が殺害現場となった。今はすべてが駐車場ではなく、半分は産業廃棄物処理場となっている。角の方がまだ駐車場として使われていて緑色のダンプカーが一台だけ駐められていた。

千種区自由ヶ丘の瀟洒な住宅街から、このうら寂しい国道沿いの駐車場まで約二八キロメートル。十一時十分に拉致されて死亡推定時刻が午前零時四十五分なのでおそらく一時間近くは車で運ばれていたのだろう。ここで利恵は有無を言わせず殺されたのだ。

利恵を拉致した三人は、堀の知人の住まいに監禁する予定を変更して、木曽三川公園《きそさんせん》を目指して走っていた。その途中で利恵の車酔いがひどくなり、何度も何度も車を停めることを要求した。仕方なく車を停めたのがこの駐車場だった。広めの暗がりであればどこでもよかったのだろう。真夜中の駐車場には誰もいないだろうし、奥に入ってしまえば国道を通る車のライトも届かない。そこでキャッシュカードの暗証番号を聞き出すために、刃物を突き付けられるなどの散々な脅迫を受け、川岸から強姦《ごうかん》を仕掛けられ、それらのあらゆることに精いっぱいの抵抗を示してきた利恵は、腕で首を絞められ、次にはロープを首に巻かれて運転席と後ろの席から綱引きのように引っ張られ、それでも死なないと、大きなハンマーで堀に頭を殴られ、ガムテープでグルグル巻きにされた後、血しぶきを妨ぐために今度は頭にレジ袋を被《かぶ》せられ、その上から再びガムテープでグルグル巻きにされ、そして最後は死なないことに逆上した神田によって四十回もハンマーを叩《たた》きつけられて、やがて絶命する。

そこはめくれかけたアスファルトや砂利や細かいコンクリートのようなものに埋め尽くされたあまりにも殺風景な場所だった。駐車場と産業廃棄物処理場との仕切りは、よく工事現場で見かけるオレンジ色の地に黒の斜め線の入った薄い鉄製のフェンスが立てかけてあるだけである。処理場の方にはトラックが入ってきて、砂利やアスファルトの破片のようなものを、仕分けして円《えん》錐《すい》の小さな山のような形に積み上げていった様子が窺える。犯行当時はここも駐車場として使われていた。

死んでいくにはあまりにも寂しすぎる場所である。

レストラン天王の大きな瓦《かわら》屋根の上はいつしか夕日にそまりつつあった。大きな空が広がっており、その上を百羽近くの鳩の群れが自由気ままに旋回し、疲れては瓦屋根に止まり、しばらくしたらまた空に飛び立ちを繰り返している。


〝生まれ変わったら、空とかになりたい〟


利恵が生前に友人に残した言葉だ。

利恵の母、磯谷富美子は悲しみに耐えきれなくなると、いつもこの言葉を思い出し空を見上げて、何とか涙をこらえながら暮らしてきた。この八年間、いったいどのくらい空を見上げ、そうして娘を探し続けてきたことだろう。

殺害現場の上にそんな空が広がり、その中を鳩が戯れるように飛んでいる。

空のほかだったとしたら、利恵はたとえば何になりたかったのか。

その願いは叶《かな》えられているのだろうか？

あまりにも殺風景に見えた駐車場のアスファルトの、そのひび割れた裂け目を縫うように、小さな青い花が咲いている。気がつかないほどに可憐《かれん》な花だが、しかしアスファルトを埋め尽くすような勢いがある。サフィニアに似たトルコ石のような真っ青な花で、それは遺影となった利恵の着た真っ青なTシャツを思い起こさせる。

誰かが植えたものが根付いたのだろうか。

このあたりは事件発生直後は大変な騒ぎとなった。

タクシー運転手、小林は今でもその当時のことをよく思い出す。マスコミの取材陣が大挙して押し寄せ、最寄り駅の近鉄《きんてつ》弥富《やとみ》駅前からレストラン天王を往復するタクシーは大繁盛となった。

それから胸の中で手を合わせて謝る。

「申し訳ないことをしたなあ……」

心からそう思うときもある。

そして感謝もする。

やがて報道で、被害者が一歳で父を亡くし母娘二人で生きてきたことを知り、それも頭から離れない。一人残された母親のことを思うと、今でも胸が痛んでならないのだという。

殺害現場からタクシーで十分ほどの距離にある、近鉄弥富駅は跨線橋《こせんきょう》のかかる小さな私鉄駅だ。名古屋駅から近鉄の急行に乗れば十五分。

弥富駅の跨線橋の階段を三歳くらいの幼女が駆け下りてきた。

「バアバ、バアバ」と声を張り上げている。下では満面の笑みを浮かべながら孫を待っている祖母がいる。やがて二人は階段の半ばくらいの場所で出会い、バアバは孫を軽々と抱き上げた。

「重いよ」と娘が言う。

「重くなったねえ」とバアバが笑う。

「ジジは？」

「家で待っているわよ」

「スイカは？」

「切ってあるわよ」

弥富駅にはどこにでもある、そんな当たり前の光景があった。階段の上では母親が幸せそうに、バアバと娘の姿を眺めていた。

磯谷利恵の三十一年の人生の、その最後の二時間。

手錠をはめられ身動きもできずに三人の暴漢に囲まれた利恵は、それでも最後まで理性を保ち、生きるための最大限の努力をした。その姿を小椋は〝誇り〟という言葉で、タクシー運転手の小林は〝感謝〟という言葉で表現した。

男たちは身動きのできなくなった利恵を刃物で体を刺す真似をしながら脅迫し、キャッシュカードの暗証番号を聞き出そうとした。

「百円ショップで買った安物の包丁だから、何回か刺さないと死ねませんよ」と言いながら、太もものあたりに刃物を突き付ける。利恵は恐怖に体をがくがくと震わせた。その姿を犯人の一人は「姉ちゃん、マグニチュード10か」と逮捕後に交際相手に立ち上げさせた、自分の言い分だけを一方的に書き連ねただけのホームページに書き残している。別の男は二度にわたり強姦に挑んだが、利恵はそれを阻止、その男は「被害者は最後まで毅然《きぜん》としていた」とその姿を語っている。

腕で首を絞めても死なない。

ロープで首をグルグル巻きにして、運転席と後部座席にいる二人で端と端を持って思い切り引っ張ったがそれでも死なない。

そしてハンマーを取り出す。

グシャッ。

その一発目を浴びたとき、利恵の中に立ち上がった恐怖心はいったいどれほどのものであったろう。自分は今、身動きもできないまま、鉄のハンマーを頭に打ち下ろされた。自分は間違いなく殺される。そのことを知ったときの恐怖。

しかし、そんな恐怖にも暴力にも利恵は敢然と立ち向かう。

その姿に怯《おび》えるような男たち。

死なないことにパニックを起こし、また容赦なく打ち下ろされるハンマー。

頭を思い切り殴ると血が飛び散った。Tシャツをかざして返り血を避けようとする。そして再びハンマーが顔面に打ち下ろされる。

グシャッ。

飛び散る鮮血。

顔面全体を覆うように計二十三周にわたりガムテープを巻きつけた。

車が血で汚れないように、頭からレジ袋を被せる。そして再びガムテープでグルグル巻きにして、ハンマーを打ち下ろす。車の中は狂気に満ちている。男はその狂気に踊らされるように、頭部や顔面をハンマーで殴り続ける。

その最後の二時間。

凍り付くような恐怖の中でそれでも利恵は最後まで自分を保ち続けた。

どんなに痛かっただろう、どんなに苦しかっただろう、どんなに怖かっただろう。しかし孤絶する状況の中で、死の恐怖に立ち向かい利恵は一人で闘い抜いた。凍り付くような絶体絶命の状況で、取り乱すこともなく、また絶望することもなかった。

敢然と立ち向かい、ひたすら耐え抜いた。

その知性と勇気を、〝誇りに思い〟また〝感謝〟する。

たとえ肉体は砕かれようとも、あの男たちの振りかざすハンマーでは決して砕けないものを利恵は保ち続けた。気高さ、勇気、誇り。わずか一五五センチあまりの小さな肉体に宿る、それらのものが強い意志となり結果的に我々を守ってくれたのである。

どんな暴力にも崩せないもの。

その人間の力を利恵は示してくれた。

閉じ込められたワンボックスカーの中で、三人の凶漢に囲まれながら、一人きりでそれを証明してくれた。

それは何という勇気だろう。

その結果、誰も予想さえしていなかった不思議な現象が起こる。

虐殺されたはずの利恵に、守られている。

磯谷利恵という名の、たった一人の小さな被害者が結果的に我々を何かから守り抜いてくれているのだ。

それが八年たっても、多くの人がいまだにこの事件を忘れない本質であり、犯人たちの死刑を求める署名運動に三十三万人もの賛同が集まった理由なのではないだろうか。

暴力に屈しない。

言葉でいうのは容易《たやす》いが、実際にやり遂げることがいかに困難なことか。それを一人の三十一歳の小柄な女性が、命という最大のものを犠牲にして成し遂げてみせたのである。司法解剖により判明した利恵の死因はガムテープで顔面全体をグルグル巻きにされたうえにレジ袋を頭から被せられ、その上からさらにガムテープでグルグル巻きにされたことによる窒息死ということになっている。つまり大型のハンマーによる狂気ともいえる四十発の乱打には耐え抜いたということなのだ。

利恵の最後の二時間。

その勇気ある行動や毅然とした姿勢は、後に皮肉にも犯人たちの口から語られることになる。

そして結果的にその勇気ある言動が、人々の心に宿り、誇りとなり誰かを守り、救っている。

二〇〇七年の夏——。

それは八年も前の、今となってはいつかの夏の話だ。

でも間違いなく、世界はそんないつかの夏をいくつもかき集めてできあがっている。

磯谷利恵が闘った夏。

小さな体を震わせて、必死に何かを守り抜いた夏。

生きていたいと叫び、そして無惨に殺された夏。

もちろんその夏も、そんな夏のひとつでしかない。

しかし殺害現場を埋め尽くそうとしていたあの青い小さな花たちのように、それが欠かすことのできない、忘れることのできない夏であることに間違いはない。

そんなたったひとつの夏に、静かに耳を澄ましてみよう――。

青く小さな花が密《ひそ》かに咲き続けているように、彼女の記憶はアスファルトにできたわずかな隙間を頼りに、まだ在り続けているはずだ。

第二章

巡り合い

磯谷利恵は一九七六年七月二十日、父・磯谷末吉《すえきち》、母・富美子の長女として岐阜県岐阜市内の病院で生まれた。富美子の体調不良が主な原因で、帝王切開による出産となる。しかし生まれてみれば、体重は二九二〇グラム。弾《はじ》けるような健康に恵まれた愛らしい赤子であった。

手術を終え、麻酔を醒《さ》ますために看護師たちが「磯谷さん、磯谷さん」と名前を呼びながら手術台の上の富美子のほっぺたを軽く叩《たた》いていたとき、廊下で待機していた末吉は自分が呼ばれたと勘違いして手術室に飛び込んでいった。それを見た看護師たちに「お父さんはまだですよ」とたしなめられ、廊下に再び戻り椅子の上にへたり込んだという。

末吉にとってはまさに待望の第一子の誕生——。

このとき末吉は二十九歳、富美子は二十四歳。

福島県耶麻《やま》郡で男七人、女三人の十人兄弟の末っ子として生まれた末吉は、大手スーパーの管理職をしており、転勤で岐阜市に来たときに、同じく岐阜市で生命保険会社の事務職をしていた富美子と知り合った。富美子の母の友人から、お見合いのような形で紹介されたのである。

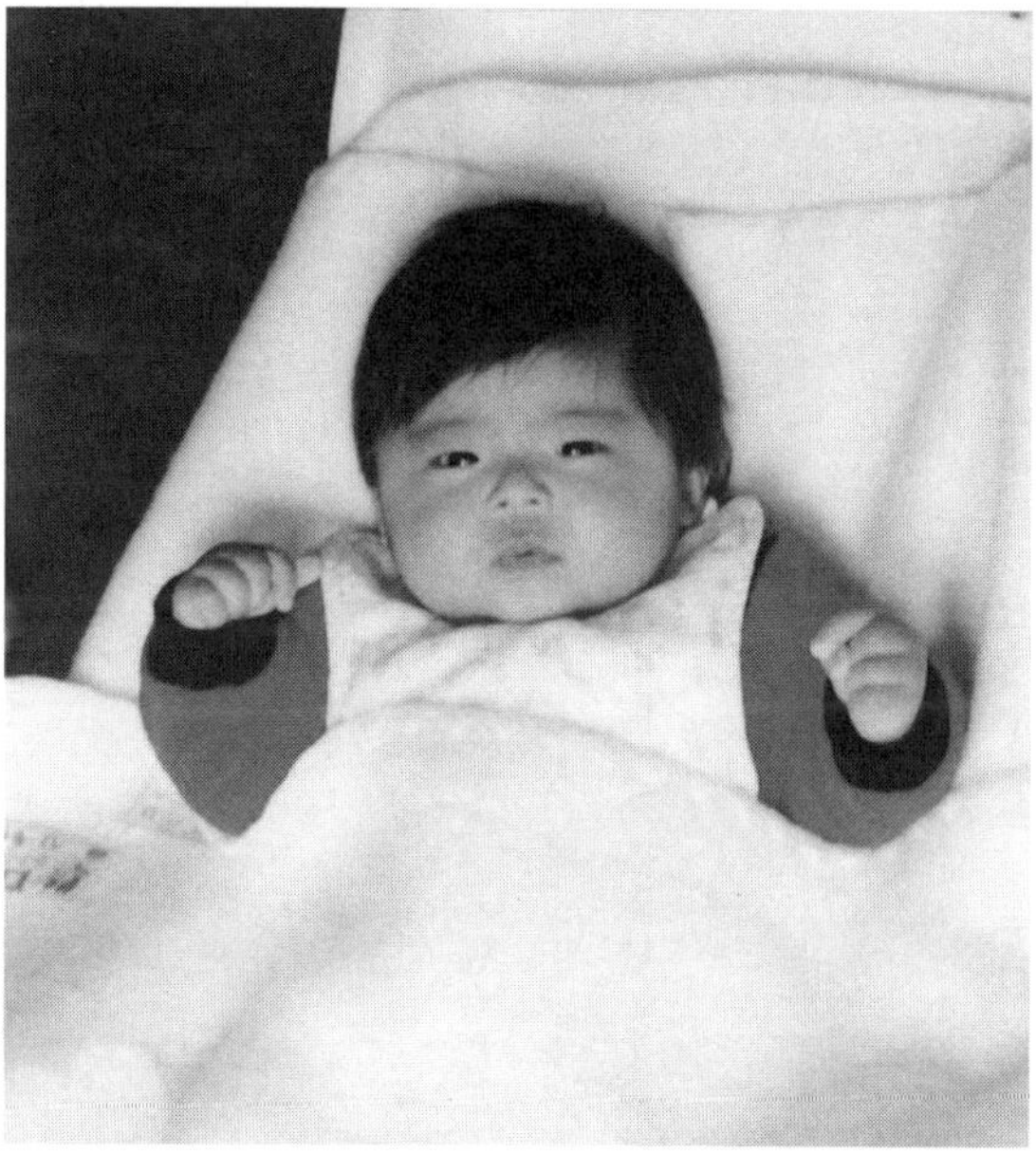

1976年11月1日。岐阜の自宅（高井マンション）で。

末吉はすぐに富美子を気に入り、二度目に会ったときには富美子という名前がとても美しい名前だと告げる。それに対して富美子は「あなたの名前もとても素敵ですね」と返すことができなくて、思わず噴き出しそうになってしまった。

末吉の仕事は土日が忙しく、それでも何とかスケジュールを調整しながらデートをするようになる。やがて週に一度、何とか土曜日に休みを取れるようになり、二人の関係は急接近していく。スキーやゴルフが得意な末吉はいずれ教えてあげると言い、それを富美子は心待ちにしていた。

富美子は八月十一日の生まれ、末吉は八月十四日。

何回目かのデートのとき末吉に「夫婦で近い誕生日っていうのもいいもんだよね」と言われて、その日から富美子は「ああ、結婚する気かな」と意識するようになった。

交際は順調に進み、やがて結婚した二人は岐阜市内の日光町《にっこうちょう》に新居を構える。鵜飼《うかい》で有名な長《なが》良川《らがわ》沿いの住宅地で、忠節橋の北に位置する四階建ての高井マンションがその場所となった。


現在の岐阜駅周辺にはタワーマンションが聳《そび》え立っていて、駅も奇麗に整備され、景気の良さを感じさせた。しかしタクシー運転手の話によりすぐにそれは瓦解《がかい》する。

タワーマンションはほとんどが名古屋で仕事をする若いサラリーマン家族向け。名古屋駅から特別快速に乗れば約二十分という利便性で駅周辺にだけ次々と高層マンションが建っていくが、一歩市内に踏み入れれば完全に空洞化してしまっている。岐阜駅の黄金の信長《のぶなが》像なんて張り子の虎だと笑う。岐阜市の産業はもともと繊維関係が主なものだったが、そのほとんどが人件費の安い中国にとって替わられてしまった。みじめなもんですわ、と苦笑いする運転手。市内から主要産業が消えてしまったのである。それから街は変貌《へんぼう》する。長良川沿いにあった有名なホテルも次々と閉鎖し、営業形態を変えていく。街中はどこもかしこもシャッター通りと化してしまった。

タクシーは長良川の土手の道を軽快に走っていった。

広い空と大きな川、向こう岸に広がる山。

川の向こうの右手に小高く険しい金華山《きんかざん》があり濃い緑が迫ってくる。その山頂付近にあまり大きくはないが白く美しい城が建っている。織田《おだ》信長や斎藤道三《さいとうどうさん》が居城にしたことでその名を知られ、難攻不落と呼ばれた山城、岐阜城である。

川岸の広い道には雄総桜町《おぶさざくらまち》という商店街がある。道の両側に中華料理店、寿司《すし》屋、天ぷら屋、そして和食や洋食の食堂などが軒を連ねているが、しかしどの店も古く、あまり活気を感じさせない。営業しているのかどうか定かでない店も多い。かつては間違いなく賑《にぎ》わっていたのであろうと感じさせる雰囲気が、またどこかうら寂しい。

「鵜飼、鵜飼とみなさんおっしゃいます。確かに鵜飼は有名ですが、あれを見にくるお客さんはシーズンを通してせいぜい十一万人、甲子園《こうしえん》なら二日分ですわ。そんな数じゃどうにもならんでしょう。鵜が獲《と》った最高級の鮎《あゆ》はほとんどが赤坂《あかさか》の料亭へ直行です」

そんなタクシー運転手のボヤキが車内に響き渡った。

車を少し走らせてもらい、新婚の磯谷夫婦がはじめて居を構えた街に向かう。日光町という広い住宅街なのでしばらくは歩き回らなければならないと覚悟していた。タクシー運転手には適当な場所で車を停めてもらう。

降りて驚いたこと。

車を停めた目の前の建物がまさしく高井マンションであり、それは車から降りて三歩の場所にあった。

一九七六年に生まれたばかりの利恵と、三人家族での生活がはじまる。今から四十年近くも前のことになる。高井マンションは茶色いコンクリートの四階建ての鉄筋マンションで、当時とすれば相当に先進的な物件だったのではないだろうか。

末吉は富美子の妊娠を大喜びし、まだ生まれる前から、次々と赤ん坊用の衣服を買って帰ってきた。まだ性別がわからないので、どちらが生まれても着られるような中間的な色合いのものが多かったという。このマンションの一角で、そんな幸せな生活の一コマが送られた。長良川の土手を散歩し、雄総桜通りで食事をすることもあっただろう。その店の何軒かの佇《たたず》まいは今も当時と変わらない。

生まれてすぐに保育器に入れられ部屋に運ばれてきた利恵と、麻酔が醒めた富美子はベッドの上で対面した。その第一印象は、驚くほど顔が末吉に似ているということだった。やがて病院内で利恵を抱いて歩けるようになると、利恵はよく男の子と間違われた。髪の毛がふさふさと濃く、泣き声が大きいのがその理由だった。福島での少年時代は〝侍〟と呼ばれる腕白坊主だった末吉にうりふたつなのだから、それも仕方のないことだったかもしれない。

磯谷富美子は四人兄妹の三番目の子として一九五一年八月十一日に長崎県佐世保《させぼ》市で生まれた。終戦から六年後のことで、富美子の兄弟たちは終戦直後に生まれ、まさに戦後の混乱の中で育てられていった。佐世保市はその複雑な地形から日本軍の重要な軍港として運用されてきた。大きな造船所があったこともあり、幾度となく米軍による熾烈《しれつ》な爆撃を受けている。特に一九四五年六月二十八～二十九日にかけての空襲は凄《すさ》まじく、一四一機ものB29爆撃機が佐世保市上空に飛来し、推定一二〇〇トンもの焼夷弾《しょういだん》を投下して町は焼け野原となった。夜の十一時過ぎから二時間に及ぶ集中的な爆撃によって市街地は壊滅状態となり、一晩で千二百人以上もの人が命を落とした。

富美子の生まれた年は日本にとって歴史的に大きな転換期となっている。一九五一年四月にアメリカのトルーマン大統領の怒りを買ったマッカーサー元帥が極東全指揮権を電撃解任され、またこの年の九月にはサンフランシスコ講和条約が調印され、日本は終戦直後から続いていたアメリカの占領状態から解放される。日本全国にあらゆる業種の会社や飲食店が次々と設立されていく。一九五一年創業の会社は多く、日本全体に少しずつ復興の明るい兆しが見えはじめた年といえるかもしれない。連合国軍（事実上はアメリカ軍）の占領から解放され、再び独立国としての自由を取り戻したのである。

佐世保駅前には南北に延びる国道35号線が走っており、これがまさに市の大動脈となる。駅の西側にはすぐに海が広がっており、東側や北側には険しい山が迫っている。海を背後にした駅と国道35号線の周りだけが平地で、あとはぐるりと山に囲まれているという地形だ。その山々のひとつ烏帽子岳《えぼしだけ》は標高五六八メートル、地図上は佐世保市のほぼ中央に位置する。

山の斜面に張り付くようにびっしりと家が建ち並ぶ。まるで段々畑のようで、斜面に沿ってつづら折りに車道が走り、垂直方向には階段が縫うように続いている。駅から信号を越えたところにパチンコ屋があり、その裏から階段がはじまっていて、登山道の入り口を思わせる。

階段を上ってしばらくすると大きなお寺に出た。そこから車がやっと一台通れるくらいの道が見える。ここが富美子の出身地、佐世保市潮見町《しおみちょう》だ。この道沿いはかつてこのあたりの繁華街として繁盛したそうだが、今は店もまばらだ。その道を真っすぐに歩いていくとやがて左手に階段が見えてくる。かなりの急勾配《こうばい》だ。家と家の隙間を縫うように作られた石の階段を上って何度か折れ曲がりながら進んでいくと、急に視界が開けてくる。開けた視界の先にあるのが佐世保市立潮見小学校だった。富美子が二年生まで通っていた、小学校である。

小学校から佐世保港に停泊する戦艦が見えた、との富美子の記憶通り、後ろを振り返ると国道沿いに建つマンションやビルの隙間から、真っ青な海が見え、戦艦が浮かんでいた。昔はビルやマンションなどなかったろうから、遮るものもなくもっと大きく見えたことだろう。

ここで富美子が生活していたのはもう五十年以上前のこと。しかし街の佇まいはそんなに大きく変わってはいないと思われる。斜面に張り付くように広がる民家の雰囲気はノスタルジックで昭和の中期ぐらいのムードが漂っている。

富美子から与えられた情報は潮見小学校のことと古い住所。そして富美子の姉の山本美穂子《やまもとみほこ》からは、自分たちの住んでいた家が建て替えられ、今は整形外科となって開業していると聞いたことがある、と教えられていた。

潮見小学校の校門横のフェンスに町内の古い案内図が掛けられていた。

その中に整形外科の位置が示されている。教えられた住所にも合致する。案内図に従い石の階段を下りていく。上るときは背後にあり気づかなかった海が、下りでは真正面に見える。古い和風の民家が多く、坂の上に石垣を積んで平らな土地を造り出し、その上に建てられている。その石垣と石垣の間を、石の階段が縦横に走っている。それを下っていくと少し広い道路、旧商店街に戻った。案内図の記憶を頼りに整形外科を探すが、なかなか見つからない。坂道に造られた街並みは迷路のように入り組んでいる。家庭菜園で作業をしている婦人を見つけ、この辺に整形外科はなかったかと聞くと、説明するのがもどかしいという感じで、裏道のような細い路地を抜けて玄関前まで連れていってくれた。

吉田整形外科は周りの家並みとは一線を画した、白いタイル貼りの洋風の建物で、古めかしい家々の中にあってひときわ目新しさを感じさせる。しかしあまり人の気配がない。それもそのはずで、院長が数年前に亡くなったため今は開業していないという。

ここでいいのだろうか。確定する自信がない。

五十年以上前の記憶を探し回ることにする。

一軒下のお隣は外出中。一軒上も誰も出ない。二軒上は旧商店街に面する家で、七十過ぎの男性が丁寧に応対してくれたが、あまり記憶が定かではないという。商店街に面する酒屋も駄目、その並びの電器屋も駄目。パーマ屋さんも記憶にないという。諦《あきら》めかけていたが最後と思って入った井出商店という雑貨屋の八十歳過ぎのお爺《じい》さんが憶《おぼ》えていてくれた。

「あそこはもともとは三軒長屋があってな、三家族ぐらいが暮らしておった。洋服屋さんだった。別嬪《べっぴん》さんの女の子がおったなあ。ある日、突然店を畳んで出ていかれた。嬉野《うれしの》の方に一家で引っ越したとあとで聞いた。ひとつ下の家は昔は魚屋さんだった。この道も昔は結構な商店街でなあ、あの突き当たりの大きなお寺さんまでずっと道の両脇は商店が建ち並んでいたもんです。今はもう四、五軒しかないがな。それは繁盛しておったもんですが、もう何もなくなってしもた」

別嬪さんと憶えられていたのはおそらく姉の美穂子のことだろう。富美子は小学二年生の一学期までを、潮見小学校に通っていたというから、五歳上の美穂子は中学生になるまでいたことになる。別嬪さんという老人の記憶も表現も、あながち間違いとはいえないだろう。ただし三軒長屋というのは記憶違いのようだ。その場所には二軒の家が建っており、道路沿いの家に富美子の祖父母と、父母と子供四人の八人が暮らし、裏の家は借家として三家族に貸していた。そのさらに奥には夏みかん畑があった。また一家で引っ越したというのも違っていて、祖父母はそのまま残って、そこでの生活を続けた。

美穂子と富美子はとにかく本が大好きで、漫画から子供向けの学習雑誌のようなものまで読み漁《あさ》っていた。家を改築し二店舗分のスペースを造り、その一軒で父親が洋品店をはじめ、もう一軒を貸しに出した時期があった。その借り手が貸本屋をはじめたのである。家の一部が貸本屋のようなもので、姉妹は大いに喜んだことだろう。しかしほどなく、その本屋は撤退してしまうことになる。その後はしばらくの間、まだ小学生だった美穂子が引き継いで店番から本の買い付けまで行っていたという。売り上げの計算までこなしていたというから驚きである。富美子は漫画雑誌の付録を貰《もら》うことを何より楽しみにしていた。

そして、突然の引っ越し。

井出商店の老人が発した突然という言葉が意味することは、美穂子と富美子の二人の記憶の中にあった。終戦後間もなくの頃から、父は進駐軍で働いていた。どんな内容の仕事だったのかは、詳しくはわからない。サンフランシスコ講和条約の締結の結果、佐世保の米軍基地が大幅に縮小されることになり、仕事量は減っていった。ちょうどその頃、友人から勧められて洋品店を開業する。洋品店はしばらくの間、続いた。しかし最終的にその友人に騙《だま》されて、すべてを失うことになる。その結果、一家は突然の引っ越しを余儀なくされ、揃ってこの坂の街を出ていかなければならなくなってしまったのだ。

一家が向かった先は佐賀県武雄《たけお》市。富美子の母の実家のある里。おそらく緊急避難的に引っ越さざるを得なかったのではないだろうか。そこは佐世保の山の中腹という生活とがらりと変わり、平坦《へいたん》で日本の昔話にそのまま出てきそうな平和な山里が見渡せる。小さな山があり田畑があり小川が流れ、頭上には緩やかな青い空が広がる。富美子はここの小学校へ、美穂子は中学校へと通うことになる。佐世保ではまだ色濃かったであろう戦争の爪痕《つめあと》も、この地ではほとんど感じることがなくなったのではないか。水田や畑に囲まれて民家がポツン、ポツンと建っている。その風景は五十年以上もたった今もそう大きく変わることはないだろう。井出商店の老人は武雄を嬉野と勘違いしていた。どちらも佐賀県では有名な温泉地なので混同したと思われる。

この武雄には利恵も祖母に連れられて、よく遊びに来た。夏休みには富美子を名古屋に残し、祖母と二人で一ヶ月近く過ごすこともあった。田畑があり小さな山があり小川があり神社があり、同い年くらいの子供が大勢いた。遊ぶ場所には事欠かなかっただろう。泥だらけになり毎日のように野山を駆け回る。祖母と母の故郷。それは利恵にとっても原風景のような場所だったに違いない。まるで昔話の中に紛れ込んだような平和な里——。

美穂子は高校卒業までを武雄で過ごした。卒業後は親戚《しんせき》の伝手《つて》を頼りに岐阜で就職をする。

五歳下の富美子は小学六年生の一学期までを武雄で過ごし、それから父親の仕事の関係で、山口県下関《しものせき》市へと二度目の引っ越しをする。一九六〇年代なかばに差し掛かろうという時代のことで、敗戦の痛手から脱却した日本は高度成長期を迎えていた。富美子の父は鉄鋼需要に沸く福岡県八幡《やはた》の製鉄所に職を得る。一家が引っ越した先は下関市といっても、市内とは橋で結ばれた島の中に造られた団地の一角で、そこから八幡に向けて毎日定期船が出ていた。

すぐそばに海水浴場があったという富美子の記憶を頼りに、その彦島《ひこしま》を歩き回ると、確かに住所の近くに西山海水浴場があった。しかし周りは団地や大きな工場に囲まれ、殺伐とした雰囲気である。工業地帯の一角に造られた海水浴場という感じがしなくもない。タクシーでさらに島の突端に向かうと、港に大きな魚市場がある。南風泊《はえどまり》といって日本でも最大のフグの水揚げ地であり、十月から三月の間はフグの競りで賑わう。

富美子は彦島の中学を出て、高校へはバスで橋を渡って通った。下関では伝統のある商業高校で、几帳面《きちょうめん》な生活態度で成績は常に優秀だった。しかし進路に関しては、いくらかの迷いがあった。中学時代は姉が嫁いだ岐阜に一時的に転校し、また下関に戻ったりもした。下関の高校を卒業し地元で就職したものの、勤め先の雰囲気がどうしても肌に合わず、結局は再び姉を頼って岐阜に行く決心をする。その岐阜で保険会社の事務員という職を得て、末吉と知り合うことになる。

下関と九州は驚くほどに近い。

関門トンネルは電車で走るとほんの数分だろうか。

海辺に建つ下関のホテルの部屋からは目の前に海が広がり、その上に橋が架かり、すぐ先に九州が見える。下関は本州というよりも九州の一部という表現を聞いたことがあるが、確かに街の雰囲気や文化的なムードは博多を小さくしたような感じだ。

この狭い関門海峡の海に沈んで、幼い安徳《あんとく》天皇は命を落とし、平家の終焉《しゅうえん》の地となった。また彦島の少し先には宮本武蔵《みやもとむさし》と佐々木小次郎《ささきこじろう》の決戦の地、巌流島《がんりゅうじま》がある。ホテルの横の船着き場からはひっきりなしに、巌流島行きの遊覧船が出ている。

この小さな海の中で、日本の歴史は大きく彩られていった。

その下関を出るときに富美子は何を思っていたのだろうか。

とにかく少しでも早く親元を離れ、自立したい。姉を追うように二度、三度と岐阜に向かったという行動から、そんな気持ちが窺《うかが》えなくもない。

一九七六年七月、富美子と末吉の間に生まれた娘は、生まれる前から利恵と名付けられていた。

幸せに恵まれて欲しいという願いを込めて、妊娠中に富美子と祖母シヅが相談して決めた。富美子も美穂子も子が付くので、子の付かない名前にしようと話し合い、画数などを調べて決めた。まだ性別がわからなかったが、直感で女の子と決め打ちしていた。

生後三日目に末吉が撮った利恵の写真がある。

そこには手書きのこんな言葉が残されている。

〝パパさんにそっくりでしょう〟

〝身長、やや低し。ママさん似〟

このメモは富美子によるものだ。

この頃、末吉と富美子は三つの約束をした。

ひとつは、娘をしっかり育て上げ、お嫁に出そう。もうひとつは自分たちの家を持とう。そして最後に、同じ趣味を持とうというものだった。

利恵の誕生からしばらくして、末吉の転勤に伴い、一家は神奈川県の平塚《ひらつか》へと引っ越している。佐世保からはじまって、武雄、下関、岐阜、平塚と、富美子の人生は北へ北へと向かっていく。転勤が多いということはあるが、末吉の収入は安定しており、また社宅を与えられているということもあって、富美子は子育てに専念すればよく、生活は落ち着いていた。

しかし平塚に越して三ヶ月もしないうちに異変が起こる。

突然、末吉が体調不良を訴えたのだ。

近くの病院で検査を受けた結果、精密検査の必要性を指摘され、血液の病気に定評のある神奈川県伊勢原《いせはら》市の東海大学医学部付属病院を紹介された。精密検査の結果、すぐに入院することになる。

入院の日に東海大の医師から富美子だけに病名が告げられた。

それは思ってもみないものであった。

急性骨髄性白血病。

一歳の子供を持つ新婚夫婦にとって、あまりにも重い病名である。

それが一九七八年二月九日のことだ。

「治るんですか？」と富美子は慌てて医者に聞いた。

「五分五分です」と医者は答えた。

「もし駄目だったとしたら、どのくらいもつんですか」との富美子の必死の問いに冷徹な答えが返ってくる。

「何ともいえませんけれど、まあ半年かそれくらい」

富美子の脳裏に真っ先にまだ幼い利恵の姿が過《よぎ》った。

どうしよう、と心の中で叫んだ。そして次の瞬間には頭の中が真っ白になっていた。何を考えることもできなくなってしまった。

しかし現実に空白はない。

悩む間もなく末吉の闘病生活がはじまる。

ちょうどその頃、埼玉県大宮《おおみや》市に富美子の兄が住んでいて、母も同居していた。一歳の娘を病院に連れていくには毎回手続きが必要で、実際に不便なことも多いので、富美子は利恵をシヅに預け、自分は末吉の看病に専念することにする。

平塚から伊勢原市の東海大学病院へ通うのはアクセスが悪く大変だった。バスを二本乗り継ぎ片道一時間以上を要した。もちろん娘の様子を見に、大宮にも行かなくてはならない。病院、自宅、大宮を行ったり来たりの生活だった。

間もなく抗がん剤治療がはじまる。

末吉には病名は敗血症と伝えられていた。病床の末吉は元来の几帳面さを発揮する。大学ノートに、与えられた薬をすべてメモしていく。今日は何を何本で、どういう薬を点滴したか。体温がどのくらいで、血圧はどのくらいと、症状もすべて克明に書き込んでいく。錠剤などでいつもと違う薬が入っているとすぐに看護師を呼び、これは何の薬かと問いただし、間違っていたときには大きな声で怒鳴りつけていたという。

末吉の最大の心配事は経済面のことだった。大黒柱である自分が入院してしまったのだ。病室は個室だったので差額ベッド代だけでも一日一万円はかかる。

しかしちょっとした幸運もあった。

二人がまだ岐阜に暮らしていて富美子が保険会社を辞めて間もなくの頃、勤めていた保険会社のセールスマンが末吉の会社に回って来たことがあった。もちろん富美子の伝手を頼ってのものだったが、末吉は仕事の邪魔になるといってにべもなく断っていた。しかし富美子が保険のひとつも入っておいてもらわないと先が不安だと食い下がり、それではひとつだけ入っておこうと末吉が折れて、たまたま入ったのががん保険だったのだ。がん保険には入ってからがんの診断を受けるまでに三ヶ月という免責期間がある。末吉はぎりぎりその条件をクリアしていたのだ。

末吉は金銭面のことを気にして医師にも何度も相談していた。

しかし本人にがんの告知はしない方針だったので、市役所の方で補助をしてくれる制度があり、そちらに申請しておくのでと医者が説明してくれた。やがてそれが下りるようになったということを告げられて、何とか末吉の心配は収まったのだった。

保険が下りるようになって経済的には助かったというものの、しかし現実は大変だった。十日に一度、十数万円という請求がくる。治療には新鮮な血液が大量に必要となる。それは末吉の会社の同僚が協力してくれた。もちろん協力は有り難いことだったが、輸血のためには一人一人の血液を精密に検査する必要がある。その検査費用は保険も下りず、すべて磯谷家の負担となる。そんな目に見えない費用が色々と嵩《かさ》んでいく。

しかし富美子はなるべくそんな心配を末吉に見せないようにした。

自身の本当の病名を知らない末吉の闘病姿にはそれほど悲壮感はなかった。治るものと思い込んでいるのである。しかし抗がん剤治療は過酷で、髪の毛もみるみる失くなっていく。病床で抑えようのない苛立《いらだ》ちを見せる日もある。

「スカートの丈が短い」と怒鳴られたことがあった。

「ヒールが高い。そんなのをはいてカッカッ音を立てて歩いたら、いつ出かけていつ帰ったかみんなばれてしまうだろう」とも言われた。これはおそらく社宅住まいならではの心配事なのだろうと富美子は考えた。

一ヶ月に一度ほどの割合で利恵を連れていくと、手を叩かんばかりに喜んだ。

しかし利恵の方は戸惑った。一ヶ月たってしまうと父親のことをすっかり忘れてしまうらしい。それも一歳半という年齢を考えると無理もない。最初のうちは病室の入り口付近で、立ったままじーっと様子を窺っている。しばらくして慣れてくると、ベッドに上がり、父親の腕に抱いてもらうのである。それからはニコニコと遊びはじめる。真っ白な病室。その色のないベッドの上で我が子を抱きしめる末吉の姿。今も富美子の脳裏にはっきりと焼き付いている。

入院生活は二ヶ月近くになろうとしている。

まるで無間地獄にいるような、と表現されるほどの凄まじい副作用をともなう抗がん剤治療を受けているのだから、本人も自分の病気がただならぬものであることは、薄々気づいていたとしても不思議ではない。

ある日、富美子は「もし僕が死んでも、再婚はするな」と言われた。

「あら、だって私まだ二十六歳よ」と富美子は咄嗟《とっさ》に答えた。そして「いい人できたら、娘を連れて逃げちゃうかもよ」と冗談を言った。

すると末吉は真顔で「どこへ逃げたって、どんなことをしても捜し出す」と言ったのだ。

まだ出会ってから二年しか経っていない。新婚同然で末吉は「富美ちゃん、富美ちゃん」と大変なほれ込みようだったという。そんな二人が突然の別れを覚悟し、受け入れなければならなくなる。富美子にしても、末吉が他界したあとのことを考えると、頭が真っ白になった。まだ二十六歳で一人の娘を抱えて、見知らぬ土地でどのように生きていけばいいのだろう。自分が働き、娘は施設のようなところに入れなければならないのだろうかとさえ考えていた。

どんなことをしても捜し出す――。

そんな愛の表現もある。

その言葉を胸に富美子は生きてきた。そして末吉の言葉に従ったわけではないが、結果的にはその言葉通りに、再婚をしないまま六十代を迎えている。

一九七八年五月四日。

末吉は息を引き取った。病気が発覚して三ヶ月も経っていない。覚悟も用意も何もない、突然の、幼い可愛い盛りの娘を遺《のこ》しての無念の死。まるで急坂を転げ落ちていくような命運。このとき末吉は三十一歳。富美子は二十六歳。利恵は一歳九ヶ月。

ゴルフを教えてもらうという約束が叶《かな》えられることもなく、わずか二年の結婚生活はこうして終止符が打たれたのである。

葬儀は平塚で行われた。引っ越したばかりの富美子には知り合いも頼れる友人もいるはずはなく、結局は末吉の会社の人たちが取り仕切ってくれた。

まだ何もわからない利恵は人が集まるのが嬉しいのか、終始ニコニコしていた。

二人でスーパーに出かけたとき、どうしても買って欲しいお菓子があった。富美子が「買ってあげるけれど、途中で食べちゃだめよ。お行儀悪いから、お家に帰ってから食べようね。お手てに持っているだけよ」と言うと、きちんと約束を守って家に帰って食べる。そういう子だったという。言葉はまだ片言しか話せない。当然のことながら、利恵に父親の記憶は一切残されていなかった。

平塚という馴染《なじ》みのない土地で夫に先立たれ、途方に暮れていた富美子だが、しかしぼんやりしている暇はなかった。規約により六月の末までには社宅を出なければならなかったからだ。取り急ぎ引っ越し先を決めなければならない。いくつかの候補はあった。このまま平塚でアパートを探す。兄のいる埼玉へ引っ越す。母の実家の武雄に戻る。しかし富美子が選んだのはそのどれでもなかった。下関から岐阜へ後を追うように行ったように、この人生の大きなわかれ道ともいえる選択の中で富美子は再び、姉美穂子を頼りにすることを選ぶ。

美穂子はこのとき夫の仕事の関係で岐阜を出ていた。

富美子は姉の住む街に幼子を連れて引っ越すことを決断する。結果的に富美子の人生の、北進を止めることになる街。

その街こそが宿命の地——。

名古屋だった。

第三章

優しい時間

夫に先立たれ、二十六歳にして未亡人となってしまった磯谷富美子は、一歳九ヶ月の娘利恵を抱いて名古屋を目指していた。夫、末吉は二月九日に入院し、五月四日にこの世を去った。急性骨髄性白血病が恐ろしい病気であることは知っていたが、しかしあの大きな体格でスポーツマンの夫が、こんなにもあっけなく命を落とすことになるとは夢にも思わなかった。

「娘を頼む」

そんな言葉を吐く猶予すらなかったといっていい。

とにかくこれからは自分だけの手でこの娘を育てていかなければならない。そう考えると気が遠くなるような思いがしたが、しかし富美子は何度も自分に言い聞かせ、決心を固める。他に道はないのである。名古屋市に家庭を構える姉の美穂子を頼ることに決め、平塚から西に向かった。ただ、大宮の兄の家で暮らしていた、母親のシヅがついてきてくれることになったのは心強かった。この若さで夫を失ってしまった娘を放っておくことはできなかったのだろう。家族の皆が力を結集して、この危機から富美子を救おうとしたのだ。

母がいてくれれば娘を任せられる。

そして自分は働きに出ればいい。

夫を突然に失い、まるで視野をすべて閉ざされてしまったような状態の富美子に、それは微《かす》かな一筋の光明だった。そのわずかな光の筋を頼りに進んでいくしかない。自分が稼ぎ、母と協力してこの娘を育てるのだ。夫と交わした三つの約束を守るためにも——。利恵を腕の中に抱きながら、幾度となく富美子の胸にそんな思いが去来するのだった。


名古屋で富美子が見つけたのはマンション五階の一室だった。中区千代田《ちよだ》という場所で、名古屋市の中心に位置する。最大の繁華街である栄《さかえ》から地下鉄でわずか三駅、十分に徒歩圏内である。

富美子はここに生活の拠点を構え、新たなスタートを切る。

母シヅと娘の利恵との三人暮らし。しばらくの間は姉の美穂子が毎日のように顔を出し、あれこれと手助けをしてくれた。

七月に引っ越しを終え、九月には就職が決まった。夫を亡くしてわずか四ヶ月あまりのことである。その死すら受け入れることもできないままに、幼子を抱え、名古屋という見知らぬ土地で住まいを探し、職を得る。まだ二十六歳の富美子にとってそれは相当なエネルギーを必要としたことだろう。泣いている暇もない、というのが実感だったのではないか。

就職したのは弱電設備メーカーの会社。東京に本社がある企業の名古屋営業所である。ナースコールをはじめとして郵便局の防犯設備、あるいはインターホンのようなものから構内用ポケットベルまで、弱い電波を使った機器を手掛ける会社の事務員としてだった。

利恵は二歳の誕生日を迎えていた。性格は明るく、とにかく人懐っこく、いつも笑っていた。そんな娘の姿を見ていると、富美子も夫を失ったことをいつまでもくよくよしているわけにはいかないという気持ちにさせられた。とにかく自分が頑張らなければならない。

娘に泣き顔を見せてはいけないと心に誓った。自分が明るく振る舞わなければ娘に悪影響を与えてしまうと考えたからだ。

利恵は頑張り屋の一面もあった。大須《おおす》という繁華街に、富美子、美穂子、シヅ、利恵の四人で歩いて出かけることがときどきあった。その帰り道。自宅まであと少しというところで利恵が「足が痛い」と言いだした。富美子は娘が疲れて甘えているのだと思い「お母さんも頑張って歩いているから、利恵ちゃんも頑張ろうね」と言って抱き上げることなく歩かせてしまった。帰宅後、靴を脱がせると、靴擦れを起こし、利恵の足の皮膚が破れてしまっていた。「ああ、そういうことだったのか」と富美子の胸が痛んだ。なぜ「痛い」と訴えたときにすぐに見てやれなかったのだろう。こんなに皮膚が破れてしまっているのに、泣きもせずに我慢して歩き続けた娘の健気《けなげ》さが不憫《ふびん》でならず、富美子は自分を責め、「ごめんね、痛かったね」と利恵に謝ったのだった。

父親の話をするときは、お母さんだけに使える望遠鏡があると説明した。この望遠鏡を覗《のぞ》けばいつでもお父さんが見えるのだ、と。そんな話も幼い子供だから素直に信じてくれた。

「お父さん、どうしてるの？」と利恵が聞く。

「今、覗いてみてあげるね」と富美子は答える。

「どう?」

「お父さん、お酒を飲んでいるよ」

「お酒?」

「うん。あ、きれいなお姉ちゃんに囲まれて、楽しそう。いっぱいお酒飲んでいるよ」

富美子の学生時代に流行《はや》っていた「おらは死んじまっただ」からはじまる、ザ・フォーク・クルセイダーズが歌うアングラの名曲「帰って来たヨッパライ」をネタにして、なるべく明るい冗談のような話に仕立てて、聞かせるようにしていた。そんな話を利恵は目を輝かせて聞き、信じていたのだという。

利恵はとにかく愛らしい娘だった。

小さくて、ちょこちょこと歩き回る姿はまるで人形のようだった。

富美子の会社の社員旅行に同行させたことがあった。長野県から黒部《くろべ》ダムを抜けるルートだった。ケーブルカーやロープウェイなどを乗り継いでいく、幼児にはかなり厳しいルートで、男性社員たちがかわるがわるに利恵を抱っこしてくれる。誰に抱かれても利恵は人見知りすることなくニコニコしている。男の手に抱かれて嬉《うれ》しそうにしている姿を見ると、やはり父親の愛情のようなものを求めているのかなあ、と富美子は思わざるを得なかった。しかし過剰ともいえる可愛がりようで、人の手から人の手へと抱っこされていく利恵は、地面に足を着く間もない。富美子がそんなに抱かなくていいから自分の足で歩かせてと、思わず言ってしまうほどの人気ぶりだった。

利恵はよく気が利いた。

大人たちの会話や応対をじっと観察しているような賢さもあった。煙草を吸うお客さんが来ると、何も言わないのに灰皿を持ってきて「はい、どうぞ」。富美子が転んで擦り傷を負ったときも「利恵ちゃんバンドエイド持ってきて」と富美子が言うと、「はいっ」と返事をして薬箱を持ってきてパッと開けて消毒液を取り出し、傷に塗ってからまた「はいっ」とバンドエイドを富美子の傷口に貼ってくれるのだった。自分が傷を負ったときに母親にしてもらったことを覚えており、同じ行為を人にしてあげる、そんなことが自然にできる娘だった。

富美子が仕事から帰ってくるとパッと玄関に来て「お母さん、お帰りなさい」を言ってくれる。「利恵ちゃん、パズルを買いに行こうか」と言うと、富美子が家に上がる前に一人でそのまま近所の本屋さんに行ってしまう。後で富美子が追いかけていくと、もうパズルを選んである。帰り道も走り出すのだが、富美子が「ストップ」と声を掛けると必ず止まったという。

シヅが一ヶ月もの間、利恵を実家の佐賀県武雄市に連れていったことがあった。武雄の親戚《しんせき》筋の叔父《おじ》たちも、二歳前に父親を亡くしてしまった利恵を不憫に思い、それは可愛がってくれた。大人たちの言いつけをよく守る利恵は、武雄の生活にもあっという間に溶け込み、大いに羽を伸ばした。近所の子供たちと連れだって山へ川へと、毎日毎日、転げながら走り回った。従妹《いとこ》の子供たちもいて、最も年下の利恵の面倒を一日中見てくれた。

一ヶ月にも及ぶ祖母の実家での田舎暮らしを終えて、名古屋に戻ってきた利恵。マンションの玄関に富美子が迎えに行くと、その姿を見た利恵はいつものようにタタタッという感じで走り寄ってきた。しかし途中で立ち止まってしまった。そして富美子の顔をじっと見たのだ。

まさか、と富美子は思った。

利恵を抱き上げてみたが、やはり何かよそよそしい。娘が自分を忘れてしまっているということに気づくのにしばらくかかった。末吉のときと同じで、一ヶ月も顔を合わさないと、子供は親の存在でさえ忘れてしまうものなのだ。そう思うと切なさが富美子の胸を過った。生活のリズムを取り戻し、元の様子に戻るまで少し時間を要したという。

小さな太陽だった。

それは突然に夫を失った富美子の前に残された、たったひとつの小さな小さな太陽だった。

その太陽は富美子のすべてを照らし暖め続けてくれた。

夫を失った悲しみ。

凍り付くような孤独感。

ぬぐい切れない生活への不安。

しかし利恵の小さな笑顔がそれらをいつも隅々まで照らしてくれた。そして太陽が氷を溶かすように、富美子を必ず孤独の沼の中から掬《すく》い上げてくれるのである。いつの間にか、それも見たことのない魔法のように……。

二歳の頃の利恵は、本当に天使のような娘だった。

誰からも愛される資格を持っていたし、何よりもこの世に生きていることを心の底から歓《よろこ》び、何も疑わず、慈しむことを本能的に知っている。何に対しても前向きで、どんなことにも好奇心を持った。瞳《ひとみ》はいつも宝石のように光り輝いている。そんな子供らしい子供だった。

抱き上げると利恵は羽根のように軽かった。

軽くてふわふわとして頼りなかった。

しかし、いつも羽毛のように富美子を温めてくれた。

小さな体の中に確かな、そして正しい方向のエネルギーを持っていた。そのエネルギーでいつも温めてくれる利恵は、富美子にとってまさにかけがえのない宝物だった。自分が与えるものよりも、こうして娘から与えられるものの方が多いのではないか、利恵を胸に抱き富美子は思わずそんなことを考えてしまうこともあった。

絵本が大好きだった利恵の最高のお気に入りはうさこちゃん。二歳の娘がうさこちゃんをじっと眺めて、想像に胸を膨らませている姿を見ていると、それだけで富美子の胸もいっぱいになることもあった。「ネンネ」と呼んでいたガーゼのハンカチが大好きで、眠れなくてぐずっていても、それを与えるとたんにおとなしくなる。「ネンネ」を抱きしめて眠る利恵の姿は、まるで光の輪が集まってくるかのように輝いていた。

中区千代田は利便性もよく快適だったが、ひとつ問題があった。

子供の姿をあまり見ないのである。大きな道路があり交通量も多く、子供を育てる環境としてはどんなものかと富美子は疑問を持ちはじめていた。

そんな折に、これから造られる市営住宅が入居者を募集しているとの情報を得た。

地下鉄本山駅から十五分の名古屋市千種区春里町にあり、子供を育てるにはまたとない環境である。人気があり、入居するには抽籤《ちゅうせん》を突破する必要があった。しかし富美子は五回連続で抽籤に落ちた。応募しても応募してもはじかれ続け、もう半ば諦《あきら》めかけていた。しかしわからないもので、どうせまた駄目だと諦めていた六回目で、当籤を果たしたのである。

自由ヶ丘の大きな丘の上に七棟のアパートが建ち並ぶ。建築もまだこれからというまっさらな物件で、部屋は母娘と祖母の三人暮らしにはちょうどいい広さだった。団地の広大な敷地内に保育園もできるという。当たった部屋は三階建ての一階で階段を上り下りする必要がなく、窓の外には広い庭があり、車の通らない敷地内に子供たちの遊び場も何か所かあった。目の前には自由ヶ丘小学校がある。まさに子供がこれから成長していく家族にとっては何もかもが理想的な環境といってよかった。

この頃利恵は週に一度、めばえ教室という、プレ保育園のような訓練を積ませる教室に通いはじめる。シヅが連れていくのだが、朝は「嫌だ、嫌だ」と大泣きして大変だった。しかし家に帰ってくると「楽しかった」と言う。だが、翌週の朝にはまた大泣き。毎週がその繰り返し——。教室に通う子供の母親たちは、まだ三歳の幼児だというのに、すでにお受験の話をしていたりして、その教育熱心さに富美子は驚くと同時に、ついていけないと感じた。大人の足でも三十分はかかる教室に、毎回歩いて通わせた。小さいときからよく歩かせていたので利恵は平気だった。

一九八〇年六月に待望の新居が完成し、引っ越しをする。

新しい生活がスタートを切った。

真っ白いペンキに塗られた七棟のアパート。新しい街ができたような華やかさだった。

部屋は3DK。一階だが南側の開口部は広く、隣のアパートとの間隔も十分にとってあり、日当たりはよく開放感もあった。何より、何もかもが新品で真新しいのが心地よかった。名古屋に越してきて二年近くが過ぎていたが、富美子はやっと落ち着いて娘を育てながら生活していく環境を手に入れた喜びを感じていた。もちろん娘の面倒を見てくれる母の存在も心強い。

三歳の利恵は団地内に新設された春里保育園の年少組・みかん組に入ることになった。

利恵の身長と体重の記録が残されている。

六月二十日。身長九八・四センチ　体重一五・〇キログラム。

身長一メートルにも満たない利恵の保育園デビュー、新しい生活のはじまりである。

春里保育園みかん組の担任・坂下由美子《さかしたゆみこ》先生と富美子の連絡ノートが残されている。表紙は緑の芝生の上で愛らしいうさこちゃんと大きな熊さんが手をつないでいるイラスト。名前はひらがなで〝いそがい　りえ〟とある。

七月十八日　差出人　坂下

長くお休みし久しぶりの登園ですね。園では特に調子が悪いということもなく、友達とおしゃべりをしたり、キャッキャッと笑ったりと元気な利恵ちゃんでした。給食（マカロニサラダ　ジャムつきパン）もいつもと変わらず食べられました。午睡も久しぶりの登園で疲れたのか横になるとすぐ、ねつきました。

受取人　磯谷

七月二十二日　差出人　磯谷

いろいろとお世話様になっております。引っ越し前は近所に子供さんがいなかったため、大人の中で育ってまいりましたので、いろいろ心配していましたが楽しく登園させていただき安心致しました。家ではなにかにつけて、愚図で、なんとかさっさとやるくせをつけようと約束事として取り決めていますが、まだまだのようです。

受取人　坂下

七月二十二日　差出人　坂下

園でもわりとスローテンポの利恵ちゃん。でもやることはきちん、きちんとできていますよ。給食などは同じグループの友達のおしゃべりをきいていたりして、おそくなってしまいがちのようです。

受取人　磯谷

七月二十三日　差出人　坂下

今日は園で四月〜七月に生まれた友達のお誕生日のお祝いをしました。利恵ちゃんも名前を呼ばれて「ハイ！」と元気に返事をして前にでていきました。仲良しの友達からペンダントをかけてもらうときは、誰にしようかと迷って、やっとみはるちゃんにきまり、首にかけてもらい嬉しそうでした。好きな食べ物はナーニ？　ときくと、ヤクルトと牛乳と今度は即答でかえってきました。

受取人　磯谷

七月二十四日　差出人　磯谷

おたんじょうカードによると、園ではおとなしくして静かな利恵だそうですけど、家ではよくしゃべりよく動き、一時もじっとしていません。まだ慣れていないのでしょうか。保育園のことは自分からは話しませんので極力聞くようにしております。お友達との関係はうまくいっているのでしょうか。保育園に行くのはとても楽しみにしているようですが……。

受取人　坂下

七月二十四日　差出人　坂下

お家ではなかなか活発なようですね。保育園ではわりと静かな方です。でも無理をしているとか慣れないということではないようですが……。同じグループの友達とはよくおしゃべりもしています。ただ、同じ絵本を二人で取り合ったりする際、我慢して引き下がってしまうことがあるようです。もっとどんどん要求が出せるといいなと思っています。

受取人　磯谷

この間に利恵は四歳の誕生日を迎えている。

子供のいない環境から、いきなり子供だらけの集団生活の中に入っていく。その不安が利恵の様子や、富美子の言葉から読み取れる。幼稚園や保育園にはじめて入園したときの親が持つ特有の不安感。しかし保育園での利恵は、じっと様子を窺《うかが》うといういつもの長所を存分に発揮して、慎重に友達の輪の中に入り込もうとしている。

四歳になったばかりの娘の小さな手。

本当にモミジのような手。

その手をつなぎ、どのくらいこの団地の敷地を歩いたことだろうか。ときには真っ赤な夕日を浴び、あるいは満天の星を仰ぎ、ときには木が焦げたような秋の香りを胸いっぱいに吸い込み、母と娘は手をつないで道を歩き続けた。そのか細い指先から伝わってくる温《ぬく》もり。

それは幸せ以外の何物でもない。

富美子はそう思った。

だから利恵と手をつないで歩いている限り、自分は幸せなのだ。

母と娘だけの清らかな時間が流れていった。

それはあの仲の良い、うさこちゃんと大きな熊さんと何も変わらない——。

うさこちゃんには大きな熊さんが必要なように、実は大きな熊さんにもうさこちゃんが、必要だったのだ。


この夏、富美子は利恵を連れて旅に出る。

シヅの故郷、武雄で数日を過ごしたのち、鳥取砂丘に向かい海水浴をするという約一週間にわたる家族旅行であった。武雄から福岡へ出て、そこから下関を経由して鳥取へ向かった。富美子にとっては懐かしいことばかりだったろう。

鳥取砂丘の海岸ではじめて目にする、大きくて真っ青な海を前にして、最初のうちはたじろいだ利恵だったが、そのうちに慣れて浮き輪でぷかぷかと浮かぶようになった。浮き輪の中で泳ぐそぶりを見せるようにまでなった。ただし砂丘のどこにも隠れることのできないダイレクトな日差しは厳しく、利恵はみるみる真っ赤に日焼けしてしまい、夜はなかなか寝付くことができなくなってしまった。

そして数日後には見事なまでに真っ黒の利恵ができあがった。

サラサラと手のひらから零《こぼ》れ落ちていく砂のような、誰にでもある、夏の一日。

それは確かなことなのに、握り止めておくことのできない、遠い夏の記憶だ。

八月十八日　差出人　坂下

ひさしぶりの登園ですね。長いお休みどうしてたの、どこか行ってた？　ときいても「うらん。どこも行かなかった。お母さんとおばあちゃんとお家で遊んでいたの……」という返事でした。忘れちゃったのかな？　保母がうみのうたをオルガンで弾いていると「センセー、利恵ちゃんね、ちがうらみのうたを知っているよ。教えてあげようか」と駆け寄ってきました。

「海は広いなおおきいな
月はのぼるし　ひがしずむ
海におふねを　うかばせて

いってみたいな　よそのくに」
と三番まで元気に歌って聞かせてくれました。

受取人　磯谷

オルガンで違う海の歌を弾く坂下のもとへ、利恵はタタッと走り寄っていった。そしてこの夏に自分が教わったばかりの海の歌を教えてあげようかと歌う。小さな手を握り、口をあけ、クリクリと黒い瞳を輝かせ、それは一生懸命歌ったのだろう。子供特有の甲高い声で、大好きな先生に教えてあげたいという、その一心で。

八月二十六日　差出人　坂下
色紙で猫を折りました。保母の説明もきちんときいていて、可愛い猫ができあがりました。うしろにわりばしをつけペープサートにしてもらうと、さっそくまわりの子と猫を動かしてお話がはずみます。うたあそびで〝ニャーニャーニャー〟誰の猫、利恵ちゃんの猫ですかと保母がうたうと〝ニャーニャーニャー〟と元気な声でないていました。

受取人　磯谷

十月二十七日　差出人　坂下
外であそんでいて、ころんで手と足を少しすりむきました。イタイ、イタイと大変でしばらく動けないほど。部屋に戻って薬をつけるときには、モウイタクナイ、モウイタクナイと必死。薬をつけるのは苦手のようですね。

受取人　磯谷

連絡帳にはすくすくと育っていく四歳の利恵の愛らしい様子が綴《つづ》られている。この頃の利恵は、動いて遊び回るよりも、静かに座って絵を描いたり粘土遊びをしたり、ハサミで何かを切り抜いたり、あやとりを自分で考えたり、そういう静的なことが好きで集中力を発揮した。何を作らせてもとても丁寧で、根気があった。

また祖母とともにクリスマスケーキを作ったり、餃子《ギョーザ》のあんを皮で包んだりと、料理の手伝いも率先してするようになった。手先が器用で、餃子を包むときはシヅが教えるとひだの部分も奇麗におり込んでいった。正月にはスキーに出かけ、感激した体験を必死に坂下に伝えている。ロープウェイに乗って、人がたくさん乗ってもロープは切れないんだよと坂下に説明したという。

優しい時間が流れていた。

幸せな日々でもあった。

ニャーニャーニャーと元気に啼《な》く利恵の声。

薬がいやで、モウイタクナイイタクナイと必死に訴える姿……。

そんな光景が連絡帳を通して富美子の胸に映し出される。

引っ込み思案だった娘も、保育園の生活に溶け込み、少しずつ本領を発揮しつつある。そんな姿を富美子は微笑ましく眺めていた。名古屋市千種区自由ヶ丘。街を歩くたびに静かで平和で大らかで、ここに越してきてよかったと何度となく富美子は納得するのだった。自由ヶ丘の丘からの眺めは場所によって大きく移り変わり、それは心地よかった。ある場所からは名古屋の街が一望でき、またある場所からは東山公園の大きな森が見え、そしてその先にうっすらと港が見渡せることもあった。遮るもののない丘は、悲しくなるほどの大きな美しい夕焼けに包まれた。天を仰げば、丘の上にはいつも空しかなかった。

決して、失ってはならないもの。

夫を失って間もない富美子にとって、言葉にすればそれが利恵そのものだった。

だから手をつなぐ。

そのほかに何ができるのだろう。

丘を登る二十九歳の富美子と四歳の利恵、それは世界中どこにでもある親子の姿であり、太陽の光はそんな二人をアスファルトの上に音もなく投影し、静かに映し続けていた。

三月三十日　差出人　坂下

月日のたつのははやいもので、利恵ちゃんももうすぐぶどう組ですね。途中開園ということもあってかあっという間に過ぎてしまったような気がします。男の子十名、女の子十名の計二十名でスタートしたみかん組、活発な男の子に少々おされ気味な女の子たちでした。利恵ちゃんも、自分のことはとてもきちんとでき、保母のいうこともよくきいて、とてもしっかりやさんでした。反面、遠慮がちで、自分を抑えつけてしまうことも、あったように思います。でもみんなの中でケンカをしたりぶつかりあううちに少しずつ自分をだし、保母にも話しかけてくれるようになりました。ぶどう組になると友達がふえて三十名になります。とうぜんぶつかりあいも多くなると思いますが、友達とのかかわりあいの中で、もっともっと大きく成長してほしいなと思っています。
受取人　磯谷

こうして、利恵の社会へのデビューともいえる年少組の一年は終わった。

その後も利恵の保育園生活は順調に過ぎていった。自由ヶ丘という恵まれた環境、団地の敷地内にある保育園に通うというまたとない生活スタイルで、利恵は祖母と母に囲まれて幸せな時間を過ごした。年中はぶどう組、年長はめろん組。絵本を読み、折り紙を折り、縄跳びに運動会の徒競走、そしてプールや鉄棒も大好きだった。家事は祖母のシヅが担当し、富美子が会社に通う。この頃から祖母が母親役で、母が父親役、という磯谷家の構図ができあがりつつあった。

保育園の送り迎えもシヅがすることが多く、連絡帳の家族側の報告欄も同じ磯谷のサインではあるが実はシヅと富美子が代わる代わるに書いていた。富美子がさぼっていると「たまには、あなたも書きなさい」とシヅに怒られた。

富美子が考えていたことはひとつ。

とにかく利恵を〝父親のいない子〟という扱いや、そういう目で見られることのないような娘に育てること。だからくよくよしたりめそめそしたりしているのが嫌で、とにかく明るく育てようと懸命だったし、また躾《しつけ》に関しても非常に厳しかった。

今でもその厳しさを悔やむことがあるほどだ。

しかし心を鬼にした。立派に育て上げてお嫁さんとして送り出す。それが末吉と交わした三つの約束のうちのひとつだったからだ。

たった一人の女性事務員だったこともあり、会社での富美子は働きだして間もなく貴重な戦力として扱われるようになっていた。細かく煩雑な事務処理を任され、それは夜遅くまで続くこともしばしばだった。商業高校を出て保険会社の事務職の経験がある富美子にとっては、それほど難しいことではなかった。そんな調子で次々と富美子のデスクに仕事が山積みにされていく。しかし富美子は持ち前の根気でそれらをこなしていき、職場の信頼を勝ち得ていった。富美子にとって嬉しかったのは、黒部旅行の後も夏や秋にある年に一度の社員旅行に利恵を連れていくことを許してもらえたことである。

ぶどう組に進級した利恵は四月の頭から風邪をひいてしまい、一週間ほど保育園を休んだ。四月十四日に久しぶりの登園となったが、とにかく保育園が大好きで大喜びをしていた。家ではおしゃべりで、活発に動き回っているのだが、外に出ると途端に大人しくなってしまう内弁慶のところを富美子は心配している。この年から荒川千恵子《あらかわちえこ》先生が担任となる。

四月十四日　差出人　荒川

利恵ちゃんは園ではちょっと大人しい様子です。いろんなことをよくお話ししてくれますが、どちらかというとあまり多くとはかかわって遊んでいないことが多いようです。くみちゃんと仲良しで二人で一緒に遊んでいる場面が多く見られます。昨日もジャングルジムを家にみたてて利恵ちゃんは赤ちゃん役、くみちゃんがお姉さん役でずっと一時間以上集中して遊んでいました。
「お母さんは誰なの？」とたずねると「お母さんは死んだの。だからくみちゃんが何でもやるの！」と話してくれました。

受取人　磯谷

しかしそんな利恵も夏が過ぎるにつれて少しずつ変化を見せはじめる。

七月二十九日　差出人　荒川

利恵ちゃんは面かぶりでプールの半分くらいを昨日から泳ぐことができるようになり大得意です。ひとつのことに自信を持つことで活発な面が園でももっと発揮できるようになっていってほしいと思います。

受取人　磯谷

そしてこの夏に富美子の会社の社員旅行について海に行く。浮き輪を使わずにほんの少しではあるが泳げるようになり、水中にひっくり返っても泣くこともなく体勢を立て直すことができ、水を恐れなくなった。このことが大きな自信になった。
海が好きで唇が紫色になっても上がってこない。
この夏も背中や顔、体中が日焼けで真っ黒になった。

この夏から秋にかけては縄跳びのマイブームがやってきたようで、家に帰ると夢中で跳んでいた。新しい技をクリアするたびに「見て見て」とシヅの手を引き、長縄を握らせたり無理やり見物させたりしていた。やがて鉄棒にも挑むようになり、逆上がりの練習をするからと日曜日には富美子が公園まで付き合わされた。プールでの成功体験が自信になり、縄跳び、鉄棒と体を動かすことへも積極的にチャレンジするようになっていく。この頃から保育園での様子も大きく変わってくる。

十月五日　差出人　荒川　　　受取人　磯谷

りさちゃん、めぐみちゃん、かおりちゃん、みはるちゃん、まさこちゃんたちとグループをつくって一緒によく遊べるようになっています。四月、五月はくみちゃんとだけだったのに、大きな変化です。

少しずつ成長していく幼女の姿が丁寧に描写されている。

プールや縄跳び、あるいは鉄棒にしても子供にとっては体力のいることであり、積極性という言葉だけでは達成することは難しい。利恵の中に生来ある頑張り屋という一面がむくむくと頭角を現してきた様子が窺える。何度失敗してもチャレンジする、特に鉄棒が上達するにはそれしかない。

長縄跳びで「くまさんくまさん」「大波小波」「いちわのからす」を完璧《かんぺき》に跳べるようになり、

自由遊びの時間でも一人でひたすら跳んでいた。やがて一人跳びでもケンケン跳びや後ろ跳びをマスターし、後ろ片足跳びもできるようになって友達を驚かせた。

またこの頃、シヅを驚かせたことがあった。

絵本についている注文票を家で見ていた利恵が「これみんな知っているよ」と言いだしたのだ。百冊近くのリストが掲載されていた。そして、「これは面白い、これは嫌だ」と感想を述べはじめた。シヅが面白がって、どんな話かと確かめたところ、内容をほとんど正確に話してくれてびっくりした。保育園でも利恵の絵本への集中力は際立っていた。

一月二十七日　差出人　荒川

部屋の中では今、郵便ごっこが盛んです。利恵ちゃんは友達からのお便りがとても楽しみで「ネッ、利恵ちゃんに出してね！」といろんな友達に頼んでいます。利恵ちゃんもその友達にいっしょうけんめいお便りしています。

受取人　磯谷

三月十五日　差出人　荒川

あやとり遊びの好きな利恵ちゃん。あやとりで今日はせみを作って、みきくんや保母に教えてくれました。誰に教えてもらったかたずねると自分で考えだしたとのこと。与えられたことを型どおりにしかやれないのではなく、自分でくふうしたり、創り出していける力が利恵ちゃんの中に育ちつつあるのを嬉しく思います。

受取人　磯谷

保育園は三年目。利恵はめろん組に進んだ。

五月の連休には家族で東京へ出かけた。上野《うえの》動物園に行ってはじめてゾウやキリンやパンダを見た利恵は大喜びし、その興奮を保育士に伝えている。富美子の姉・美穂子の夫がスポーツマンで、また利恵より一歳だけ年上の男の子がいるということもあり、冬には車に同乗してスキーに連れていってもらうことが多かった。従兄《いとこ》のお兄さんは優しい性格で、人をかまうことが好きで、何かと面倒を見てやろうとする。ところが利恵はかまわれるのが嫌いで、何でも自分でやりとげようとする。正反対ともいえる性格で、なかなか反りが合わなかった。最後にはお兄さんの方がどうしていいかわからずにオロオロしてしまう。このあたりにも利恵の中で女の子らしい自我の芽生えが感じられる。六歳といえば気分的にはもう立派なお姉さんなのかもしれない。

冬はスキー、夏は海。そして富美子の社員旅行にお供をし、またシヅの実家、武雄に長期滞在するなど利恵は一年中どこかへ出かけ、色々な刺激を受け、吸収しながら日々を過ごしている。あまりべたべたした関係にしたくないという富美子の意識が働いているのだろう。利恵も母親と一ヶ月も離れていても平気でいられるし、忘れてしまうこともなくなっていた。

四月十九日　差出人　荒川
砂遊びの好きな利恵ちゃん。今日も午後の自由遊び時間に、みはるちゃんとアイスクリームやいろいろなものをつくって遊んでいました。でもよろこんで友だちをなかなか入れてあげられず「アッ、ゆきちゃん、いれとらんよ」といった調子。「イレテ」ときても「ダメダモン」です。「アラ、利恵ちゃんていじわるだねェ、友だちいっぱいの方がおもしろいわよ」と言うと頬をふくらませていました。

受取人　磯谷

十二月十一日　差出人　荒川

何にでもしっかり取り組む利恵ちゃん。やることもとってもていねいで根気があります。でもちょっとわがままな面もあります。きのうのことですが、フラフープを二人でたくさん独り占めしていて、友だちに言われてもゆずることができませんでした。

受取人　磯谷

保育園に入園した頃は、遊び道具や絵本など何でも譲ってしまった利恵が、いつの間にか譲ることができないと言われるようになっている。この頃は団地の中にもたくさん友達ができて、大勢で遊び回っていた。縄跳び、鉄棒と運動も得意で、非常に活発な様子だ。また家に帰っても絵本、お絵描きをはじめ子供の好きな遊び事は何でも熱中したし、何時間も遊んだ。年少、年中の頃はしょっちゅう風邪を引き病院に行ってばかりいたが、年長になると、寒い時期でも薄着と裸足《はだし》という保育園の方針が、利恵の体に合致したらしく、風邪を引くことも少なくなった。雪の降る真冬でさえセーターを着ることなくシャツ一枚で過ごすようになった。年齢とともに体力をつけてきたのだろう。

入園したときには九八・四センチ、体重一五・〇キログラムだった利恵が、卒園する日には一一四・五センチ、二一・二キログラムになっていた。三年間で身長が一六・一センチ伸び、体重が六・二キログラム増えたことになる。こうして数字を並べると、子供の成長の凄《すご》さに驚かされる。そしてさらに驚くべきことは、一六センチ、六キログラムという数字の中に、目に見えない内面的な成長がすべて秘められているということだ。精神的な成長を数字にすることはできないが、この大きな数値の変化から推察することはできるのではないだろうか。

三月二十四日　差出人　磯谷

荒川先生、長い間ありがとうございました。おかげさまで小学校に行けるようになるまで成長させていただきました。友達もなく子供たちのなかに入り込めなかった子供で心配しておりましたが、今ではお友達もたくさんでき、保育園を休むのをいやがり、帰ると早々に時間限五時ぎりぎりまで、外で遊ぶまでになりました。子供がいつも家で口にする「荒川先生大好きだもの！」という言葉の通り、良い先生にめぐまれて幸せでした。お礼の申しようもありません。本当にありがとうございました。いついつまでも大好きな先生を忘れないことでしょう。今後は御恩におこたえすべく学校生活を最上のものにし、成長していくべき努力をさせます。思いやりのある、努力する子にと思っております。本当にありがとうございました。先生もいついつまでもお元気で優しい先生でいてくださいませ。

受取人　荒川

一九八三年、春。

利恵は名古屋市立自由ヶ丘小学校へ入学する。一年一組。美穂子からの入学祝の赤いランドセルがひときわ大きく見えた。

その春、自由ヶ丘は透き通るように淡い色の、桜の花に囲まれていた。

いつもと変わらない、美しい春。

見上げれば真っ青な空が広がっている。

自宅から小学校へは坂を下り狭い道路を一本渡るだけ。この道を境に住所は春里町から自由ヶ丘に変わる。息を止めても行くことができるかもしれない。その距離は富美子に安心感をもたらし、またこの地に引っ越したことへの満足感も与えてくれた。とにかく静かで安全な環境であることは疑いがない。ここで小学校生活をスタートするのは娘にとって、相当に幸せなことなのではないかと思えるほどだった。

夫を亡くして、もう五年近くが過ぎようとしている。

その月日の流れの早さに驚く。

あのとき二十六歳だった富美子も、三十一歳。いつの間にか夫の享年と同じ歳になっていた。

新婚時代、岐阜市の長良川近くの高井マンションに住んでいた頃。利恵はまだ一歳。

大雨が降って長良川が決壊したことがあった。

街にはサイレンが鳴り響き、テレビでは警報が流されている。

富美子は自宅にいた。マンションの二階なので被害の心配はない。そのとき夫の末吉は店にいた。そして今日は帰れそうもないと電話で告げられた。スーパーマーケットの管理職の立場にある末吉は、店を守らなければならない責任があった。一階にある商品をすべて二階に運び込むように指示を出した。大変な量である。しかし、末吉は迷うことなく命令する。とにかく上へ上へ、運んで運んで、運びつくせ。その言葉に全員が従った。猶予はない。一刻を争っている。わずかな隙を見て富美子に電話を掛ける。飲み水を確保して、懐中電灯を用意して、風呂《ふろ》に湯を張っておくように。次々と指示が飛んでくる。店の危機に瀕《ひん》したからなのか、末吉の声にはいつになく高揚感があった。しかし指示はどれもが適切だった。

末吉はそのまま一睡もせずに店で夜を明かした。水につかり冷え切った足や体を顧みることもなく、ただひたすら水位に目を光らせていたという。

翌日の昼過ぎ、末吉は家に戻った。

そしてすぐに風呂に入り冷えた体を温めた。夫に指示された通りに、そこには温かい湯を沸かしておいた。湯に入り体を温めてくれる。それだけで富美子はどれだけ嬉しかったろう。

洪水時の適切な指示を評価され、末吉は会社から表彰された。一階にあった商品のほとんどを、自分自身の判断によって守り切ったからである。

あのてきぱきとした指示が、頭に蘇《よみがえ》ることがある。

そして富美子は迷う。

自分が娘にやっていることはどのくらい適切なのだろうか。もし末吉が生きていたら、自分と娘の姿を見ていったい何と言うのだろうか。

今の自分たちに、果たしてどんな指示を出すのだろう?

できることもある。

でもできていないこともあるかもしれない。

申し訳ない気持ちで胸がいっぱいになることもあった。

しかし富美子はそれ以上に感傷的になることはなかった。シヅが食事作りをはじめ、ほとんどの母親的な役割をこなしてくれている。そうである以上、自分は会社で働いて金を稼ぎ、生活の基盤を支える父親の役割を務めるしかない。そう割り切り、それに徹するべきなのだ。

利恵と富美子の関係はクールだった。

利恵がルールを破り、母親の目を盗んで何か悪さをしようとするときには、富美子は恐ろしいまでに厳しく叱った。絶対的に逆らえないもの、という意識を植えつけておかなければならないと思ったからだ。

富美子の祖父は厳しかった。

戦時下に佐世保市全域が米軍の爆撃により火の海と化したとき、軍からは被害を最小限に抑えるために、家を解体しておくよう指示が出たが、祖父は頑としてそれを受け付けなかった。やがて大規模な爆撃が行われ、町は焼け野原と化したが、祖父の家は被害がなかった。祖父はさぞ鼻が高かったことだろう。これが家を守り家族を守るということなんじゃ。広沢虎造《ひろさわとらぞう》の浪曲を聞くのが大好きで、富美子や美穂子がちょっとでも騒ぐと、すぐに大声で怒鳴られた。古い蓄音機に古いレコード。「おじいさん、おじいさん、おじいさん」といつも同じところで針が飛ぶのがまだ小学生の富美子にはおかしくてならなかった。

考えてみればいつの間にか利恵もあの頃の自分の歳に近づいている。

そう思うと子供の成長の早さに驚かされた。

あの頃の自分は、母の実家から一旦《いったん》出て庭を通り離れにあるトイレに行くのが怖くて、いつも美穂子についてきてもらったのだと、富美子は思い出す。当時の自分に比べれば利恵は度胸もよく活発で、怖いもの知らずのように見える。そんな娘が頼もしかった。

利恵が悪さをするときはわかりやすかった。

いつも開けっ放しにしている利恵の部屋とリビングの間のすりガラスの引き戸が、スーッと閉まっているのである。それが悪戯《いたずら》をしているときの合図のようなものだった。

富美子はとにかく忙しく、仕事に追われていた。

残業に次ぐ残業のような日々で、とにかく自分が伝票を整理して営業に回さなければ、仕事が進んでいかない。まず自分が書類を締めなければ営業が締められない。「これお願い」「これをやっておいて」とどんどん机の上は書類の山となっていく。請求書を起こすのも大切な役目。勤めて数年がたつと、東京に本社をおき全国に支店や営業所のある会社だったので、所長や社員は次々と転勤して替わっていき、替わらないのは自分だけという状況になっていた。全員でも五人ほどの小さな名古屋営業所だったので、勤めて五年もするとあっという間に自分が最古参ということになってしまっていた。それは新しく来る所長や社員に頼られる立場ともいえて、仕事量は増える一方だった。

家庭を顧みない猛烈サラリーマン。仕事のストレスも抱えていた。

その頃の自分の姿を富美子はそのように思うことがある。家事をすべてシヅに任せて、とにかく自分は猛烈に働き続ける毎日であった。

小学校入学時に富美子の方から提案して利恵と交換日記をつけることになった。しかし三日坊主で放り出してしまったのは言いだした富美子の方だった。

入学して間もなく、利恵は書道教室に通うようになる。シヅが通っていた教室に半ば強制的に入れられてしまったのだ。一年の頃は近所に聖也《せいや》君という男の子の友達ができて、いつも二人で遊んでいたという。聖也君も父がいなくて祖母に面倒を見てもらっており、シヅと聖也君の祖母が親しくなったのである。同じような環境だったこともあり、祖母同士も孫同士もすぐに打ち解けた。ある日、シヅは聖也君が「利恵ちゃん、大きくなったら結婚しよう」と言っているのを聞いて噴き出しそうになったという。しかし男の子と女の子では遊ぶ内容も違い、やがて利恵は聖也君から離れ女の子同士で遊ぶようになる。

小学二年生に進級したばかりのある日曜日。

利恵が花の咲いた桜の小枝を持って帰ってきたことがあった。

「駄目じゃない利恵ちゃん」と富美子は叱った。

「どうしたのそれ、折っちゃったの？」と問い詰める。

すると利恵は「違うの、違うの」と慌てて答え「折れて落ちていたの」と続けた。

「本当？」

「うん。だから可哀相だから早くお水に入れてあげて。そうしないと死んじゃうから」と必死な目で富美子に訴えるのだった。小学校の近くにある大きな桜の木の枝が、強風か何かが原因で折れてしまったのを利恵が拾ってきたようだった。

「そうなの」と富美子は言った。てっきり自分で折って持ってきたものと思ったからだ。すぐに花瓶を出して活《い》けてやった。

小さな枝いっぱいに、満開寸前の花が咲いていた。

利恵の心の中に、こんな優しさが芽生えていたことを富美子は心から嬉しく思った。

「奇麗だね」と富美子は言った。

「うん。きれい、きれい」と利恵の顔は喜びに輝いた。

それ以来、桜の花を見るたびに富美子は娘の心に宿った優しい気持ちを思い出す。

桜の花は利恵の優しさの象徴となった。


利恵の小学校からの帰宅時には家に居てくれるように、富美子は何度もシヅに頼んでいたのだが、それがなかなかうまくいかない。シヅはかなり活発に団地内で動き回っている。老人会、書道、ゲートボールをはじめ様々な集いに積極的に参加しているため、利恵が学校から帰る時間帯はほとんどが外出中ということになってしまう。富美子はそのことが不満だったが、シヅは一向に意に介さなかった。だから利恵はいつも首から鍵《かぎ》をぶら下げていた。利恵ちゃん、まるで鍵っ子みたい、と近所の人に言われて富美子は嫌だったが、シヅはひたすら老人会やらゲートボールやらと動きまわっていたという。

家事だけに収まらず自らの人生も大いに積極的に楽しむ。シヅの活躍する姿が目に浮かぶ。カブトムシを捕まえる。近くの小川でザリガニを釣る。メダカを掬《すく》う。シヅの実家に行ったときには沢蟹《さわがに》を捕まえる。

利恵の生物好きがこの頃から芽生えはじめる。

臭いからいやだと富美子が言っても、家の中でザリガニを飼うと言ってきかない。小さな水槽の中ではメダカを育て、そのメダカが卵を産んで孵化していくのを喜んで観察していた。

小学三年からは塾とピアノ教室に通いはじめる。書道と合わせて早くも三つの教室通いである。ピアノは富美子の希望だった。しかし利恵は少しも興味を示さない。テレビ番組でピアノ演奏をしているのを見せては「あら素敵ねえ」と大げさに感動してみせて、何とか利恵をその気にさせようとした富美子だが、なかなか「うん」と言ってくれない。根気よくそんなことを繰り返しているうちに、どうにか首を縦に振ってくれたのだった。しかし好きではじめたことではないので、練習にもなかなか身が入らなかった。ただし演奏会が近づくと、打って変わって練習に打ち込むという要領のよさを見せた。

塾は仕方ないという感じだった。自由ヶ丘は非常に教育熱心な地域で、三年になると小学校の友達はほとんどが進学塾へ通いはじめる。そんな影響もあって、利恵も本山駅近くの塾に通うようになった。

しかし、塾も書道もピアノも自分から望んだことではなかった。

そのどれもが嫌いだったと利恵は後に書き残している。

ではなぜ通ったのか。

その理由を富美子は自分が強力に押さえ込んでいたからだと述懐する。父親がいないことをハンデにしたくないと意識するばかりに、自分が強くなりすぎてしまっていた。そして何でも押さえ込み、自分の考えを強制するようになってしまっていた。利恵はその母親の気張りみたいなものに本能的に気づいて、気配りを見せ、自分のやりたくないことでも母に従ったのだった。父親がいないハンデ。もしかしたらそれを過剰に意識することこそが、ハンデそのものだったのではないかと富美子は後に思うこともあった。生活を守ることに必死すぎて冷静でいられなくなった自分がいて、そういう意味では娘が可哀相だったと反省する。

小学校に上がってからの利恵は風邪を引くこともなく学校を休むこともなく、呼び出されるようなことも一度もなかった。環境の中に溶け込むように暖かな時間が流れていく。自由ヶ丘の一人の元気な小学生として。


二〇一五年、春。

今年も自由ヶ丘は桜に包まれた。

利恵が殺されてから、すでに八年近い月日が流れていった。

実は今もまだ富美子は名古屋市内に住んでいる。娘と暮らしたこの街や思い出から離れるわけにはいかないと思うからだ。友達も多く、ときどき自由ヶ丘へ出かける。

自由ヶ丘の丘を歩いているとき、特に夜は不意に胸が張り裂けそうに苦しくなることがある。閑静な街の中の清潔なアスファルトを歩いていると、向こうから利恵が歩いてくるのではないかと思ってしまう。あの足音は利恵のではないかと。息を止める。やがて見知らぬ人と擦れ違う。そんなことをどのくらい、繰り返してきただろう。そのたびに空を見上げる。清冽《せいれつ》な空気。満天の星。丘の上から見る空は広い。幼い利恵と手をつないで眺めた星空と何も変わっていない。どんなに空を仰いでも、涙は溢《あふ》れ流れていってしまう。いくら探しても利恵はもうどこにもいないのだ。

利恵に申し訳のないことをした。

お父さんを覗く望遠鏡なんてないのだ。

幼い娘はそれを真に受け、信じていた。

もしそれがあるのならば、間違いなく今、私が使っている。

三十一歳という同じ歳で亡くなった父と娘。

望遠鏡で、その姿を眺めている。

利恵に会いたい。

一目でも見たい。たった一度でもいいから……。

心からそう願う。

そう思わない日は、一日たりともなかった。

タタタッと走ってくる足音。ニコニコと誰にでも抱かれる、その笑顔。ニャーニャーニャーという甲高い猫のなきまね。言いつけをよく守り、大人たちに色々な気配りができた幼少時。何よりも忘れられないのは抱いたときの愛らしさや清らかさ。モミジのような手から伝わってくる優しさ、温かさ。

自分にとってたったひとつの太陽だった娘。

凍える冬に手をつなぎ何度も何度もこの坂を上がった。

お父さんの分まで二人で幸せになろうと誓った。

富美子は夜空を見上げる。

夫もなく、娘もいない。

縦軸も横軸もない、ここはまるで宇宙の底のような一人きりの場所だ。

自分だけが一人きりで、この地上に残されている。

胸いっぱいに、甘い春の空気を吸い込む。

お母さん、もう泣かないで。

桜の花びらのような優しい声が、胸に響き渡る。

夜空を仰ぎ見ながら、じっと涙が涸《か》れていくのを待つ。そうしていればやがて少しだけ冷静な自分が戻ってくることも知った。

わかった、お母さんもう泣かないよ。
小さく娘に返事をする。
やがて静かにこう思う。
そして足が震えるほどに愕然《がくぜん》とする。

本当に、いったい私は何を失ってしまったのだろう。

第四章

丘の上の日々

一九八七年――。前年に発行されたＮＴＴ株に全国の主婦たちが殺到したことをきっかけとして、空前の株ブームが起こり、そしてそれは不動産ブームへと移行し、やがて日本には行き場のない金に埋め尽くされるという異常事態が起こっていた。有り余るジャパンマネーはニューヨークのビルを次々と買い落とし、東京二十三区の地価でアメリカのすべての土地が買えるとさえいわれていた。銀座《ぎんざ》 鳩居堂《きゆうきよどう》前の土地一坪が一億円を超え、一九八九年十二月二十九日には日経平均株価は三万八千九百五十七円にまで達した。史上最高値である。

日本経済のすべてが異様なまでの高揚感に包まれていた。

流行語の中に地上げという言葉が入った時代。

今にして思えば日本全体が狂乱ともいうべきバブル経済の最中にあった。

一九八五年あたりからはじまった日本史上空前のバブル景気。その頃、利恵は九歳。小学三年生となり自由ヶ丘の丘を、風のように駆け回っていた。日本経済とは無縁の存在ともいえる小学生であったが、しかしそんな利恵でも確実にバブルの影響を受けていた。母・富美子の仕事量が猛烈な勢いで膨らんでいったからである。会社はなるべく定時で帰るようにしていたが、家事をする余裕が失われていった。父親が猛烈社員のサラリーマン家族とほぼ同じ現象が起こっていたのである。その分、祖母のシヅが家庭を支えた。

「お母さんは父親でおばあちゃんが母親」と利恵自身もそう口にするようになる。

学校から帰ると台所に立ち、よくシヅの料理の手伝いをした。シヅは基礎から細かい味付けまで丁寧に教え込んでいく。もちろん包丁の使い方も教えた。こうして祖母から孫へと伝わることで、料理の基本が、利恵の中に構築されていく。母親は厳しいが、祖母は優しい。その優しさの中で教わるうちに利恵はすっかり料理好きになっていった。服装に関しても子供の頃から利恵は極めて女の子らしいものを好み、服にリボンを付けてやれば、女の子らしい仕草で踊り出してみせる、そんな愛らしい一面があった。

小学三年から利恵は三つの習い事を抱えていた。

週一度の習字、ピアノ、そして週二度の学習塾。それだけでも結構、忙しい。塾は本山駅の近くにあり、子供の足で二十分ほどかかるが、利恵は歩いて通った。送り迎えはシヅの担当。七十歳近くになるシヅも坂の多い道を歩いて往復した。

学校では刺繍《ししゅう》部に入っていたが、家でやっている姿を見かけることはなかった。

「普通よ」というのがこの頃の利恵の口癖だった。

富美子が何を聞いても「普通よ」と答える。

「刺繍部は楽しい？」

「普通よ」

「お習字は?」

「まあまあ……」

「ピアノは?」

「普通かな」

「勉強は?」

「普通よ」

こんな調子だった。その言葉の通り大体のことは特に良くもなく特に悪くもないという状態が続いていた。しかしこの母と娘の会話は、やはりどこか父と子の会話を思わせるものがある。また利恵の中に芽生えている母への反抗心のようなものを微《かす》かではあるが感じさせなくもない。富美子の残業が長引き帰宅が遅れたときには利恵はすでに就寝していることもあり、そうすると顔を合わせるのは朝のわずかな時間だけということもあった。

日曜日はできるだけ一緒に過ごした。

ある日、絵本の中にパンの作り方が書いてあるのを見つけて三人でやってみようということになった。そのレシピの中にパン生地は傷めれば傷めるほど美味《おい》しくなるという記述を見つけ、母娘に祖母も加わり、「よしっ」と顔を見合わせ、パン生地をこん棒でガンガン引っぱたいた。グルグル回し、テーブルに叩《たた》きつけた。それが可笑《おか》しくて利恵は大声で笑いだした。富美子も楽しくなってつられて大笑いをした。あんなに笑ったことがかつてあっただろうかと思うほど、三人

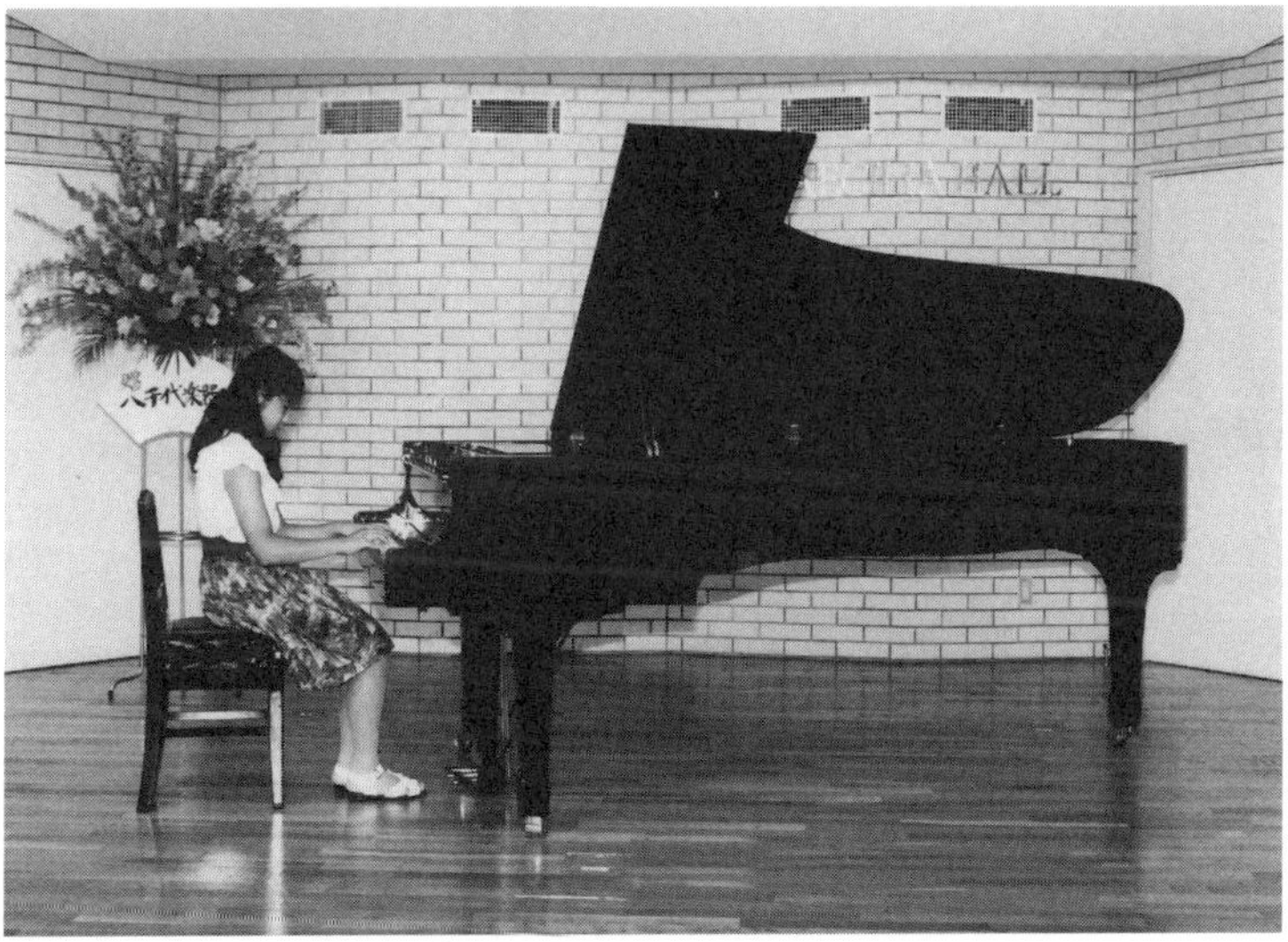

1989年7月24日。習っていたピアノの発表会。

で腹の底から笑い合い、なかなか止めることができなかったほどだ。

自由ヶ丘小学校には〝丘のこども〟という題名の校歌がある。

自由ヶ丘に朝がくる
あっちの丘から
こっちの谷から
ぼくのわたしの友だちが
小鳩の記章光らせて
元気いっぱいやってくる
ほら丘の上の小学校

（作詞・鈴井道雄、作曲・折本吉数）

利恵の小学校生活は、まさにこの校歌に象徴されるようなものだった。子供たちは学校が終わればどこかに集まり、丘の上の公園を走り回った。平日も塾へ、教室へと誰もが大忙し。よく遊び、よく学ぶ、そんな日々が日常のこととしてごく当たり前に繰り返されていた。

利恵の中に芽生えた動物好きの資質。

それは日を追うごとに少しずつ大きく膨らんでいった。

本当は犬か猫を飼いたかったが、それは市営アパートの規約ではっきりと禁止されている。あるときはどこからかウサギを貰《もら》ってきて、飼いたいと言いだした。しかしそれには富美子が猛反対する。ウサギは確かに犬猫のように規約に記されてはいないが、常識的にそれと同等か準ずるものであろうと富美子は考えたからだ。きつく叱ると、利恵はウサギの入った籠《かご》を抱えて家を出ていってしまった。そしてしばらくして戻ってきた。友達と交渉をして引き取って貰ったという。瀕死《ひんし》の雀の雛《ひな》を拾ってきたかと思うと、友達からセキセイインコの雛を譲り受けてきたりもした。

富美子は家の中で動物を飼うことがどうしても好きになれなかったが、ウサギのこともあったから、ベランダで飼うのなら、という条件で許してやることにした。しかしベランダに置いた籠で鳥を飼うのは、そう容易《たやす》いことではない。昼と夜の温度差のこともある。餌箱や水を目当てに虫がやってくる。猫に襲われる危険も常にある。もうひとつは、セキセイインコは知恵があり好奇心が強いので、鳥籠の出入り口を器用にくちばしで開けて隙間から逃げ出してしまうのだ。また、利恵は手乗りに育てたインコを籠から出してベランダで遊んでいたので、ちょっとしたことでそのまま飛んでいってしまうということもあった。本当は部屋の中で遊びたいのだが、糞《ふん》をしたり羽根が落ちていたりすると富美子が嫌がるから仕方なかった。

小学六年のときに利恵が書いた作文が卒業文集の中に残っている。

学校から来たピーコ　磯谷《いそがい》利恵

二学期の中ごろ、私は学校からインコのひなをもらってきました。ふつうならもらえないのだけれど、私は飼育園芸委員だったのでもらえました。

もらって帰った時は、母に、「ねっ、かわいい？　かわいいでしょっ」とかいうふうに言っていました。

今まで学校にいた鳥だから、いくらひなでも人を怖がるのではないだろうか、と思っていました。でも、そんな心配をすることはありませんでした。手を入れるとすぐに近くに来て、手の中で〝ぷくっ〟とふくれて、気持ちよさそうにしていました。この鳥、人の近くに来るなんてかわってるな、と私は思いました。名前はピーコにしました。

来たばかりの時はおとなしかったピーコも、一ヶ月、二ヶ月、三ヶ月とたつうちに、気が強く、少しあらっぽくなって、あげくのはてに今では、少しでもかごの中に手でも入れようものならば、〝ガブッ〟と人の指をおもいっきりかんできます。最近では、かみ方もだいぶ弱くなってきましたが、朝はまだだめです。

私はこれからも、ピーコの世話を毎日して今までの鳥のようににがさないようにして、しんぼう強く、かわいがって飼っていきたいと思っています。

小学生の少女らしい素直で清楚《せいそ》な作文である。文章の中に「ＰＩ～ＰＩ～」と啼《な》きながら空を飛ぶ、愛らしいピーコのイラストが挿入されている。この文章からは色々なことを感じ取ることができる。普通なら貰えないところを、自分は特別な立場だから貰えたんだという、子供らしいちょっとした自慢。母親に「返してきなさい」と言われないように、「ねっ、かわいいでしょ?」と懸命に先手を打っている姿。利恵の小さな手の中で〃ぷくっ〃と膨らんだひな鳥の可愛らしい姿。名前をピーコとつけたと少し胸を張る姿。今までの鳥のように、逃がさないという決意。そしてその後にある〃しんぼう強く〃という言葉。

これは利恵がいつも肝に銘じ、また大好きな言葉であった。中学の卒業アルバムにも〃辛抱強く〃と、これからの学生生活の目標を掲げている。小学校高学年から中学時代を通じて、利恵はこの言葉を胸の奥に持ち続けていた。

学校から貰ってきたピーコはしばらくして体調を崩した。

利恵はピーコを手のひらに乗せて「どこが痛いの?」と一生懸命に体を撫《な》ぜてやりながら話しかけた。「ピーコ、頑張るのよ」とそれは優しい声で。ピーコもそれにこたえて懸命に啼いていた。利恵は手のひらにピーコをくるむようにして持ち、温め続けた。それが功を奏したのか、ピーコは少しずつ元気を取り戻していった。

よく言葉を覚え「利恵ちゃん、おはよう」や「こんにちは」を上手に言えたルッピー、まだ飛べない頃から飼いはじめ、やがて卵を産んで孵《かえ》し、雛を育てるようになったルル。色んなインコがいた。

また小学五年のバレンタインデーにはチョコレートを手作りして、クラスメートの男の子にプレゼントした。一人では恥ずかしかったのか、友達の女の子に付いてきてもらって手渡したという。富美子が聞いた男の子関係の話は、後にも先にもこれっきりだった。

この頃、小学校ではファミコンが流行《はや》っていた。

ある日、利恵が富美子のもとに来てこう言いだした。

「お母さん。一度だけ、一生のお願いですからファミコンを買ってください」

しかし富美子は申し出を却下した。

利恵の性格からして、それを買い与えると夢中になるに決まっている。そして必ず勉強に悪影響を及ぼすことになると考えたからだ。本当は買ってやった方が楽だったのだが、「どうしても欲しいのなら自分でお小遣いを貯めて買いなさい」と言った。しかしお小遣いという小銭をかき集めても買えるような価格ではない。利恵は諦《あきら》めるしかなかった。

日頃はおねだりなんかしない娘が、あんなに頼んできた。

よほど欲しかったのだろう。

どうして買ってやらなかったのか。なんでも好きにやらせてやればよかったのではないか。

富美子は今もそのことを思い出すと、胸の奥にひきつるような後悔の気持ちが走る。

小学六年の夏に、利恵の生活にある変化が起こる。

母親代わりだったシヅが長男の住む大宮へと引っ越すことになったのだ。七十歳を過ぎていて、体力的な不安を感じたこともあったろうし、利恵ももう小学六年生になり色々なことを自分でできるようになったという安心感も芽生えていた。二歳で引っ越してから十年間も面倒を見てきたので、もう充分という達成感もあった。長男からそろそろ帰っておいでと声を掛けられていたし、また老後は長男宅の世話になるというのはシヅのかねてからの人生設計でもあった。

シヅがいなくなると、磯谷家は二人きりである。

母と娘。

家族はこれ以上にないシンプルな構図となった。

シヅが家を離れたことにより、利恵は母親役を失ったことになる。しかし不思議な現象が起こる。次に母親役となったのは富美子ではなく利恵自身だったのだ。小学六年生の娘が、二役についたのである。この頃の自分について利恵は後に述懐している。

夜遅くに玄関に富美子を迎えにいく。

「おかえりなさい」という言葉に対する「ただいま」の声色によって富美子の虫の居所がすぐにわかったという。それによって、ああ今日は何か会社で嫌なことがあったんだなあ、とか、今日はまあそれほど忙しくなかったんだなあ、とか。まるで〝奥さん〟のような役割まで演じるようになったのである。一人、部屋の中で母の帰りを待つ小学六年生の女の子。そう考えると寂しさを感じなくもないが、利恵と富美子の現実は少しも湿っぽいところがなく、むしろからっとしていた。この頃になるとおそらく富美子が意識していた以上に、利恵が現状を把握して、健気《けなげ》に明るく振る舞っていたのだろう。父親のいない娘と見られないよう、虚勢を張っていた富美子の心情を、逆に利恵の方が察して重荷にさせまいという気づかいを見せるようになっていた。

利恵には二歳になる前から父親がいない。

それが当たり前として育ってきた。ほとんどの人生の中で父がいたことはなく、そんな環境の中にいる自分しか知らない。だから父がいないという感傷もなく、負い目もない。ある意味では富美子よりそういう状況におけるプロといっていいのかもしれない。子供の持つ成長力、適応力。それは富美子が抱えるコンプレックスを埋め尽くしてあまりあるものだった。

子供は成長していく。

手の中で〝ぷくっ〟とふくらんだひな鳥が、やがて手のひらで温めてくれていた母親を思いやるようになっている。

遊ぼう、と約束しようとして友達に断られるたびに、鉄棒から落ちて大きなたんこぶを作るたびに、学校からの坂を全速力で駆け上がってくるたびに、ピーコに指先をかまれ悲鳴をあげるたびに、子供は成長していく。すべての出来事から、必ず何かを吸収していく。何かを理解しそれに傷つくことですら、成長の糧となる。

あちらの丘から、こちらの谷から、子供たちは集い、そして成長を続ける。

ある日、些細《ささい》なことがきっかけで、富美子と利恵の間で口論になった。

そして最後は富美子が「そんなことを言うなら、ここから出ていきなさい」という切り札を使った。すると利恵は「出ていったら、どうやって食べていけばいいの？」と聞いてきた。

「お母さんが毎月、仕送りをしてやるから」と富美子が言うと、利恵はケロッとした顔で「お母さんはすぐそういうことを言うんだから」と諫《いさ》めるのだった。

これではどちらが大人かわからない。

そんなドタバタ劇のような場面も多くあり、しかしそれはそれで母と娘にとってかけがえのない愛《いと》おしい日々の記憶でもある。

やがて丘の上の子供たちも、そしてその中の一人磯谷利恵も、光り輝く小鳩の記章を胸から外す日がやってくる。

一九八九年春、自由ヶ丘小学校卒業式。

卒業証書を受け取る娘の姿を、富美子はどのような思いで見つめていただろうか。そしてそれをどんなふうに夫・末吉の遺影に報告したのだろうか。


自由ヶ丘が新しい桜の花に埋め尽くされた頃、利恵は名古屋市立千種台中学校へと進学した。利恵が入学した頃、校舎は今の地下鉄名城線自由ヶ丘駅の位置にあった。自宅からは徒歩で数分の距離である。後年、地下鉄が開通し駅が新設されるにあたり、中学を別の場所に移設し、そこに新しい自由ヶ丘駅やロータリーなどが造られるという大規模な工事が行われた。

千種台中学の一年C組に入学した利恵は、真新しいセーラー服に身を包んだ。

細身でまだ少女の体つきではあるが、瞳《ひとみ》は光り輝き、意志の強そうなすっきりとした目鼻立ちに、白を基調に紺色のラインが入ったセーラー服はとてもよく似合った。それを着るだけで、私服で走り回っていた小学生時代の利恵とはまるで別人のように富美子の目に映る。凛《り》々《り》しい、そして初々しいセーラーの姿があった。

希望に満ちたピカピカの中学一年生がそこにいた。

中学に入りまず利恵は習字の教室をやめた。

そして間もなく、もともとあまり好きではなかったピアノもやめた。

学習塾も本山のところから、少し離れた猫洞通《ねこがほらとおり》にある塾に場所を移した。

そんな環境の変化はあったものの、利恵の中学生活の出だしは上々だった。

中学になると毎日、お弁当になる。富美子は冷凍食品を常備しておいて、朝はそれをレンジでチンして適当に詰めて済まそうとした。見た目は気にしない。口に入ればいいという感じだったのだが、利恵はそれを嫌がり、自分でご飯をよそいミニトマトやブロッコリーや卵焼きで彩りをつけて可愛らしいお弁当に仕上げるのだ。なるほどこうやるんだ、と感心するのはいつも富美子の方だった。しばらくすると、冷凍食品さえ用意しておけば、利恵は一人でお弁当を作るようになった。それだけではなく、富美子が会社の仕事で遅くなるような日には、何も言わなくても利恵が夕飯の支度をするようにさえなっていった。

一度だけ利恵がこう言いだしたことがあった。

「うちって普通と違うよね」

「何が？」

「普通はお母さんがお弁当作ってくれるんだよね」

富美子はこう答えた。

「うちは普通じゃないから」

すると利恵は「あ、そっか」と納得した。

それから毎日、利恵はお弁当作りに励み、一切文句を言うこともなかったという。

中学時代の利恵は、誰の目から見ても真面目で素直で、あまり目立つこともなく手のかからない優等生だった。家庭ではインコやメダカの世話をし、朝のお弁当作りに励み、勉強もよくした。家庭の雰囲気が壊れないように、いつも富美子に気を遣い、意見を譲ることができるようになっていた。宿命を受け入れるというよりも、むしろ利恵の方からそれにアジャストするような姿勢を見せるようになっていたのだ。

中学二年の頃、飼っていたインコが死んでしまった。

利恵は大泣きに泣いた。そのあまりの激しさに富美子は見ているのが可哀相になり、もう小鳥を飼うのはやめようかと提案した。利恵は素直に受け入れたが、しかし小鳥屋を見つけるとすぐに駆け寄っていき鳥籠の中の鳥をじーっと見つめていたという。

富美子の仕事の都合もあって晩御飯は外食も増えていた。

利恵はしかしそれを喜んでいる節もあった。

大人になってからの食べ歩き好きが、この頃から萌《きざ》しはじめたのかもしれない。

日曜日の夜には母娘水入らずでお好み焼きを作った。昼から食材を買いに出かけ、部屋に帰り二人で作り二人で食べたお好み焼きの美味しかったこと。台所で利恵はちょこまかと動き回り、キャベツを刻み、小麦粉を練る。弾《はじ》けるような笑顔を振りまいていた。富美子は今もその幸せな食卓の味を忘れられない。利恵と二人で作る一枚のお好み焼きは、富美子にとってどんな料理よりも美味しかった。

「お母さん、鰹節《かつおぶし》いっぱいかけるのよ」

「うん」

「もっと、もっとよ」

目の前には、いつの間にか美しく成長している、娘の眩《まばゆ》い姿があった。この子はきっといいお嫁さんになるなあ、富美子はそんな予感に包まれていた。


この頃の利恵について、富美子は今もときどき思い出すシーンがある。

利恵が中学二年生だった頃のことだ。週に三回、猫洞の学習塾に通っていた。その帰りに富美子の覚王山《かくおうざん》駅にある会社に立ち寄ったことがあった。猫洞から富美子の勤め先は自宅とは地下鉄で逆方向となるので、帰りがけに寄ったということではなく、わざわざ出かけてきたのである。

「あら、どうした。利恵ちゃん」と事務所に現れた娘に富美子は聞いた。

ううん、何でもないのという風に利恵は軽く首を振った。

どうしたんだろう、という気持ちはなくはなかったが、とにかく終業時間まで待たせるしかない。営業帰りの社員が他に一人いるだけで、そろそろ皆が戻ってくる時間だった。

「悪いけれど、ここで待っていてくれる」と富美子は利恵を事務所の隣にある応接室に連れていった。利恵はこっくりと頷《うなず》き、素直に従った。何かあるのかな、と富美子は考えたが、とにかく書類を処理することが最優先だ。富美子は集中してそれに取り組んだ。

その間、事務所にはひっきりなしに電話が鳴り響いていた。

いつも通り、無味乾燥な灰色の世界。

電話対応の合い間にこつこつと富美子は伝票にボールペンを走らせていった。

そして三十分ほどが過ぎた。すべてが終わったわけではないが、一応の目途が立った。あとの処理は明日の朝一からで何とかなる。机の整理を済ませ、立ち上がった富美子は応接室の扉を開けた。すると利恵は長椅子のひじ掛けに頭を凭《もた》せかけるようにして眠っていた。来客用の渋い茶系の家具に囲まれた、それは中学生の女の子が眠るには似つかわしくない空間だった。

学校か塾の帰りにこうして自分の職場に寄るのはほとんどはじめてのことだ。眠る利恵の姿を見て、きっと何か特別な悩みごとでもあるんだろうなと、富美子は察し、今日はじっくりと聞いてやろうと心を決めた。

会社の近くのファミレスで食事をする。七時過ぎだった。

しかし、利恵は何も言わない。

「何かあった？」と聞いても「何も」。

「どうかした？」

「どうもしないよ」

「本当？」

「うん。本当」

そう答える利恵は、明るい表情でニコニコしているのである。その顔を見ているうちに、富美子の気持ちも少しずつ安堵《あんど》に包まれ、和らいできた。少なくとも学校や塾で、何かあったわけではないということは察知できた。疲れが出たのだろうか。そして応接室のソファで仮眠したことによって回復したということなのだろうか。

覚王山駅から住宅街の道を二人で歩いて帰った。自宅までは徒歩で二十五分かかる。

途中で急坂がある暗い道だが、車の通りが少なく二人で歩くときはこちらのコースを取ることも少なくなかった。見上げると満天の星。振り返ると名古屋市内の夜景がどこまでも続いている。

利恵は何事もなかったかのようにニコニコしながらついてくるのだった。

富美子は今でもその日のことをときどき思い出す。

利恵が突然、会社に訪ねてくることなど一度もなかった。

それなのになぜあの日に限っていきなり来たのか。

やがて富美子は思い至る。

やはり寂しかったのだ。

そうに、違いない。

夜、塾を出て、家に帰り一人で居ることが、寂しくなったのだ。

だから利恵は思い切って歩いて会社に来た。私に会いたくて。

ソファで安心しきったように寝込む姿。揺り起こしたときの寝ぼけた顔。目を開け、私を見たときの嬉《うれ》しそうな瞳。

可哀相なことをしたな、と富美子は思う。

たった一人の娘に寂しい思いをさせてしまった。しかも仕事に夢中でそのことに気づかずにいた。利恵ちゃん、ごめんね。その場面を思い出して、富美子は胸の中で静かに謝罪をする。

利恵はそんなに簡単な娘ではなかった。

落ち込んでいることも、ふさぎ込んでいることも少なくはなかった。

学校の友達とうまくいっているときもあり、またうまくいっていないときもあった。誰にでもあるような問題を日常的に抱え、それを解決できたり、できなかったりを繰り返していた。そういう意味では日本中のどこにでもいる中学生と何も変わらなかったろう。

ただ何かが解決し前に進んだと感じた、そんなときに真っすぐに富美子の方を見てくれたときの表情の輝き。体中から愛情を迸《ほとばし》らせ、そして全身で愛情を受け止める、そんな幸せな気持ちをすっきりと表現できる能力があった。

習字とピアノをやめた分、家で漫画やイラストを描いていることが多くなった。

それはある意味、自然なことだったかもしれない。

保育園に通っていた頃から利恵は絵本に関して、素晴らしい集中力を見せた。そして塗り絵も大好きだった。家にある絵本は次々と利恵の色に塗り替えられていった。富美子もデザイン画を描いていた時期があったので、線の描き方や効果的な色の塗り方を何度も教えてやった。海で拾ってきた貝殻に二人で絵を描いたこともあった。

保育園から小学校に上がった頃だったろうか。富美子と利恵は湯船の中でこんな遊びを繰り返した。

利恵が物語を勝手に作り出す。

富美子が途中でそれをストップする。そして続きを富美子が作る。

それにまた利恵がストップをかけ、続きを話し出す。

立ち込める湯気の中で、母娘二人は、そうやってひとつの物語を作り上げていった。

毎日のように風呂《ふろ》の中で、そんな遊びをしていた。

利恵が漫画やイラストに熱中するようになるのは、このようにして富美子が無意識のうちにそういう方向へ向かわせていたということもあったのかもしれない。その傾向が中学時代にますます顕著になり、利恵は絵に集中していくようになる。銅版画のようなことも、見よう見まねでチャレンジするようになった。絵を描くことに関してはとにかく積極的だった。

大きな地震が起きたある日のこと。

富美子はパニックを起こして家の中を駆け回った。そして利恵の部屋へ飛び込んでいった。すると利恵はケロッとした顔で冷静に本棚を手で支えていた。

「大丈夫、利恵ちゃん!!」と富美子は叫ぶ。

「お母さん落ち着いて」と冷静な利恵。

それから落ち着いた声で、こう続けた。

「大丈夫、そんなに慌てなくても」

「……」

「人間、死ぬときは死ぬんだから」

富美子は雷も大の苦手だった。

本山駅で待ち合わせ、利恵が自転車を押し、富美子が横を歩いて帰ることも多かった。二人とも自転車のときには、途中の坂道で、並んで自転車を押して上がっていった。そんなある日、突然雨が降ってきたことがあった。空模様はどんどん悪化し、とうとう雷が落ちてきた。

「キャーッ」と叫んだのは富美子の方だった。

それから大慌てで利恵を置いて駆けだした。

「利恵ちゃん、先に帰っているね」と大声で叫ぶと、どこからそんな力が出るのだろうというほどの勢いで、娘を置き去りにして走り去ってしまった。

母娘二人だから、息が詰まることもあった。

しかし利恵が譲ること、富美子も手を緩めることを覚え、家庭の中はいつも笑い声で溢《あふ》れていた。とにかくまともにぶつかり合わないこと。中学時代からはそれが大切だった。

中学二年を終え、やがて進路の話をする時期がやってきた。

利恵の身長は一五三センチを超え、体形もスラッとし、セーラー服がよく似合った。眩い笑顔と、赤い唇、そして真っ黒な瞳が印象的だった。明るくよくしゃべり、たくさんの友達がいて、いつもその輪の中心にいた。とても扱いやすい生徒だということで教師からの評判もよかった。富美子の躾《しつけ》の厳しさが功を奏したといっていいのだろう。

ただし向上心がない。

相変わらず何でも普通でいいのだ。

だから高校も今の自分の学力で入れる普通の高校を目指そうとしていた。しかしそれに反対したのが富美子だった。名古屋には名門校がたくさんある。

「利恵ちゃん、たまには頑張ってみたら」と富美子は言った。

「普通、普通、じゃなくて、上を目指してチャレンジしてみなさいよ」

今の自分に満足しているような娘の姿が歯がゆく映っていたのだった。それに対する利恵の返事ははっきりとした、予想していないものだった。

「うん。わかった」とすっきりとした顔で即答したのである。

「あら、利恵ちゃん」と富美子は顔を見た。

すると利恵は「うん。利恵ちゃん、頑張るぞ」とおどけた表情で富美子に答えたのだった。

高校受験は利恵の人生にとってはじめての挑戦といえたかもしれない。

目指す高校は通える距離の公立高校の中でも上位に位置する愛知県立天白《てんぱく》高校と決めた。それから利恵は、驚くほど勉強に集中する。幼い頃から本を読むのが大好きだったし、小学三年生から学習塾へ通ってもいたので、勉強への素養はあったのだろう。ただはっきりとした目標がないことが、その開花を阻んでいたのかもしれない。

「たまには、チャレンジしてみたら」

その富美子の一言が、利恵の中の何かに火を点《つ》けた。富美子も驚くほどの集中力を発揮する。いつ見ても机に向かっているという感じだった。

一九九二年春。

桜が咲きそして散っていく。

そのたびに繰り返す、先生や友達との別れと出会い。

利恵は千種台中学を卒業、そして志望校の天白高校への入学を果たした。

利恵にとって少しだけ胸を張れた春。

それは富美子にとっても晴れやかな春だった。

千種台中学の卒業アルバムは、何十枚もの美しい線画のイラストに囲まれている。これはすべて利恵が作成委員に頼まれて描いたもので、磯谷家には今も原画が残されている。素材は花や鳥やメダカやケーキ……利恵の好きなものばかり。

友達が性格を書き込むコーナーがある。

磯谷利恵の欄には次の二つの言葉。

「動物好き」

「絵が上手」

くりくりとした愛くるしい瞳。薄い唇の間からこぼれる奇麗な歯。線の細い上品な体つき。真っ白で真っすぐに伸びる美しい指。背筋をすっと伸ばした姿――。足元を飾る、輝くように白いソックス。

利恵を取り囲む何もかもが、希望に満ち溢れていた。

愛知県立天白高校は名古屋市天白区植田《うえだ》に位置する標高七二メートルの権現山の頂上にある。

千種区自由ヶ丘からは南東の方角約六、七キロメートルの距離であるが、しかしその間に標高八〇メートルの東山がありそれを乗り越えてまた権現山に登らなければならない。文字通り一山越えてまた一山である。利恵は本山駅まで歩き地下鉄東山線に乗り、二駅目の星ヶ丘《ほしがおか》で降りて、そこから天白高校行きのバスに乗って通った。星ヶ丘までは、東山公園の次で四分しかかからないが、しかし星ヶ丘からのバスは三十分から四十分かかり、天白高校停留所からさらに徒歩五分。家から高校まで片道一時間近くを要した。

山の頂という場所にあり、交通の便はよくないが、そのかわり環境は素晴らしかった。そして何よりも学校の五階からの眺めは最高で、名古屋市内が一望でき、海が広がり、空気の澄み切った冬の日には御嶽山《おんたけさん》や鈴鹿《すずか》山脈の山々を望むことができた。

登校途中に通る東山公園には一九八九年に名古屋市制一〇〇周年を記念して、巨大な東山スカイタワーが造られた。標高八〇メートルの丘の上に建てられた一三四メートルのタワーは、そこから見える夜景の素晴らしさから新しい名古屋のシンボルのひとつとなっていた。

高校生活は楽々歩いて通えた目と鼻の先にある小中学校と、まず距離感が違っていた。

利恵が入学した当時の天白高校は一学年九クラス。それまでの三クラスだった小学校や中学校とは生徒の数や学校のスケールの大きさも違っていた。男女共学で、女子はセーラー服だった。中学時代もセーラー服だった利恵は、六年間も同じような格好をしなければならないのだが、しかしそんなに嫌がらなかった。もともと、女の子らしい服装が好きだったからだろう。学風は規律が厳しい方だった。今は自由になっているそうだが、当時は通学に使える鞄《かばん》も指定されていた。

規律の厳しさが徐々に緩められていく、利恵の時代はそんな過渡期にあった。

高校一年のとき、利恵は美術部に所属した。

学校では息を潜めるようにして、じっと周りを観察していた。いつも様子を窺《うかが》い、慎重にクラスメートとの距離を探っていた。なるべく目立たないように、過ごした。学校が終われば真っすぐに家に戻り、夕飯の支度をする。寄り道は富美子の命令によって厳禁となっていた。

規則正しい生活だったが、二年に進み様相が変わる。

ある日、校舎の五階にある生物部に寄ったのがきっかけだった。そこは実に不思議な空間で、ハムスターやウサギやカメがいて、金魚や川魚や熱帯魚の水槽がある。小さい水槽にはフグの稚魚が泳いでいて、それは顧問の先生が飼っていると教えられた。部室にいる生徒は、地味なタイプなのだけれど、ごく自然に自分に接してくれる。この高校に入って利恵ははじめて居心地の良さのようなものを感じ、何日か顔を出して入部することに決めた。

生物部というからには部活動といえば部活動なのだろうが、しかしそんな雰囲気はなく、まるであまり流行っていない地元の喫茶店にいるようなムードだった。ただそこにいて魚や動物の世話をしていればいいようだ。飼育日記のようなものを書く必要もない。

利恵はその場所がすっかり気に入って、毎日、顔を出すようになった。

すると生物部には、インターハイを目指す運動系や、文化系でもバリバリやっているような部活にはあまり馴染《なじ》めないような生徒が、何となく集まっていることがわかってきた。そのうちの何人かと口を利くようになり、ほんの少しずつではあるが心を開いていった。

友達ができた。

その友達がまた友達になった。

みな、少し変わっていた。

それが、また妙に心地よかった。しばらくいると実はその中に生物部ではない生徒もいるとわかった。でも、毎日のように顔を出す。そして仲良くなる。要するにそこは、ちょっと変わり者の女生徒が安心して集まれるたまり場のような場所だった。いつ行ってもハムスターやウサギやカメが愛らしく静かに迎え入れてくれた。

その部屋で利恵は六人の友人と出会い、やがて生涯の友となっていく。正式な部員は利恵を含めて四人しかおらず、後は毎日立ち寄る他の部活の生徒たちだった。

平均的な女子高生とはみな少しずつどこか違っていた。キャアキャア騒ぐようなところはなく、どちらかというと静かで控えめだった。ひとつの物事にじっと集中しているようなタイプが多く、そんな中に混じってあまり違和感のない自分を利恵は感じていた。男子の話や恋愛の話をすることはほとんどなかった。また人の心の中に踏み込んでくるようなタイプもおらず、それぞれが距離感を保って注意深く相対していた。その感じが利恵には心地よく思えた。

乗り換えやノロノロしたバスが面倒になったのか、二年になった頃から利恵は自転車通学をするようになる。自由ヶ丘を下り、東山という山を越え、また権現山の頂上まで登るのだから、六、七キロメートルとはいえ自転車では大変な道のりである。しかし地下鉄、バスを乗り継ぐよりは早く、二十数分で到着した。しばらくすると利恵は「毎日、自転車で通っていると脚が太くなっちゃうのよね」とぼやくようになった。「あらっ、そんなことを気にするんだ」と富美子はそれを聞いて微笑ましく思った。

ある日、利恵が大荷物を抱えて帰ってきた。

そして「じゃじゃーん」という感じでリビングのテーブルの上で包装紙を開けだした。

出てきたのは水槽。しかも熱帯魚飼育用のフルセットであった。つまり六〇センチガラス水槽と底砂、サーモ付きヒーター、上部濾過《ろか》装置、上から水槽を照らす蛍光灯などである。すべて自分の小遣いで買いそろえたものだった。

数日前に利恵に相談をされて家が生臭くなるからという理由で富美子は反対したのだが、なんだかんだと押し切られてしまったのだ。インコの飼育をやめて以来、熱帯魚水槽は利恵の憧《あこが》れの的となっていた。しかし器具も魚もなかなか高価なもので、中学生ではとても手が出ない。お年玉やお小遣いをこつこつと貯め、高校生になってついに手に入れられるときがきた。勇躍という感じで利恵は熱帯魚ショップから帰ってきたのである。

一週間ほど水槽の水を回して、水の状態を整えてから、今度は水草とネオンテトラとそして水底を這《は》い回る愛嬌《あいきよう》者のコリドラスなどを買ってきた。利恵はコリドラスの顔つきや動きが気に入って「コリ君、コリ君」と水槽におでこを付けるようにして見入っていたという。

この美しい水槽のおかげで利恵の部屋が明るくなった。

年に一度の学園祭で生物部が何をするかは大きな問題だった。利恵がいたときは一年目は草木染を実演し、二年目はハーブクッキーを作ることになった。ハーブクッキー作りが生物部の活動の一環と言えるのかという意見も出たが、「まあハーブは間違いなく生物ですから」という言葉で押し切ったという。

高校二年になると、利恵をはじめ生物部の面々は体育が面倒になっていた。体育祭のときには生物部の部室は五階の真ん中にあったので、ガラスにボードが貼られる。進んで紅組と白組の点数をつける得点ボード係を申し出た。そうやって競技をサボっていたのだった。

二年の頃に誰かが持ってきた一冊の本。それに利恵は大はまりする。小野不由美《おのふゆみ》の『十二国記』である。一九九一年にスタートしたファンタジーノベルで多くの読者に支持された。今現在も未完のまま刊行が続いているという大作である。しかし刊行ペースがスローで待ちきれない。そこで何を思ったのか利恵は小野不由美の夫である、推理小説作家の綾辻行人《あやつじゆきと》の本を読み漁《あさ》りはじめた。それがまた面白かったらしく、次は京極夏彦《きょうごくなつひこ》へ、そして有栖川有栖《ありすがわありす》、森博嗣《もりひろし》、島田荘司《しまだそうじ》へと広がっていった。とにかくミステリーが好きで、系統立てて片っ端から読んでいくというのが利恵の読書法だった。本はすべて持ち運びに便利な文庫本だった。

生物部員で七人のメンバーのうちの一人、早水道子《はやみみちこ》は言う。

誰かが何かの分野で面白いものを新規開拓する。小野不由美はもちろん、ドラゴンクエストだったり少女漫画、ライトノベル、少年漫画などなど。すると必ず誰かがそれに食いつくのだ。同い歳の同じ高校の同じ部員ということで、自分が面白いと思ったものは「あっ、これ面白い」と大抵は食いついてくる。そうやってお互いをはまり込ませ合っているような関係だった。

もちろん漫画も次々、新感覚のものを発掘し合ってはお互いに薦める。

マニアックなものも多かった。

そうやって高校生らしく感性の交換をし合っていたのである。

早水は画《え》もうまく、漫画も描いた。

二人で東京の中央区晴海《はるみ》にある東京国際見本市会場のコミケに行き、別々に店を出したこともあった。コミケとは東京で年に二回開かれるコミックマーケットのことで、漫画好きが自分で本を作り、あるいは仲間と共同で同人誌を作りそれをブースで売る。自作本の販売会である。そこに日本中からアニメや漫画ファンが集まってくる、オタクの祭典のようなものである。二〇一五年夏は三日間開かれ、その総動員数は五十五万人、一日十八万人というから驚異的なものがある。その影響力は計り知れない。

もちろんそれだけの人が押し寄せてくるのだから、早水の漫画も利恵の漫画もよく売れた。たくさん売れた日、利恵はそれこそ踊るように上機嫌になった。

コミケで売れる同人誌や人気作家の作品は、それだけで下手な商業作家の一年分の稼ぎを凌《しの》いでしまうというから驚きだし、そこでしか買えないという限定ものがまた人気を呼ぶ。今や世界に発信するアニメ文化の聖地のようになっている。

そんな狂騒の中で、名古屋から出てきた高校生の利恵は一日をどう過ごしていたのか。

自分が描き、一ページ一ページ作った大切な本を売る。

一冊が売れ二冊が売れ、見知らぬ人が自分の本を次々と買っていってくれる。利恵の胸の奥底に響き渡るそのときめきは、いったいどのようなものだったろう。

羽鳥美里《はとりみさと》もまた生物部七人衆の一人。

高校入学時は合唱部に入ろうと考えていた。しかし部室を覗《のぞ》いてみるといつも人がいない。部員は三年生の男子が一人だけということであった。ということは必然的に、男子と二人で合唱しなければならないことになるし、彼が卒業した後は独唱するしかなくなってしまう。それで果たして合唱部といえるのだろうか。そう考えたすえ羽鳥がたどり着いたのが、何とも中途半端な感じの生物部であった。しかしそこには、何となく自分と似たような経緯でここに入部、あるいは出入りするようになった女子がいて、すぐに居心地の良さを感じるようになった。他の六人と同様に猫のように居着くことになる。

羽鳥は画は描かなかった。推理小説もそんなに好きではなかった。それでも利恵とは気が合って、二人で京都に行ったこともあった。

利恵とはこんな思い出がある。

高校二年生のとき生物部の隣の部屋にある物理部のOBからデートをしようと誘われた。羽鳥のことが好きだというのである。そのことを利恵に相談すると、何と利恵もほとんど同じタイミングで同じ先輩から誘いを受けていたという。利恵のことが好きだと言われた。どっちか引っかかればいいかと釣り糸を垂らしたのかもしれないが、その二人が大の仲良しだという肝心のリサーチができていなかった。

「バッカじゃないの」と二人で手を取って大笑いした懐かしい日。OBの申し出はもちろん却下されたが、実は先輩はこの二人のことが本当に好きだったらしい。

七人衆の一人、植田桂《うえだけい》はちょっと変わった部の変遷歴を持つ。

一年生のときから英会話部に所属し、それから演劇部に移るのだが、その両方から部長をやってくれと頼まれて、断り切れずに引き受けた。何と兼任部長だったという。しかし主に出入りしているのは一度も籍を置いたことがない生物部。

ある日いきなり何の前触れもなく、利恵からファックスが送られてきて焦ったことがある。それは書きあげたばかりのイラストで、植田の家はまだ旧式のファックスだったので「ザッザッザッ」という音を出すばかりで延々と時間がかかり往生した。たまたま自分が居たからいいけれど、母親が受けていたら怒り出していたのではないか。利恵の描いたせっかくのイラストも、旧式のファックスでは肝心の細部がつぶれてしまい、残念なことになってしまっていた。

コミケが近づくと利恵から呼び出しを受ける。

漫画の仕上げを手伝わされるのだ。

ベタ塗りを頼まれるのだが、画を描かない植田にはとても困難な作業で、もし利恵が描いた画を台無しにしてしまったらと手がブルブル震えた。その様子を見て、利恵から消しゴムがけを命じられて、ホッと一息。それからは植田の役割は消しゴムがけ専門となった。

コミケが近づくと、利恵の家には早水も来てお互いの画を手伝いながらほとんど徹夜の作業が続いた。案外、優秀で貴重な戦力は富美子だった。ベタ塗りやスクリーントーンを貼るのも器用にこなしていたという。

植田はある日、いきなりコミケに行こうと誘われた。

売るのを手伝って欲しいというのだ。

東京のコミケ会場で、その人の多さにたじろぎながら、懸命に声を張り上げて売り子をやった。友達の本が一冊でも多く売れてくれればと思ったからだ。

「京都に川床料理を食べに行かない？」

社会人になってからも、突然、利恵から誘われることが間々あった。名古屋からのバスツアーで格安で川床料理を組み入れたプログラムを見つけたという。

ある日突然、思い付きのように電話がくる。

それを〝ポッと思い付いて〟という感じだったと植田は表現する。

一人がつかまれば利恵は満足らしく、あとは誘わない。いつも最少催行人員二名のツアーで、しかも二名で定員という感じだった。しかし女子同士の旅というベタベタした感じはまったくなく、バスに乗り食事をして、終始冷静な会話を交わして「じゃあ、またね」と別れる。それで二人のツアーは終わる。


富美子にとって高校時代の利恵はとても扱いやすく物わかりのいい娘であった。お互いに譲り合うことを覚え、楽しい時間ばかりが増えていった。

教育指導で学校に行ったとき、担任の先生から言われた言葉を富美子は今も忘れない。

「どういう教育をされたのですか？」と聞かれたのだ。

「えっ？」と富美子は首を傾げた。

すると続く担任の言葉。

「どうやったら、あんな素晴らしい娘さんに育つのですか？」

その言葉を聞いた瞬間に富美子は胸がいっぱいになった。

自分のしてきたことが間違っていないと肯定してくれる人がいる。

「ちゃんとやれることはやれるし、きちっと人の話も聞けますし、それ以外にも思いやりがあって、何でもよく手伝ってもくれます」

お父さん……。

富美子は心の中で小さく囁《ささや》く。

聞いてくれた？　今の言葉。

利恵ちゃんのことだよ。

先生は利恵ちゃんのことを言っているのよ。

めずらしく、誇らしい思いが富美子の胸の中に膨らんだ。

そしていつまでも大切な利恵、大好きな利恵でいてほしいと祈らずにはいられなかった。


大学受験は自分の性格に合わないと、利恵は推薦で大学に進学することを早くから決めていた。それには良い内申が必要で、そのための勉強には励んでいた。実際に成績も良く、推薦入学は十分に可能な位置にいた。

何もかもうまくいっている。

自転車で風を切るように坂を駆け下り、坂を登り、そして下りて、また坂を駆け上がり。そうやって大好きな学校へ通う。そこには大切な友達が待っている。

利恵の高校時代の三年間は瞬く間に過ぎていった。

第五章

挫折

愛知県立天白高校生物部の仲良し七人組は、高校卒業と同時に見事にバラバラになってしまう。同じ大学へ進むものはなく、東京、横浜《よこはま》、鳥取と大学進学とともに行く先は全国へ散らばった。名古屋に残ったのは三人。そのうちの一人が利恵だった。

受験勉強は性に合わないと早くから見切りをつけ、推薦入学に絞っていた利恵だったが、その方針通りに同じクラスの男子に競り勝って、私立愛知大学の推薦枠に入ることに成功した。法学部、経済学部、文学部の中から好きな学部を選ぶことができた。

利恵は将来的な目標のようなものをはっきりと持っていなかったため、どこに行きたいという希望は特になかった。文学部は豊橋《とよはし》市にある。名古屋市から通うのは現実的ではなく、またアパートを借りて一人暮らしというのも経済的な負担が大きいためまず候補からはずれた。残りの二つからは利恵はどちらにも決めかねたので、富美子が決めることになった。受験をした場合には経済学部よりも法学部の方が偏差値が高いということもあり、法学部を選んだ。どちらの学部もイメージがわかなかったらしく利恵も素直に母の決定に従った。法律を学びたいわけでも、経済を学びたいわけでもなく、とにかく四年間学校に通って卒業し、適当な企業に就職すればいいくらいに考えていた。学問のための大学というよりは、就職の過程としての大学と、多くの学生がそうであるようにそのように捉《とら》えていた。

愛知大学は豊橋市を本拠地とする文科系の私立大学である。

名古屋キャンパスは現在は名古屋駅のすぐ近くに移転しているが、利恵が通っていた当時は、名古屋から東へ二〇キロメートルほど離れた三好《みよし》町（現・みよし市）にあった。何もなかった広大な土地に、町が大学誘致の計画を立て、それに手をあげたいくつかの学校の中から愛知大学が選ばれることになった。一九八八年のことである。利恵が通いだしたのは一九九五年の春だから、まだキャンパスは新しかったに違いない。しかし交通の便は非常に悪いところで、地下鉄とバスを乗り継いで、利恵の自宅からは一時間以上をたっぷりと要した。

名古屋から離れた、ほとんど豊田《とよた》市に近い、郊外に造られた広大なキャンパス。

その真新しい校庭に入り込み利恵が最初に出会ったもの。

それは孤独だった。

今までの人生では感じたことも味わったこともない絶対的な孤独。キャンパスにあるあらゆるもの、目にするあらゆる光景、擦れ違うすべての学生、それが自分とはまるで違う成分でできた作り物のようにさえ感じられた。大学のキャンパスは、利恵をまるで何かに囚《とら》われたかのような気持ちにさせた。

そこでは何も感じない。

風も光も、あるにはあるのだが伝わってこない。

一日中ほとんど誰とも話さない。

授業が終わると教室を飛び出して、キャンパスの片隅にある誰も近寄ってくることのないベンチに腰掛けて、ただ何もせずに次の授業がはじまるのを待つ。繰り返されるのは法律という、興味もなく自分とはおよそ関係もない講義。それを聞きながらただ何も頭に入らないままにノートだけは取る。そして終わればすぐにベンチへ。そこに座っている自分は生物というよりもまるでプラスチックの塊のようだと思い、悲しくなった。

高校が懐かしかった。

生物部が恋しかった。

あの陽だまりのような部屋で、誰かと話をしたい。考えてみれば利恵の人生はいつもすぐそばに誰かがいて、ごく自然に友達となり話し相手になってくれた。だから自分から話しかけたり誘ったりして接近していく必要はなかったし、それは利恵にとってあまり得意とはいえない行為であった。しかし大学は勝手が違っていた。高校の同級生は一人もいない。まったく見ず知らずの場所へ、ポツンと一人で放り込まれたような状況で、利恵はただ戸惑うばかりだったのだ。

きっとどこかにあるはずだと思い、生物部のような場所を探して歩いてみたこともあった。しかしそれは徒労に終わる。アニメーション研究会のようなサークルを見つけて覗《のぞ》いてみたが、あまり相手にされずかえって疎外感を募らせる結果となった。それでも頑張って入会を希望し、何日かは馴染《なじ》もうとしてみたが、いつしか足が遠のいてしまった。

大学という場所にどうしてもうまく入り込むことができない。

利恵は一学年のうちに必ず何人かはいる、そんな学生の一人であった。

大学の授業科目の登録は、欲張ったわけではないのだが、目いっぱいの科目数となってしまっていた。勝手がわからない一年生にありがちなやり方で、余裕を持たせずに詰め込めるだけ詰め込んでしまったのである。その結果、朝から夕方まで、毎日授業となってしまった。最初から詰め込み過ぎずにゆとりを持っていれば、結果はもしかしたら少しは違ったものになっていたかもしれない。しかしそのときの利恵には、そんなことを相談する相手もいなかったのである。


入学と同時に富美子が命じたのがアルバイトであった。

大学へ入ったのだから親の脛《すね》ばかりを齧《かじ》っていないで、お小遣いくらい自分で稼ぎなさいということもあったし、またアルバイトをすることによって教室では学べない社会勉強をし、働くということはどういうことかを実感してもらいたいという気持ちもあった。自立への第一歩を踏み出してほしいという親心もあるし、責任感を持って日々を過ごしてほしいという願いもあった。

利恵は早速、アルバイト先を探してきた。

千種区役所の近くの日本料理屋だった。

バイトをするのなら飲食店と決めていたようで、躊躇《ちゆうちよ》のない早業だった。早速、狭く急な階段を料理を持って上がっていくのが大変だとぼやきはじめた。お盆を持って上がっていくうちに腰を痛めてしまったという。もちろんそんなことも貴重な経験のひとつだと富美子は思う。

終わるのが午後十一時頃、「仕事が終わりました。今から帰るよ」と電話がくると、富美子は必ずバス通りまで迎えに行った。少し早目に迎えに出たときには、富美子はバス通りを本山駅の方へどんどん歩いていく。しばらく行くと向かい側から自転車に乗った利恵が近づいてくる。富美子を見つけると嬉《うれ》しそうにニコッと微笑むのだった。

最初のアルバイト先で、店がはねたあとにバイト仲間同士でたまには飲みに行こうという話になったことがあった。利恵のことを気に入ってくれている先輩がいてしきりに誘ってくる。

「お店のみんなで飲み会をやろうということになったから、終わったあとに食事に行ってもいい？」とある日、利恵から電話がかかってきた。

「冗談じゃないわよ」と富美子は怒った。

「十一時にお店が終わって、それから食事って、最後は何時になるの」

「……」

「大体、お店もお店よ。まだ高校を出たばかりの学生を、そんな時間から飲みに連れていこうなんて、どうかしている」と富美子の怒りは収まらない。

「すぐに帰ってらっしゃい」

母親の怒りの凄《すさ》まじさに気おされて、利恵はすぐに帰ることにした。こういうときの行動は少女時代から幾度となく経験しているので抜け目ない。母が怒り出したときは従うしかない。それは知り尽くしていることだった。

その後、利恵はバイト先を何度か替えている。

いずれも千種区内にある和風の料理屋である。

ある店では板前に気に入られた。雇われの板前なので利益を気にする必要がなく、店が暇なときには刺身でも煮物や焼き物などでも高級食材を次々と味見させてくれる。利恵が「それ食べたい」というと、何でも食べさせてくれたという。鮑《あわび》やマグロや毛蟹《けがに》といった高級食材を、板前にその場で切ってもらい、それを食べることで利恵の舌はどんどん肥えていった。

次もまた違う料理店。

飲食店の現場は活気があって好きだった。色々な店を転々としたのは、店によって少しでも違ったやり方があれば、それを吸収していきたいという利恵なりの考えがあってのことだろう。この経験は将来に役立つという直感のようなものもあったのかもしれない。まだ十代ということでどこに行っても可愛がられたし、利恵自身も接客業は嫌いではなかった。

毎朝、七時過ぎには家を出て大学へ。午前中から午後までびっしり授業を受けて、夕方からアルバイト先へ。そこで午後六時から十一時まで働き、家に帰り風呂《ふろ》に入って寝る頃には午前零時を回っている。そんな日々が続いた。

しかし、利恵は少しずつ心を閉ざしていった。

一日の大半の時間を過ごす、大学での生活にどうしても溶け込むことができないのだ。

友達もできない。話す相手もいない。

あるのはどうしても突き破ることのできない、疎外感だけであった。それが利恵の前に巨大な壁のように立ちはだかっている。

いつもキャンパスで一人ぽっちだった。

同じベンチに座り、まるで別次元の世界のように映るキャンパスを眺めながら、何も考えず何を感じることもなく、ただ時間だけが過ぎるのを待ち続けていた。

そんなことを続けるうちに心はカラカラに乾いていった。

まずいなと思ったけれど、今更誰かに助けを求める気にもなれない。どうしても大学と、そこを歩いている学生たちが、贋物《にせもの》だったり作りもののように思えてならない。好きになれないのだ。

そんな状態で一年間が過ぎようとしていた頃、利恵はある音楽と出会う。

生物部の友達が教えてくれた。

それがＧＬＡＹだった。

固く閉ざされつつあった利恵の心に、砂漠のように乾ききった日々に、その音楽だけは響いてきた。美しいボーカルが、小気味よいリズムが、歌を彩る優しさに満ちた詩が、利恵の心に届いたのだ。そして胸いっぱいに響き渡った。

それは孤独に浸《つ》かりきっていた利恵にとって涙が溢《あふ》れるほどの感動だった。

ＧＬＡＹを聴いている間は、少なくとも一人ではなかった。

立ち上がれ、前を向け。

そう呼びかけてくれる声があった。

励ましてくれる歌があった。

その歌を聴き、利恵の中で何かが変わった。

間違いなく自分を、ここではないほかの場所へ導いてくれるような気がした。そしてそれを信じた。人は誰でも交差点に紛れ込み、そこで戸惑う。でもいつかは必ずそこを抜けていく。利恵にはそんなメッセージが空の上から垂らされた一本の糸のように思えてならなかった。


大学生活が一年を過ぎ、利恵は限界を感じていた。

相変わらず友達も話し相手すらいないキャンパスに耐えられなくなっていた。

そして大きな決心をする。

大学の退学である。

学校を辞めてアニメの専門学校へ行こうと決意したのだ。この先の学生生活をどうせ何かに耐えながら過ごしていかなければいけないのだとすれば、何の興味もわかない法律ではなく自分の好きなことに取り組んだ方がいいのではないかと考えたのだ。大学進学後もイラストや漫画は続けていた。専門の学校に通ってもっともっと腕を磨きたいという気持ちは強かった。好きなことにチャレンジして挫折《ざせつ》したのなら、諦《あきら》めもつく。

大学に進学して以降、はじめて富美子と利恵は真っ向から対立するようになる。

絶対的な命令だった富美子の言葉に、利恵がぷいっと横を向いて反抗を示すのだ。そんなことは富美子にとって経験がなかった。

二十歳を前にした利恵は、胸の中に大きな反抗の塊のようなものが膨らんでいくのを感じていた。おそらくそれは正確な言葉で表せば反抗ではなく自我というべきなのかもしれない。十九歳になり大学に通いながら、いったいこれから何を目標に何のために生きていくべきなのかと自問するのは当たり前といえば当たり前のことだった。これから三年以上もの間、貴重な時期の貴重な時間を使い、教わりたくもない法律を学び、ただ大学を卒業したという肩書きだけを手にして、どこか適当な企業に就職してOLとして生きていく、本当にそれでいいのだろうか。それが自分の本望なのだろうか。

誰もが一度は入り込む交差点。

利恵もまた、そのまっただ中にいた。

もちろんその中にあって、脇目も振らずに真っすぐ前へと進んでいく者も多いだろう。もしかしたらほとんどがそうなのかもしれない。しかし、そのときの利恵にはなぜかそうすることができなかった。いつもなら富美子との生活を第一に考え、自分を抑え込むことを何よりも優先してきたはずだったのに、今回ばかりはうまくいかない。

お母さんと二人きりで暮らしてきた。

そのために私は無意識のうちに自分の夢を殺してでも、お母さんが喜ぶように、お母さんを傷つけないように努力してきた。父も兄弟もいない。自分にはお母さんしかいない。大切にする人、できる人はこの世にたった一人しかいないのだ。お母さんこそが自分のすべてだった。お母さんが喜んでくれることが自分の幸せだった。生きる目的だった。

でも、今は何かが違っている。

大切なのは自分なのではないだろうか。自分が何かを夢見て何かを目指す。自分の人生のために自分が目的を果たす。その歓《よろこ》びこそが本当の意味でのお母さんの歓びにつながるのではないか。この自分に与えられた貴重な人生は、誰よりも何よりも自分のための時間なのだ。

利恵の心は固まっていく。

東京をはじめ、全国から資料を取り寄せた。

アニメーションの専門学校の案内書である。

東京が充実していたし、実質的には集中しているといってよかった。もちろん利恵は東京へ出ることを夢見るようになる。金銭的な不安はあった。しかし新聞奨学金という制度があり、それを利用すれば何とかやっていけるように思えた。現実は厳しいかもしれないけれど、自分の夢に向かうことさえできるのなら、何とか耐え抜く自信はある。何よりも、あの大学のキャンパスの中で、人知れず朽ち果てていくよりは遥《はる》かにましに思えた。

一通りの準備を終え、覚悟を決めた利恵は富美子に切り出した。

「お母さん、私……」

「何、利恵ちゃん」

「私、大学を辞めたい」と利恵はあらん限りの勇気を振り絞って富美子に言った。母が一人で夜遅くまで働き、私立大学の安くない入学金や授業料を払ってくれていることを利恵は十分に理解していた。そして自分が大学を辞めてしまえば、その金をどぶに捨てるようなものであることもわかっていた。

「何、言っているの」と富美子の口調は険しくなる。

「辞めて、どうするの？」

「漫画の専門学校に通う」

「何、バカなこと言ってるの」

「バカなことじゃないもん」と利恵は言って頬をプッと膨らませて不満の意を示し、後は何も言わなくなってしまうのだった。

そんなことが何度か続いた。

なぜ母は自分の夢に、人生の計画に真剣に耳を傾けてくれないのだろう。取り合ってもくれない。寝静まった市営団地。利恵の部屋からはいつも小さな音量で、ＧＬＡＹの歌が流れている。利恵はそのメロディーに、微《かす》かな希望を託し続けるしかなかった。

自分に夢を見る権利はないのだろうか。

夢を目指してはいけないのだろうか。

いつの間にか涙が流れて止まらなくなる。

利恵の心の中に立ち込める思いがそれだけならば、おそらく夢の実現に向かって邁進《まいしん》すればよく、そんなに難しいことではなかっただろう。しかし問題を複雑にしたのは、利恵自身の母への思いにほかならないのである。たった一人の何よりも大切な母。その母の思いを裏切るわけにはいかない、母を悲しませるわけにはいかない。

それはある意味自分自身との闘いであり、葛藤《かっとう》でもあった。

もしここに父親がいれば、利恵は家を飛び出していたかもしれない。しかし、今、自分が出ていけば、母は一人きりになってしまう。母を思う優しい気持ちが、自分の夢の妨げになる。そんな苦しい堂々巡りに、利恵は毎夜のようにはまり込んでいた。

ある日、美穂子の家族と食事をする機会があった。

その席で富美子と利恵の口論がはじまってしまった。最初は大学生活のこれからのことについて話していた。大学を辞めて、東京に出て漫画の勉強をしたい。それを親戚《しんせき》のいる席で蒸し返したのである。富美子の答えは簡単だった。一度入学したものを、途中で辞めるのだけはいけない。どうしてもやりたいのなら大学を卒業してそれからでも遅くはないだろう。とにかく頑張って大学に通って、卒業してほしい。それが私の唯一の願いだ。

しかし利恵は強硬だった。

自分には自分の夢がある。

「どうしてそれを目指してはいけないの？」

自分は、たった一人、母という家族のために、それを円満で楽しいものにするために、自分を抑えいろんなことを我慢して今日まできた。気がついてみれば、もう二十歳になろうとしている。だから最後のお願いだから、今度だけは自分の思い通りにさせてほしい。悔いのないように、自分の進むべき道に行かせてほしい。

しかし富美子は一向に首を縦に振らない。

聞き入れてもらえない利恵は、その場で泣き出してしまった。

「お母さんなんて、大嫌い」

そう叫ぶと可哀相なくらいに泣きじゃくっている。

これは相当に深刻だなと、その様子を見ていた美穂子は思った。

どう説得しても娘が受け入れてくれない富美子も、やがて利恵の抱えている悩みの深さに対処しきれなくなっていく。二人で言い争っていても煮詰まっていくばかりなので、伯母《おば》である美穂子に相談してみるようにと持ち掛けた。

美穂子と利恵、二人で食事をする機会を設けた。

美穂子がまず口火を切った。

「せっかく大学まで行ったんだから、ちゃんと卒業しなければいけないと思うの。何にしても途中で投げ出すというのはいちばんよくないと思うわ」と美穂子は優しい口調で言った。

すると利恵は頬をぷくっと膨らませて、ぷいっと横を向き黙り込んでしまった。

「利恵ちゃん、頑張らなきゃね」

しかし利恵は何も言わない。

怒っているのだ。

「どうして?」と利恵は強い光を湛《たた》えた目で美穂子を見た。

「どうして、みんな同じことを言うの。伯母さんの言っていること、お母さんと同じ。どうしてみんな大学のことばかり考えるの。私のことは考えてくれないの?」と言って利恵は泣きじゃくりはじめてしまった。

美穂子は目の前に座る小柄な、子供の頃から可愛がり続けてきた姪《めい》っ子の抱える悩みの、想像していた以上の深さを察し、言葉を失ってしまっていた。この娘は、心底、悩んでいるのだ。自分の夢と母との現実に挟まれて、身動きが取れなくなっている。

「どうしたいの?」と美穂子は聞いた。何とかいい方向へ導いてやりたいという一心だった。

「漫画の勉強がしたい」

「それは大学に行きながらじゃ無理なの」

「うん」

「どこで?」

「東京で。東京の方がアシスタントの仕事とか、きっといっぱいある。チャンスもあるかもしれない。新聞販売店に住み込みで働いて、漫画の勉強がしたいの」

利恵は泣きながら必死に言葉を紡いだ。

自分の思いを、夢を、懸命に伯母に伝えようとした。

「どうして新聞配達なの」

「だって、お金がないもの。これ以上お母さんに迷惑かけられないもの」

利恵の頬をポロポロと涙が伝って落ちていく。

美穂子はその思いの純粋さに心を動かされていた。思わず利恵より一歳年上の自分の息子と比べてみた。こんなに自分の進むべき道をはっきりと言えるだろうか。こんな大きな夢を持ち、親の反対を押し切ってでもそれをやり遂げようとする利恵のことが、むしろ立派に思えてくる。少なくとも自分の人生を自分自身の手で切り開こうとしている。しかしもろ手を挙げて賛成するわけにはいかない。それは富美子と同様に、まだ二十歳にもなっていない娘を見ず知らずの東京という大都会に一人きりで行かせるということに不安と抵抗があったからだ。

「利恵ちゃん、どうしても行きたいの？　東京に」と美穂子は静かに聞いた。

「うん」と利恵は頷《うなず》いた。そしてその先に出た言葉は意外なものだった。

「でも……お母さんが」

泣き声が一段と高くなる。

「お母さんが……。賛成してくれないの」

声にならない叫び。

「お母さんがどうしても、いいよって、言ってくれないの……」

そう言うと泣き崩れてしまった。

しばらくは利恵の嗚咽《おえつ》だけが響き渡った。

「もう少し時間をかけて考えよう」としばらくして美穂子は言った。

「利恵ちゃんもね。伯母さんも考えてみるから。そしてまた話し合いましょう」

利恵はテーブルに突っ伏したまま、ただ頭だけは頷いてみせた。

この頃は家にいても富美子とあまり話すことはなかった。話せば必ず言い争いになることがわかっていた。そんなエネルギーを二人はもう随分と費やしてきた。二人だけの逃げ場のない苦しさがそこにはあった。利恵は部屋にこもりひたすらＧＬＡＹばかりを聴いて過ごした。その透明な歌声、明晰《めいせき》なリズム、リリカルな詩、完成された世界観、それだけが八方ふさがりのこの場所から、自分をどこかに連れていってくれるように思えてならなかった。

何かに挑むこと。

ひるまずに立ち向かうこと。

今を大切にすること。

布団に潜り込み、利恵はCDを聴き続けた。

そして考える。自分はいったい何と闘っているのだろう。お母さんとだろうか、それとも大学という社会？　そうじゃない。きっとこの駄目な自分自身となのだ。本当に漫画を描きたいのなら、そう置手紙して、早朝にそっと家を出ていけばいい。過去に多くの人たちが、そうしてきたように……。


しばらくして美穂子との二度目の話し合いが持たれた。

利恵の意志は固まっていた。

どうしても東京へ出て漫画の勉強がしたい。

涙はなかった。はっきりとした意志の強い瞳《ひとみ》。利恵の、利恵らしい目の輝きだった。

「利恵ちゃん」とその姿を眩《まぶ》しそうに見ながら美穂子は言った。続いて出た言葉は利恵のまったく予期していないものだった。

「伯母さんが、お母さんを説得してあげる」

「……」

「新聞配達なんかしなくていいよ」

「……」

「お金は伯母さんが出してあげるから」

利恵にとって、それははじめての、そして百万の味方を得たような言葉だった。

「お金の心配はしなくていい。思い切って漫画の勉強をしてきなさい」

何という優しい言葉だろう。

しかしその言葉を聞いて、逆に利恵の心は揺れ動いた。今日は冷静でいるつもりだったのだが、どうしようもなく涙が溢れてしまう。またしても利恵は泣きじゃくりはじめてしまった。

美穂子は何も言わずにただ利恵の様子を見ていた。

ただ利恵がどんな結論を出したとしても、それを受け入れ応援してやる覚悟でいた。

彼女が悩み苦しんでいることはわかっている。

自分は理屈抜きに味方でいてやろう。利恵のことをすべて認めてやろう。選ぶ道を信じてやろう。そして経済的な不安から切り離してやろう。それが美穂子の出した結論であり、決意だった。

富美子には私が許したと謝ればいい。

利恵はそこに、生まれてはじめて父親の姿を見たのではないだろうか。

その胸に甘え、温《ぬく》もりに触れているような気持ちだったかもしれない。

何も言わずに、ただ自分を認めてくれている。

勇気を奮《ふる》って自分の行きたい道を進め。

そう指さしてくれている。

その優しさに涙が止まらない。

「でも……でも……」

言葉にならない。

「お母さんが……お母さんが……」

「だから、お母さんは私が説得するから」と美穂子が決然と言うと利恵はテーブルに突っ伏したままかぶりを振るのである。

「お母さんを……お母さんを……」

そう言って泣きじゃくる。

やがて、必死に言葉をかき集めるようにこう叫んだ。

「お母さんを……」

「なに？」

「だって、お母さんを一人きりにできない！」

「えっ？」

「だって……」

「それでいいの、利恵ちゃん」

利恵はこっくりと頷く。

それが自分なりの葛藤の出口なのだ。

「後悔しないの？」

「うん」

そしてもう一度小さな声でこう言った。

「お母さんを一人になんて……できないもの……」

利恵は号泣した。

それが結論であり、自分の抱いた夢との決別でもあった。

拭《ぬぐ》っても拭っても、また新しい涙が頬を伝い続ける。

利恵は今、静かに交差点を出るときを迎えていた。

「お母さん置いていくなんて……そんなこと、できないもの……」

自分に言い聞かせるように、利恵はそうつぶやき続けた。

第六章

混乱の中に

その夏の名古屋は記録的ともいえる猛暑が続いていた。

二〇〇七年の夏――。

八月十六日には名古屋市内の最高気温は39・4度を記録した。続く十七日には38・5度。テレビでは連日のようにレポーターが温度計を手に走り回っている。地上のものを何もかも溶かしてしまうのではないかと思われるような熱波が日本列島を襲っていた。

二〇〇七年八月二十五日。

この日は名古屋市内は午後から曇りとなり、暑さもいくらかはやわらいでいたが、それでも最高気温は35・7度を記録していた。この夏の七月二十二日に最高気温33度を記録して以降、八月二十二日まで三十二日間にわたり名古屋は最高気温30度以上を維持し続けたのである。

午後六時二十分。

一人の男が名古屋市栄にある中日ビルの入り口の前に立っていた。落ち着きがなく、所在なげに何度も時計を眺めては、あたりを見回しキョロキョロしている。そこは名古屋市の中でも人通りが多くまた待ち合わせも多い場所で、一人二人と待ち人と合流しては、その場所から消えていく。しばらくは人の行き来を、ただ何となく眺めていた。

しかし男の前にだけはいくら待っても待ち人は姿を現さない。

間違えたかな。

男は、まずそう思った。

間違えるとすれば場所か時間だ。しかしいくら何でも六時という時間を間違えて記憶するとは思えないので、あるとすれば場所の方だろうと男は考えた。そして栄の近辺で過去に彼女と待ち合わせた場所を、何か所か駆け回った。

どこにも彼女の姿はない。

大急ぎで中日ビルに戻ってきたが、相変わらず姿はなかった。

もしかしたらこの容赦なく続く猛暑で体調を崩したかな、と考えた。彼女はもうすぐ会社を辞めることになっていて、お別れ会と称する飲み会が続いていると聞いていた。体調を崩して寝込んでいるのかもしれない。

男は携帯電話を持っていなかった。

大した理由はない。

コンピュータ系のゲームも一切しない。そういう流行《はや》りものに侵されてなるものか、という子供じみた意地のようなものがその動機となっていた。一七〇センチを超える身長に、現代っ子らしいスマートな体形をしている。服装もごく普通で学生っぽい雰囲気なのだが、当たり前の格好になぜか素足に下駄《げた》を履いているのが変わっているといえば変わっている。

名古屋大学大学院の多元数理科学研究科に通う院生。

数学博士を目指す二十六歳。

趣味は囲碁。

三段というから大した腕前である。

「待てよ」と男は思った。もしかしたらこれから行く予定の店に先に一人で入っているのかもしれないと考えたのだ。店は人気店で予約もなかなか取れないと言っていた。予約は取れていたはずだが、念には念を入れて座席を確保して先に待ってくれているのかもしれない。店名や住所、電話番号は聞いていた。

「年魚市」と書いて〝あゆち〟と読む魚介・鮮魚専門の料理屋である。栄のすぐ隣の地下鉄駅、矢場町《やばちよう》にあり、中日ビルからは歩いても数分とかからない。彼女は鱧《はも》料理が好物で、鱧を含む海鮮コースを予約してくれていた。この日を非常に楽しみにしていることを、何度となく電話で伝えられていた。

男は昨日家のパソコンで見た地図を思い起こして「年魚市」に向かった。

しかし彼女はいなかった。

男は予約をキャンセルした。

そのとき、背筋に寒気が走った。

あんなに楽しみにしていた店をキャンセルしてしまっていいのだろうか。しかし待ち合わせからもう一時間近くが過ぎている。これ以上店に迷惑をかけるわけにもいかないだろう。

再び男は歩いて待ち合わせ場所へと戻った。

しかし彼女は一向に現れない。

ぼんやりと人の流れを眺めながら、もしかしたら嫌われたのかなと考えた。彼女と付き合いはじめて一ヶ月がやっと過ぎた頃のことだ。無意識のうちに何かいけないことを言ったり、やったりしてしまったのかもしれない。

しかし、男は考える。

それにしても、せっかく自分で予約を入れてあれほど楽しみにしていた店なのだから、いくら嫌いになったとしても、別れるのはこれを食べてからでも遅くないのではないだろうか。

男はあれこれと順番に考えていった。

しかし思い浮かぶのは、いつもの彼女の、あどけなさの残る笑顔ばかりであった。

先日は夜中の電話で、今度またお部屋でナシゴレン作ってあげるね、と言ってくれた。それはまた自分の部屋を訪ねてくれるということで、その言葉を聞いただけでどんなに嬉《うれ》しかったことか。

嫌われているはずなんかない。

それから男はこう思った。

携帯電話を持たないのは本当に不便だ。それはいつも彼女が言っている通りだ。それでも半ば意地で携帯を使っていないのだが、こういうことが起こった時に、電話を掛けられないのが何よりつらい。少し前まではあちらこちらにあったはずの公衆電話を、ひとつも見つけることができない。もちろん携帯の普及とともに姿を消してしまったのだが、必要に迫られるまではその現象がこんなに加速度的なものとは思っていなかった。

仕方なく男は自分の部屋に戻ることにした。

帰ればとりあえず電話があるし、インターネットにつなげられる。ミクシィにアクセスすれば何らかの情報が手に入るだろう。

待ち合わせ場所を離れ、下駄の音を響かせながら男は地下鉄駅へと向かって行った。

部屋に戻り電気を点ける。

今朝早くからまとわりついて離れない、何ともいえない嫌な気配。それを拭《ぬぐ》い去りたくて、気持ちを冷静な方向へ傾けようとするのだがどうしてもそれがうまくできない。

当時研究していた複素数体上のとある幾何が持つ対称性のことに考えを巡らせてみる。

しかし、すぐに行き止まりになり、いつものようには発展しない。

コンピュータを立ち上げる。

結局は彼女のことだ。

それを解決しなければ何もかもが堂々巡りであることには、実は随分前に気がついていた。

そういえば昨夜——。

つまり二〇〇七年八月二十四日、金曜日。いつもなら必ず電話をくれるはずの彼女が電話をくれなかった。一日に一度は必ずログインするSNSにも顔を出していない。気にはなったものの、頭痛がひどくて、そのまま寝てしまった。この夏の間、幾度となく繰り返された寝苦しい夜だった。


明け方だろうか。

夢を見た。

今も忘れることができない苦しい夢だ。


「もう、あなたには会わない」

夢の中で利恵ははっきりとそう言った。

「あなたのこと大好きだけど、もう会わない」

「どうして?」と男は聞いた。

「うん。だってもう会わないって決めたんだもの」

「だって、今日、一緒にご飯食べるって約束しただろう」

「それは、あなた一人で行って」

「えっ?」

「だから、お願い一人で行って」

「……」

夢から覚めたとき、胸一杯に煙のような喪失感が広がっていった。ただの夢であることはわかっていた。二日前には電話で、あなたに出会えて本当に幸せですと伝えてくれたのだ。私より先に死なないでね、とも言っていた。その彼女がいきなり会わないことに決めたなどと言いだすわけがない。夢は夢として割り切るしかない。

そういえば彼女が、今日の昼は高校時代の友達と会う約束をしていると話していたことを思い出した。生物部の七人組が全員、揃うのだと。もしかしたら誰かが何か情報を持っているかもしれないと思い、彼女から聞いていたＳＮＳにログインしてみた。そしてそこにあった、よく話に出ていた名前宛てにメールを送ってみた。

こんにちは、たきです。
ぶしつけな質問で申し訳ありませんが、
今日の昼に利恵さんに会いましたか⁇
僕は夕方から会う予定だったのですが、
待ち合わせ場所にも来なくて……。
携帯電話にも出ないし、昨夕からＭａｉｌも
一切返ってきません。
僕がフラれただけなら良いのですが、
彼女に何かあれば嫌ですから。

何かご存じであれば教えてください。

よろしくお願いします。


返事はすぐにきた。

生物部の会合にも彼女は姿を見せなかったのだそうだ。しかし、こんなことは昔からよくあって、私たちの間ではそう心配するようなことではない。高校時代の夏休みに、たまには生物部らしい活動をしようという話になって水族館に行くことになった。そのときも彼女は寝坊して現れなかった。私たちの集いはいつも緩く、そんな感じなので。とはいえ今回のことはちょっと心配していたのですが。

というような内容だった。

男は小首を傾げた。

高校時代のことはともかく、自分が出会ってからの彼女は、少なくとも何も言わずに待ち合わせを突然にキャンセルしたりするようなタイプとは思えなかった。

妙な胸騒ぎが止まらない。

普通なら電話をくれて、自分がいなければ必ず留守電になにかメッセージを残しておいてくれるはずだ。しかしこちらからの電話にもメールにも応答しないし、向こうからの連絡もない。囲碁仲間たちが集まり、必ず顔を出すミクシィのページにもログインしていない。彼女が顔を出していない時間がすでに一日以上とカウントされている。

体調を崩したのだろう、と男は結論づけた。

それがもっとも論理的に思えた。

そして部屋の電気を消して、タオルケットを頭から被《かぶ》って寝ることにした。

明日になれば何もかも元通りに戻っているだろうと、そう考えて……。

男の名前は瀧真語《たきしんご》。

一九八〇年九月二十五日に三重県松阪《まつさか》市で生まれた。

当時二十六歳。三十一歳になった利恵よりも五歳年下である。

父親が転勤族で三重県や石川県など全国を転々とし、幼稚園に入る頃に東京に落ち着いた。それから練馬《ねりま》区内の小、中学校、中野《なかの》区の高校へ通い、東京電機大学に進学。大学卒業後に数学博士を目指して、名古屋大学大学院多元数理科学研究科に入学した。

二十三歳で大学院に通いはじめ、三年が過ぎた頃のことである。

なぜ、そんな場所を歩いていたのかはまったく記憶にない。

いつものように、適当に何のあてもなく街をぶらぶらしていたのだろう。その日は栄から歩き出して、新栄町《しんさかえまち》という不思議な雰囲気のする街を歩いていた。栄の隣町なのだが、まったく風景は違っている。マンションが建ち並び、大きな通り沿いには居酒屋などが見えるが、表通りから一歩中に入れば印刷工場のような建物も目につく。緑はなくアスファルトとビルばかりという殺風景な街並み。

そんな新栄の仲通りを歩く瀧の目に風変わりな看板が飛び込んできた。道路を隔てて向こう側の喫茶店だ。

〝カフェ　コスミ〟

昔は街中でよく見かけた古い喫茶店のような構えのいかにも地味なカフェである。住宅街とオフィス街を混ぜ合わせたような、あまり目立たない中途半端な場所にある。

普段ならば何も考えずに通り過ぎていたことだろう。

しかし瀧は立ち止まった。

〝コスミ〟という言葉に反応したのだ。

「コスミって……」

歩きながら瀧は思う。

「囲碁の用語だよなあ……」

道路を渡って近づいてみると確かに囲碁を打ちながらコーヒーが飲め、食事ができると書いてある。子供の頃から囲碁好きだった瀧には興味深いものだった。囲碁を打つのはだいたいは碁会所と決まっていて、半分専門家のようなお爺《じい》さんたちが集まっているという閉鎖的なイメージが強い。たとえ開放的にやっていたとしても、どうしても入りづらい雰囲気や堅苦しい印象を拭いきれない。囲碁を真剣に習いにきた人たちだけのための場所という感覚である。だからどうしてもそういう場所から足は遠のいていていた。

しかし、ここは違った雰囲気だった。

夜はお酒を飲みながら、囲碁を、とも書かれている。

その言葉に誘われて瀧は思い切ってドアを開けてみた。

それは彼が思ってもみなかった、奇蹟《きせき》の最初の扉だった。

外から見るのと同様に、店の中も地味で、あまりパッとしない。奥の方にカウンターバーがあって、その手前のテーブル席で何人かが囲碁を打っていた。

どこに座っていいのかわからない。

立って中年客の打つ囲碁を所在なく眺めていると「マスター、お客さんだよ」と、囲碁を打っている客が明るく声を発してくれた。マスターはカウンターの奥で食事を作っている最中で、瀧の来店に気づかなかったのだ。

黒いエプロンをして現れたマスターは、拍子抜けするほどに優しい感じの、どこにでもいるような普通の男だった。囲碁カフェをやるからには専門家かあるいは相当の打ち手かと構えていたが、話を聞いてみると全然そんなことはないようだ。少なくとも日本棋院とは何のつながりもないと笑っている。自分はお酒を飲みながらのんびりと囲碁を打つのが好きで、そんな場所を作れないかと思って開店したのだという。囲碁の腕前はアマチュアの二段くらい、きっとお酒の方がもっと強いはずと朗らかに笑う。

店をオープンしてまだ一年もたっていないという。宣伝はほとんど何もしていなくて、ただミクシィでページを作り、そこに集う囲碁好きの間で少しずつ名前が知られていった。ミクシィの仲間がほとんどなので、客層はパソコンを使える若者が中心だった。

何となく、瀧はこの場所が気に入る。

碁会所に感じる妙な気位の高さのようなものがないことが一番の理由だった。こういう場所には必ずいる牢名主《ろうなぬし》のような常連客の姿が見えないのも心地よかった。

間もなく瀧はこの店に通いはじめる。気軽に碁を打てればと思ったのだ。

店主の篠田《しのだ》裕二《ゆうじ》によると、瀧はミクシィを通さず、直接この店に飛び込んできたはじめての客ではないかということだった。

人と人が出会い、恋に落ちる。

いったいそれまでに男と女はどのくらいの扉を、開き続けなければならないのだろう。

しかもそのどれもが、奇蹟の扉だ。


利恵が囲碁をはじめた動機は正確にはわからない。

三十歳を過ぎた頃のことだ。

何でもいいから知的な雰囲気のあるゲームをやってみたいと、発作的に思いついた。チェスがいいか将棋がいいかとも考えたが、何となく白黒でシンメトリーな格好の良さがある囲碁にチャレンジしてみようと思った。将棋に比べて静かで知性的な感じがするのもいい。もちろん大好きだった漫画「ヒカルの碁」の影響もあった。

囲碁をはじめようとすれば、普通なら入門書を買って碁盤と碁石を揃える。それが最低限のスタートといえるはずなのだが、現在は違う。碁盤も碁石もすぐには必要がない。入門書はもちろんあるに越したことはないが、しかしそれも絶対に必要ともいえない。

碁盤や碁石はすべてコンピュータやネットの中にある。

ルールや基礎知識はコンピュータゲームが教えてくれる。

インターネットにつなげられるパソコンの環境と、初心者をカバーしてくれる囲碁ソフトがひとつあれば、その中で最低限のスタートを切ることが可能である。しかも無料のソフトをネットで入手できる。

利恵のスタートもそうだった。

インターネットの中には無料で見ず知らずの相手と対戦できる囲碁道場のようなサイトがいくつかある。アマ名人級の強豪が日夜レーティングを競う、有名なものもあるし、ルールからあれやこれやと親切に手ほどきをしてくれる初心者向けのものもある。

利恵はとりあえず、初心者向けのサイトとソフトから取り組んでみることにした。

囲碁を選んだこと。

そして初心者には難解といわれるルールの壁を難なく突破したこと。

その結果、利恵もまた間違いなく大きな扉を開けていたのである。

仕事を終え食事をすませて、午後九時過ぎにコンピュータを立ち上げると、必ず待っていてくれる人がいた。初心者向けの道場なのだが、毎晩のように懇切丁寧に教えてくれる。利恵もいつからかすっかり甘えるようになっていた。布石の感覚や地の意味や石の死活、そんなことを何度も何度も教えてくれる。彼の教えに従って利恵は少しずつに腕を上げていった。三十年も生きてきて、まったく考えたこともなく何も知らなかったことが、知識として体の中に染み入ってくるような感覚が、利恵には新鮮でならなかった。やがて初心者用の書籍を買い、次々と読み漁《あさ》るようになる。必要に応じて碁盤と碁石も買い揃えた。何か新しいことを知り、それをサイトで試すたびに、姿の見えない師匠はよく頑張っていると褒めてくれる。そんなことも覚えましたか。いい調子です。

それが嬉《うれ》しくてまた本を読み勉強をする。

そんな好循環の中で利恵はメキメキと腕を上げていった。

十九歳の春――。

嵐のような春。

東京行きを断念した利恵が出した結論は、何とも中途半端なものであった。大学を休学して、名古屋駅近くにあるアニメーションの専門学校に通うというのである。漫画の勉強をしたいが、富美子を一人にするわけにはいかない、という条件を満たす方法がそれだった。悩みに悩み抜いたすえ、中庸の道を進んだのである。

利恵は交差点を直進しなかった。

技術的な不安なのか、精神的な自信のなさなのか。どんな下手くそでも飛び出す人は何の躊躇《ちゅうちょ》もなく飛び出していく。漫画が好きならば、それ以外の理由などないだろう。たとえ生活が苦しくても、環境に慣れることができなくても、夢に向かってさえいられれば、そんなことは関係がない。

十九歳。

その若さとエネルギーが殆《ほとん》どのことを解決するはずだ。

しかし利恵は飛び出すことをやめた。

母を一人にすることはできない、というただそれだけの理由で。

チャレンジすることを厭《いと》う。

もしかしたら、小学生の頃から利恵が持つその性格が、判断を左右したのかもしれない。むしろこのときこそ、富美子は利恵の勇気を奮い立たせるべきだったのだ。

しかし富美子にも限界があった。

父親役を演じながら利恵を育ててきた。

でも、自分は父親ではない。

娘が人生のことで本当に悩んだとき、真の父親のようにサッと指をさして進むべき道を示してやることなんかできない。自分にできることは、美しく育てて、大学を卒業させ、お嫁さんになり幸せな家庭を作るように導いてやること……。本当にそれくらいなのだ。

愛知大学法学部を休学した利恵は、名古屋のアニメーション専門学校に通いはじめる。

しかし、そこで思ってもみない現実に直面する。

講義内容のレベルが低すぎるのだ。自分が高校生時代にやってきたことを、一から教えるようなことばかり。知っていることばかり、できることばかり。しかも生徒たちはあまり真剣味がなく、とりあえず行くところがないからここにいるという印象だった。本気で漫画を学ぼうという気迫は、あまり感じられない。

アニメ専門学校の日々の様子。

それは利恵が生まれてはじめて味わう、不思議な挫《ざ》折《せつ》感というしかなかった。

その頃、利恵がもっともよく会い、一緒に遊んでいたのが天白高校生物部仲間の早水だった。早水は名古屋市内の大学に進学し、漫画同好会のようなクラブに所属していた。そのクラブに後に漫画家としてプロデビューする先輩がいて、当時からカリスマ的な人気があった。その存在は早水や、また早水を通じて知り合いとなった利恵に、才能というものがここまで違うものなのかということを明確に示してくれた。

プロとアマの差。

それはあまりにも歴然としていた。

彼女と比べてみると、自分や早水は少し画《え》が上手な女子大生の、習い事の延長くらいとしか思えなかった。

そのようなこともあり利恵は専門学校に通っていたものの余り身が入らない。しかし富美子とのこれまでの経緯もあって、簡単に辞めると言いだすわけにもいかなかった。

そんな状況にある利恵はＧＬＡＹにさらにはまり込んでいく。

いつも早水と一緒だった。

ライブがあると聞くと、東京や大阪にまで出かけた。夏休みなどはＧＬＡＹを追いかけて全国を駆け回るような日々となった。パフォーマーといってGLAYのメンバーの格好を真似て、ライブ会場で記念撮影をしたりするマニアの集団がいる。どこの会場に行っても顔を合わせるので、利恵たちはやがて仲良くなった。彼らに会うために栃木県まで出かけ、一緒に遊んだこともあった。CDが発売されると必ず三枚は買った。二枚は保存用に、封を開けずにおいた。そしてGLAYに関するものならば、ポスターでも雑誌でも、アクセサリーや小物でもなんでも集めた。ナゴヤドームで四回連続公演があるときは、もちろんすべて足を運んだ。チケットを取るのが大変だった。ファンクラブ経由で入手できれば簡単なのだが、それはほとんど当たらない。自力で電話をかけまくるしかない。そんなときには生物部の仲間が応援に駆り出された。

多くのファンに埋め尽くされたライブ会場で、TERUの歌声に耳を傾けているときが最高に幸せだった。行き詰まる自分の何もかもを解放してくれるような喜びがあり、会場は同じような若者たちの解放感に満ち溢《あふ》れていた。

行き詰まった自分たちを、その場所からどこかへ連れていってくれる。

それが利恵たちにとってのGLAYであり、それはほかのバンドにはない独特の感覚だった。この時代のGLAYはまさしく若者たちのカリスマそのものであった。CDは発売されるたびに必ずオリコンチャート一位となり、ベストアルバム「REVIEW〜BEST OF GLAY〜」は五百万枚以上を記録し、当時の歴代アルバム売り上げ日本一となった。また一九九九年に開催されたデビュー五周年を記念する幕張《まくはり》メッセの駐車場を使ったライブは一日で二十万人を動員し、この動員数は単独の有料ライブでの世界最高記録として今も破られていない。

ある意味で利恵はおかしくなっていた。

もしかしたらそんな時期だったのかもしれない。

抑制の中で生きてきた自分を、大学の休学とともに解き放った。

その象徴に相応《ふさわ》しいのがGLAYの音楽であり彼らのスタイルであった。

あらゆる価値観や抑圧への反抗という、誰にでも人生に一度は訪れるはずのことが、このときの利恵におそらく起こっていた。それは当然であり、極めて自然であり、まったく当たり前のことだった。

人間として、何かに反発しなければいけない。

価値観は誰かから与えられ続けるものではない。

しかしアニメ専門学校での自分がうまくいっているとは思えず、かといって他に突破口を見つけることもできず、それは苦しい闘いであった。

一年間、アニメ専門学校に通い、結局利恵はそこを退学した。

そして愛知大学法学部に復学する。

しかし間もなくそこも辞める。

「大学を中退だけはしてほしくない」

それは切実な富美子の願いだった。

その気持ちは利恵にもわからないではなかった。もし、そうできるなら母のために叶《かな》えてやりたいと何度考えたかわからない。

しかし自分にはそれができない。

「お母さん」とある日の夕食時に、利恵は冷静に言った。

「なに？」

「私、やっぱり大学を辞める」

反論の余地のない冷たい言葉だった。

「ごめんなさい」と利恵は謝った。

「本当にごめんなさい」

「うん。それで？」

「これ以上、あそこに通っていたら、私、本当におかしくなっちゃう。人間としてどうしようもなくなっちゃう」

「そうなの？」

「うん。もう無理。このままだと壊れちゃう」

その決然とした利恵の言葉に富美子も決心せざるを得なかった。

体裁のために娘をこれ以上苦しめることはできない。

「わかった」

「うん」

「好きにしなさい」

それはおそらく利恵にとってまったく想定していなかった言葉だったろう。

しかし母は受け入れてくれた。

利恵は翌日に大学に行き、退学の手続きを済ます。

その日から、画を描くこともなくなった。

自分の夢と、大学という現実を、一気に捨ててしまったのである。

水に浮かぶ得体のしれない浮遊物のようなものだった。

そうなってしまえばこれまでにやってきたことがすべて無駄になるし、自分自身に何の価値もないことを思い知る。

このままどこに向かうべきか、何をするべきか、ほとんどのことを放り投げたまま、利恵はただひたすら自宅に引きこもり続けるしかなかった。

小さく不確かな恋

第七章

一九九五年十二月に富美子は長年勤めた会社を退職した。

利恵が大学一年、馴染《なじ》めない大学生活に苦しみながらも通い続けていた最中のことである。そして翌年の春に利恵は大学を休学し、名古屋駅近くのアニメ専門学校に通いはじめる。その頃に富美子は前の会社の取引先に再就職していた。

一年間通ったアニメ専門学校を辞めた利恵は、やがて大学も中退し、家に引きこもるような日々を送りはじめる。一九九七年の春からのことで、利恵はすでに二十歳を超えていた。

この頃は友達とも連絡を断っていた。

大学を辞め、大好きだった漫画も諦《あきら》める。

その大きな二つのことを同時に失った痛手に、利恵は耐えていたのだろうか。何もなく過ぎていく日々の中で挫折《ざせつ》感だけが大きく伸《の》し掛かっていたのかもしれない。ただ頭から布団をかぶり目を閉じ、それに耐えているしかない。そんな風に自堕落に過ごしている自分への嫌悪感から、大好きな音楽さえあまり聴くことはなくなっていた。自分にはそんな資格もない。おそらくそう考えていたのだろう。

利恵の挫折は、あるいはそれ以上に富美子にとっての挫折でもあった。利恵の傷は富美子の傷でもあった。

富美子にとってもっともやりきれなかったのは、利恵が何を望み何を目指しているのかが、まったくわからなくなってしまったことだ。まるで空中分解を起こしたようにバラバラになり、ひとつひとつの部品になって地上に落ちてきた。そんな感じで倒れこむように日々を過ごす娘の姿を見るのは、つらいことでしかなかった。

春に街中で卒業式の袴《はかま》姿の女子学生を見ると、胸がちくちくと痛んだ。何年経っても、その痛みは変わらない。

もしかしたら今現在も、同じなのかもしれない。

どうして利恵は普通に学校に通い、あの娘たちのように何事もなく卒業式を迎えることができなかったのだろう。いったい何が問題だったのか。

この頃の富美子は利恵と何を話したのかあまり記憶がない。

二人だけの日々を、どのように過ごしていたのか。

会話はあったのか。

何を食べていたのか。

何もかもが霧の中のことのように曖昧《あいまい》で、はっきりとしない。

とにかく仕事に集中していたのだろう。家の中の現実を直視したくなかった。だから外で、仕事に打ち込んでいる方が気が休まった。

そんな状態が半年以上も続いたある日。

いつものように自分の部屋でだらだらと本を読んでいる娘の姿を見て、ついに富美子の怒りが爆発する。

「利恵ちゃん」と富美子は怒りを抑え込んだ低い声で言った。

「何、お母さん」

おそらくそう答えた瞬間には利恵は富美子の言いたいことをほとんど理解していただろう。

「なんで年上の私が毎日働いているのに、若いあなたが毎日、家でゴロゴロしているの？」

「うん」

「それっておかしくない？」

利恵は利恵で大学に馴染めず、絵の道もうまくいく方法が見えず、どん底の中で這《は》い回っているような日々だった。何をしていいのか、それも見えてこない。しかしいくら同じような場所でのたうち回っていても事態は何も変わらない。そのことを知った半年だったのかもしれない。そして当然のことながらそんな生活にも限界がくる。それは利恵にも半ばわかっていたことだったろうし、覚悟もできていただろう。

立ち上がらなければ風景は変わらない。

モラトリアムはもう終わりだ。

その鐘を母が鳴らしてくれた。

「わかりました」と利恵はきっぱりと答えた。存外に明るい声だった。

「明日から仕事を探しにいきます」

大学を休学し名古屋のアニメーション専門学校に通い、やがてそこも大学も辞めて家に引きこもる。この二、三年間が富美子にとって、もっとも利恵のことが好きになれない期間であった。娘はどん底にいる。

しかし富美子は、天性ともいえる強さと明るさを持っていた。母一人、娘一人の生活の中で、娘が倒れこんでしまっている。そんなときでさえ富美子はこう考えることができた。今が最悪ならば、これから先は上がっていくばかりじゃないか。

〝働きなさい〟

この一言が母から娘への愛の鞭《むち》であった。

そして利恵は半年と数ヶ月ぶりについに立ち上がる。母が自分を立ち上がらせてくれたと、利恵は後に富美子に感謝の言葉を告げている。

一九九七年、季節はすでに秋を過ぎようとしていた。

利恵はすぐに動き出した。若さもありひとたび動きはじめてしまえば活気があり、要領もよかった。はじめは金融関係の会社で、アルバイトとして営業社員を募集する仕事に携わった。やがて印刷会社の仕事を見つけ、正社員として入社する。いずれもアルバイト経験のある飲食店でないところが利恵の本気度を示しているのかもしれない。

印刷会社で働きはじめてほどなく、利恵は重宝されるようになる。

まだ若いのにとても礼儀正しく、はきはきしている。しかも手先が器用で、見よう見まねで写植の切り貼りなども積極的に手伝ってくれる。漫画同人誌を自力で作っていた利恵にとっては、それらのことは実は経験済みの作業ばかりであった。大きな理由もなく選んだ印刷会社という職場には、これまでに利恵のしてきたことと色々な類似点があり、それは幸運だった。漫画という自分の諦めてしまったことが、決してすべて無駄になったわけではないと知って、利恵はどのくらい救われたことだろうか。

利恵は仕事に集中する。

鬼気迫るほどのもので、それは働き出す前の自堕落だった自分への罰の意味もあったかもしれない。

殆《ほと》ど遊びに出歩くこともなく、自宅と会社の往復の日々が続いた。

夕食は富美子が作ったり利恵が作ったり。あるいは簡単な外食で済ませたり。

やがて利恵は毎日のように残業をするようになる。事務員としても忙しいが、それ以外で頼まれる仕事も日を追うごとに増えていった。定時ではこなしきれなくなってしまったのである。夜、遅くなることが多く、富美子と駅で待ち合わせたり、あるいは富美子が先に帰っているときには小学校の角まで迎えに出た。以前の二人の日々、二人の生活のリズムが戻ってきた。

利恵はひたすら働き、二十万円の給料のうち十万円を必ず毎月貯蓄していた。金融の会社で働いていた頃は、富美子に与えられた中古車の維持費を支払っていたこともあり、なかなかお金が貯まらないとぼやいていた利恵だが、廃車にし、また転職して正社員となったこともあり、一気に貯金が増えていった。

おそらく無駄にしてしまった大学の入学金や授業料、アニメ専門学校にかかった費用などをすべて自分で返したいと思ってのことだったろう。ひたすら働き、こつこつと金を貯め続けた。しかしそんな生活が二年以上も続いたある日、ついに利恵は体調を崩してしまう。いったん入り込んでしまうと何事にも集中し過ぎる悪い癖が出たのかもしれない。日々の残業が堪《こた》えた、過労というしかなかった。

そして会社を辞めることになる。

二年間も毎日のように残業していた利恵だったが、実は営業でもないのに営業手当をつけられ、その代わりに残業代が一度も支払われていなかった。そのことに文句も言わずに健気《けなげ》に働き続けていたのだ。自ら要求もしなかった。

しかし思わぬ救いの手が差し伸べられる。

利恵より先に会社を辞めたある従業員が労働基準監督署に訴えたのである。その結果、二年分の残業代がわかる範囲ですべて支払われることになった。退職金も出た。それらの金はすべて貯金した。貯め続けた二年間の賃金や退職にまつわる収入により、利恵の口座の金額は大きく増えていく。

少し休み、体調が戻った利恵は派遣会社に登録する。

そしてすぐに一般企業の事務職に就くことになった。

この頃から利恵は夢を抱きはじめる。

学費を返したって富美子は喜ばないだろう。それならばこのまま頑張って貯金を増やしていって、母の念願でもあるマイホームを買ってあげることはできないか。亡くなった父と母が取り交わした三つの約束の中に、いつかマイホームを持とうというものがあったことを憶《おぼ》えていた。父にできなかったことを自分が実現してあげたい。

それが利恵の新しい夢となった。

自分を育ててくれた母にマイホームを買ってあげる。

一度、夢を持てば、それに向かって前進すればいい。それは利恵にとっての大きなエネルギー源となった。

生物部の仲間との交流は続いていた。

結婚した者もいた。

それでも時折数人ずつ集まっては旅行にもいった。利恵の人生でもっとも充実し、また安定した時期だったかもしれない。

しかしそんなある日、仲間に利恵からの葉書が届く。

〝ちょっと落ち込むことがあって。皆にはこれから最低一年間は一切連絡しない〟という内容だった。宣言はその言葉通りに実行された。本当に電話もメールも、誰のところにも一切来なくなってしまったのだ。その徹底ぶりは意地っ張りの利恵らしい。友人たちの間では「失恋でもしたのでは。そっとしておきましょう」ということになった。

友人たちとの連絡さえ断ち、再び引きこもるのかと思えばそうではなかった。まるでその落ち込みをバネにするかのように利恵は働いた。

そしてそうすることで少しずつ立ち直っていく。

そこには〝母にマイホームを〟という夢の存在があった。そのことを思えば少しぐらいのことでへこたれているわけにはいかなかった。

二十八歳を過ぎたくらいのことだろうか。

利恵はすっかり以前の明るさを取り戻していた。

宣言通り一年以上も連絡を取らなかった友人たちとも、次々と再会していった。そしてこの頃から、食べ歩きが趣味のように、頻繁になってくる。貯金額が膨らみ、そろそろ自分も少しは遊んでもいいだろうと許可を出したのかもしれない。それまでは会社の気に入られた上司に、高級店でご馳走《ちそう》になったりすることはあったが、この頃から自分の金で食べ歩くようになる。酒の味も覚えた。

和食はもちろんイタリアンやフレンチ、エスニック系と何でも食べた。名古屋は規模的にも店の数や質からいっても、独身OLが食べ歩くには最適な街だったかもしれない。やがて利恵はその経験を自分で立ち上げたブログで書き綴《つづ》るようになる。自分で店を探し、店員と交渉して写真を撮り話を聞き、それらを次々にブログにアップしていく。有名店のシェフに気に入られて、隠れた名店を次々と教えてもらい、また次の店のシェフと友達になりと、利恵のブログは活気に満ちていた。取材力も食のレポートも少しずつ腕を上げ、素人の域を脱しているのではないかと思うほどの出来栄えとなっていった。

富美子や伯母《おば》の美穂子ともよく食事をした。

和食が専門だった二人にとって、利恵に連れられていくイタリアンやフレンチの店はどこも美味《お》しくてお洒落《しゃれ》で、最高の楽しみとなった。三人でワインを開け美味しいものを食べ、楽しい時間が過《い》ぎていく。富美子も美穂子も次々と名店を発掘してくる利恵の才能に驚かされた。店の選択は常に適切で、「あれっ?」と思うことは一度もなかったという。しかもいつも違う店なのである。

それは生物部のメンバーにとっても同じだった。

何の集まりでも、利恵が指定した店にいけば間違いがなかった。どの店もまた行ってみようと思わせるところが殆どで、ただひとつ難点があるとすれば価格設定がやや高めということだった。利恵は食事に関しては金を惜しまなかった。やや高めというところにいい店があることを知っていたのだろう。

利恵が運営していたブログは〝なごやんの食道楽記〟といい、名古屋市内や京都のシェフたちとの交流が実に闊達《かったつ》に綴られている。

利恵の中で世界が広がりつつあった。

言葉にできないような閉塞《へいそく》感に囲まれていたはずの自分の人生に、急に広がりを感じるようになっている。痺《しび》れきっていた指先に血が巡りはじめるような喜び。自転車に乗り長い長い坂道を、いつ果てるとも知れない坂を登り切ったときに、突然に視野が開け世界中の美しい情景を隅々ま

2006年夏。生物部の友人と鱧料理を食べに京都旅行。

で見渡せているような快感――。
誰に頼まれたわけでもなくはじめた利恵のブログは、そんな喜びのセンテンスに溢れている。

三十歳を過ぎた利恵は新しい趣味を持つ決心をする。

それが囲碁であった。

最初の頃はネットで勉強をしていたが、いつも教えてもらっていた相手から、かなり腕を上げたので碁会所へ行きなさいとしきりに勧められるようになる。碁は人間と打つもので、コンピュータやネットばかりでやっていたらおかしくなってしまうという。それが正論であることはわかっているが、利恵の足はなかなか碁会所には向かなかった。三十歳のＯＬが一人で碁会所に行くのはやはり抵抗があった。ある日、ネット上で碁を教わっていた人から名古屋市内に囲碁カフェがあるという情報を貰《もら》った。場所は新栄というから利恵の勤め先から地下鉄で一駅である。それに碁会所というのではなく囲碁カフェという響きも何となく気に入った。堅苦しくなさそうなのがいい。

ある日、会社の帰りに覗《のぞ》いてみることにした。

店はほとんど喫茶店と同じ造りであった。そこで数人のお客さんが気軽に碁を打っている。いかにも楽しそうな感じで、よく見るとアルコールらしきものを手にしている人もいる。飲みながら打ってもいいんだ、と利恵は少し意外に思うと同時に肩の力が抜けた。

店主らしき人が奥のカウンターの中から現れた。

碁を打つかと聞かれて「はい」と利恵は答えた。

それが囲碁カフェ「コスミ」のマスター篠田と利恵の出会いであった。その日をきっかけに店に顔を出すようになり、利恵は常連客たちから可愛がられ瞬く間に溶け込んでいく。篠田には帰宅後にネット上で囲碁を教わるようにもなった。定石や詰碁の本も買いこみ、二〇〇七年の五月には五級ほどの腕前になっていた。

店の常連客で作るミクシィのページがあって、利恵はほとんど毎日のようにその日の出来事を書き込むようになる。それに対して常連客が、あれやこれやと意見を書き込んでくれて、利恵はさらにはまり込んでいく。囲碁のこともあるが、私生活の悩み事を相談するようなときもあった。でも大体は昨日も飲み過ぎたとか、しこたま飲んで家に帰ってシャワーを浴びていたら寝落ちしてしまった、というような他愛もない話題だった。その他愛のなさが居心地の良さだったのかもしれない。

〝なるぅ〟というのが利恵のハンドルネーム。

コスミの中では客同士は基本的にハンドルネームで呼び合っていた。

仕事を終えると地下鉄に乗ってコスミへ行き、囲碁を打ち、そのままワインや焼酎《しょうちゅう》を飲みながら仲良くなった客と歓談して帰る。帰りも本山駅まで東山線一本で利恵にとって非常にアクセスがよかった。囲碁が打ててお酒が飲める。しかもマスターの作る料理は何を食べてもとても美味しい。やがて利恵は週に何回かはコスミに顔を出すようになる。

そこで利恵は一人の青年と出会う。

瀧真語である。

二人の距離が決定的に縮まったのは、二〇〇七年六月二十日の午後のことだ。

その日はコスミで囲碁会が開催されていた。その囲碁会が終わった後に、いつも通りに皆でそのまま飲み会へと移行した。何しろコスミのマスターは酒と囲碁が大好きで、その両方を無理なく両立できる場所を作りたいということで、脱サラして囲碁カフェを作ったのである。だから囲碁会の後はもちろん、夜のいい時間になると大抵は飲み会のような雰囲気になる。囲碁という共通の趣味を持った者同士の集まりだからすぐに話は弾んだ。

まだ新参者だった利恵は自己紹介も兼ねて、順番に水割りを作って回った。

そういうことが無理なくできる性格だった。飲食店でのアルバイトの経験もあっただろう。

そのとき瀧がこう言った。

「僕は結構です。自分で作りますから」

知り合って間もない女性に水割りを作ってもらうという行為に抵抗があったのだろう。日頃から下駄《げた》を履いて歩いているように、瀧はバンカラな面も持ち合わせていた。

しかし、男女のことはわからない。

結果的にこの一言が二人を結びつけることになるのである。

「はい？」

それが瀧に対して利恵が返した言葉であった。

カチンときたのである。

そして近づいていってこう続けた。

「ねえ、君、君。私の作ったお酒が飲めないとでも言うの？」

それで一同、大笑いとなった。

その日の利恵は上機嫌で、そんな調子で何度も瀧はいじられそのたびに笑いを誘ったという。

瀧によると、二人がはじめて顔を合わせたのは二〇〇七年の五月三日だった。瀧の目には利恵はとにかく気品があって、清潔感と聡明《そうめい》さを持ち合わせて見えた。相当に良い所のお嬢さんなんだろうな、というのが第一印象であった。

それから何度かコスミで顔を合わせ、二人は囲碁を打つようになる。

手合いは五子。

利恵は長考に長考を繰り返し、真剣に打った。

ある日、瀧とではないがほかの有段者と囲碁を打っているとき、優勢だったはずの終盤で大石を召し上げられてしまい、利恵が泣き出してしまったことがあった。打ち間違えた自分の不甲斐《ふがい》なさに腹が立ってのことではあるが、いかに利恵が真剣に囲碁に取り組んでいたかがわかる。バッグには常に囲碁の本を忍ばせ、ふと気がつくといつも囲碁のことばかりを考えるようになっていた。

ミクシィのなるぅの日記から

〝２００７年５月７日　01：27
四年ぶりに泣いた。
碁のことで泣いた。

よく考えれば……昔はしょっちゅう泣いてたな。
なるほどＭと言われる訳だ。

今はまだ、勝敗がどうのというレベルではないから、
負けたからと泣くことはないけれど。

自分が不甲斐なくて、あまりに情けなくて、悔しくて。

ちょっと気分が腐ったけど、でも止めない。
級とか段とかどうでもいいけど、絶対譲れない目標がある。
亀の歩みじゃ一生果たせないから、
もうちょっと早い足取りで……ね。〟

2007年6月頃。30歳を過ぎてはじめた囲碁に真剣に取り組む。

午前一時過ぎの利恵の書き込みに対して、コスミの常連客たちから、〝囲碁会にはいっぱいい い指導者いますので〟〝今日、教えましょうか〟〝頑張れ、頑張れ〟〝それだけの気持ちがあれば大丈夫だよ〟などの優しい励ましの声が並ぶ。

書き出しに「四年ぶりに泣いた」とある。

四年前といえば利恵が二十六歳の頃のことだ。

友人たちの前から一年間姿を消していた頃だろうか。

しかしこんなにも必死に囲碁に向かう利恵の姿は清々《すがすが》しく心地よい。

そんな利恵に救いの手を差し伸べたのが瀧であった。対局が終わった日に、食事でもどうですかということになった。そして二人で食べた。それはただひたすら名古屋大学の研究室に通う日々を送る、数学者というストイックな立場の瀧にとっては考えられないほどに楽しい時間だった。

食事を二、三回するうちに、二人の仲は急接近していく。

帰り道も一緒だった。

東山線に乗り本山駅で降りる。そこからは瀧が借りているアパートまで徒歩圏内とは言えなかったが、瀧は利恵を自宅に送り届け、ときに数学のことを考えながら歩いてアパートまで帰ることもあった。

知り合って間もなくの頃。

瀧は利恵を深窓の令嬢と思い込んでいた。利恵の振る舞いやいで立ちを見て、自分なんかとは格が違うと決めつけていたのだ。

はじめて利恵を自宅に送った日、地下鉄本山駅から利恵の住む市営住宅へと歩いていった。もう深夜のことで、自由ヶ丘は暗闇に包まれていた。

三棟並ぶ市営住宅を指さして利恵は言った。

「送ってくれてどうもありがとう」

「いいえ」

「あそこが私の家です」

瀧はその方向を見て、驚きに腰を抜かしそうになった。

「ええっ、あんなに大きいんですか?」

利恵はキョトンとする。そして回転の速い頭ですぐに解答を出す。

この世間知らずの数学者はあの三棟を全部私の家だと勘違いしているんだ。

「ははっ」と利恵は笑う。

そして、「こういうのって、いいな」と思った。

瀧は瀧で驚いたことがあった。

利恵は学生時代に学食を利用したことが一度もないというのである。瀧にとってはそれは考えられないことで、彼にしてみれば食事イコール学食だった。学食以外では食べたことがないといってもいいかもしれないほどである。そんな話を聞いてまた瀧の中の深窓の令嬢度が増したのかもしれない。夏休みが過ぎたら二人で名古屋大学の学食に行こう。そんな楽しい約束が交わされた。

利恵が学食を利用しなかった理由は、行かないというよりも行けなかったからである。学生生活にうまく溶け込むことができなかった利恵にとっては、学食はその象徴のような場所といえた。そこに一歩足を踏み入れてしまえば、心に抱えている氷のような疎外感を一層募らせる結果になるのは目に見えていた。

しかし妙に明るい横の彼は、「いいから、いいから。名古屋大学の学食のカレーはとにかく美《う》味《ま》いから」などと言って自分を誘ってくれる。私を凍り付かせたあの大学という孤独の泥沼から、気軽に摘《つま》み上げようとしてくれている。

救おうとしてくれている。

心が温かくなる。

下駄をカラカラ鳴らして、明らかに変人だけど、一緒にいて楽しい。

会うたびに利恵の心は傾斜し、矛盾するようにそれを抑えるための自制の気持ちも強まっていく。悩んだり、もう会うのをやめようと思ったり、またすぐに会いたくなったり。利恵は自分の中にはじめて芽生えた、本当の恋と戦っていた。

利恵がはじめて瀧に会ったのが二〇〇七年五月三日。

そして有無を言わせずに別れさせられたのが八月二十四日。

わずか四ヶ月にも満たない二人の恋。踏めばすぐに潰れてしまいそうな、あまりに小さく不確かな恋。でも、だからこそ二人は宝物のように大切にした。

二人に芽生えた儚《はかな》い思いやりの心。残された優しい言葉たち。

利恵の人生において、三十一年間生きた最後のたった四ヶ月だけ許された恋。

利恵はおそらく幸せの絶頂だった。

それは友達が記憶しているこんな言葉からも推測できる。

「彼氏ができたんだ。数学の博士を目指しているの」

はじけるような喜びのトーンで利恵はそう伝えたという。


二〇〇七年七月二十一日。

瀧真語と磯谷利恵は交際の約束を取り交わす。

出会ってから間もなく、二人はごく自然にコスミで顔を合わせて囲碁を打ち、仲間とともに酒を飲み、急速に接近していった。

共通の趣味を持つこと。

亡き父と母の間で交わされた約束のひとつが、不思議なことに二人の間ですでに成立していた。

利恵は利恵で何枚もの奇蹟の扉を開《あ》け続け、瀧は瀧で同じように開《ひら》き続け、そして二人は碁盤というわずか一メートルにも満たない不思議な広場の中で相対したのだ。

烏鷺《うろ》と呼ばれる白黒の世界。

しかしそれが利恵の人生の、最後のわずかな時間に信じられないほどの色彩をもたらしたのである。

出会って間もなくの頃。

瀧が体調を崩したことがあった。

しかもそれは意外に深刻で、精密検査を必要とするほどだった。結果が出るまではコスミに碁を打ちにも行けないということを利恵は告げられた。交際がはじまるかはじまらないか、微妙な時期のことである。そのとき利恵が取った行動は意外なものであった。その頃は楽しくて毎日飲んでいた酒を、結果が出るまでは一切飲まないと言いだしたのである。それは瀧にとっては不思議なことだった。自分の体の検査結果が出るまで、利恵が自らの行動を制限しようというのである。

なぜ自分のために、そんなことをしてくれるのだろう。

そう思うだけで胸の鼓動が速くなる。

検査の結果はシロだった。

そのことを報告すると目に涙を浮かべて喜んでくれる。

そして一緒に祝杯を上げる。

利恵は囲碁にますますのめりこみ、少しずつではあるが確実に腕を上げていった。いつも教わっている師匠相手に置く石も、七子に、そして七子から六子に。置き石が減っていくということは確実に実力が上がっている証拠で、その歓びは囲碁に真剣に取り組んだ者にしかわからない。いくつもの目に見えない壁があって、それを破っていかなくてはならない。もちろん瀧にもそのような時期があった。だからそのことが自分のことのように嬉《うれ》しくてならなかった。

囲碁という世界を通して、上達という共通の喜びを知る——。

利恵は慎重だった。

色々なことに気を付けていた。

ほとんどはじめてに近い付き合いなのだからそれは無理もない。何よりも気を付けたのが五歳という二人の歳の差。年上の自分があれこれと気遣ってやらなければならないと考えた。それともうひとつは、瀧はまだ学生であり数学博士を目指しているということ。それがどれくらい大変なことかはわからないが、しかしその勉強の邪魔にだけはなるまいと固く心に誓っていた。もしそういう状態になってしまったら、そのときはあっさりと身を引こうとさえ考えていた。

二人の恋よりも彼の博士号。

それが最上位でいいのだ。

自分はさっさと大学から逃げ出してしまったけれど、瀧にはその大学の上の大学院という場所で博士号という最上の資格を手にして欲しい。心からそう願った。

「頑張って博士になってね。約束よ」と言ったこともあった。

酔ったときにはある高級マンションを指さして「博士になって、あのマンション買っちゃいなよ」とふざけることもあった。

部屋にきて料理を作ってくれることもあった。

ナシゴレンの素《もと》を使ったエスニック料理で、店で食べるように美味しい。

利恵が帰ったあと本棚をふと見ると、そこに学業成就のお守りがくくり付けられていた。

瀧はそれを握り締め、涙が流れるような思いをした。

こんなにも自分を大切にしてくれる利恵の気持ちが伝わってきた。

しかし利恵が思っているほど瀧は神経質でも弱い人間でもない。どちらかというと豪胆で、竹を割ったような性格で、女性との付き合いのことで学業がおろそかになるようなタイプでもなかった。おそらくこれはこれ、それはそれと割り切れていたのだろう。だから瀧にはそんなことを心配されることがあまりピンとこなかった。自分がやっているんだから博士号も取れるに決まっているだろう、くらいに考えていたのではないか——。だからいくら利恵に心配されても「大丈夫」としか答えられなかった。

何度目のデートのときだろう。

利恵がこんなことを言いだした。

「これからもゆっくり時間をかけてお付き合いください。よろしくお願いします」

それに対して瀧が出したのが七月二十二日午前零時十七分のメール。


〝これからもゆっくり時間をかけてお付き合いしましょう。

こちらの方こそよろしくお願い致します。


TAKI〟

それに対して七月二十二日午前零時五十八分に利恵からメールがくる。

〝先ほどのメール有難うございます。

瀧さんの言葉、とっても嬉しかったです。

あなたと出会えて、本当に私は幸せです〟


切ないほどに優しく素直な言葉。

利恵は瀧によって、そして瀧は利恵によって、自分たちが生きる意味、本当に守らなければならないもの、それを教え合っていたのかもしれない。世界中のどんな恋人たちもそうであるように……。こうして感情だけではなく言葉でも二人は結ばれたのだ。

交際は極めて順調だった。

コスミの帰りや食事の帰りは必ず家の前まで瀧が送っていく。過保護ではないかと思うほどだったが、瀧にしてみればそうすることで利恵と少しでも長くいることができた。二人のときは本山駅で降り、バス通りではなく住宅街の真ん中の急坂を登る裏道をいく。手をつないで何度も二人で歩いた道だ。

週に三度か四度、二人は会うようになる。瀧の都合がつけば、昼に会って食事をすることもあったという。しかし囲碁が打てて酒が飲めるコスミがやはり最高の場所だった。利恵は手製のプリンを作ってきたり、囲碁会の世話をあれこれ焼いたりと、いつの間にかコスミのメンバーの中でアイドル的で、また中心的な存在になっていった。何しろ酒が強くて明るくて可愛らしい。そして囲碁に対しても誰よりも熱心とくれば可愛がられないわけはない。利恵にとってもそこはとても居心地のいい場所となった。

利恵にとっての幸せな時間は、富美子にとっても同じことだった。

利恵は富美子に、趣味のゴルフで年内に一〇〇を切れば好きな物をご馳走してあげると言いだした。そして自分は年内に囲碁初段を目指すと宣言する。ふと見れば明るく前向きな利恵が居ることに富美子は目を瞠《みは》った。そして何よりも驚いたのはお互いに自然な距離で快適に暮らすことができるようになっていたことだ。この時期に富美子は子離れに、そして利恵は親離れに成功し、まるで親友のような間柄になっていたのだ。

囲碁をはじめて瀧と出会ってから——。

優しい気持ちだけが限りなく膨らんでいく。

利恵はそんな日々を過ごしていた。

「母に家を買うためのお金を貯めているの」「私、お母さんを愛してる」「親より先に死ぬのが最大の親不孝なのよね」。瀧に話す利恵の言葉は母親に関することが多く、母を大切にしている気持ちがいつも伝わってきた。もちろんそれらの言葉は瀧には、とても気持ちよく響いた。

やがて二〇〇七年の名古屋の記録的猛暑がはじまる。

この夏に派遣先の会社を辞めることを決めた利恵は、有給休暇消化の意味もあって二週間の夏季休暇を取る。それはお別れの飲み会と瀧とのデートに費やされていった。

八月四日には二人で岡崎《おかざき》の花火大会へいく。

八月九日には利恵が瀧の部屋にカルボナーラを作りにきてくれる。八月七日のミクシィに利恵は自宅でカルボナーラを作った写真をアップしている。おそらく彼氏に食べさせる前に自分で試作してみたのだろう。九日は他に賞味期限が近い蟹缶《かにかん》を消費するという目的もあり、利恵は蟹缶を使ったサラダやゴーヤチャンプルーも作っている。この日、瀧のアパートの近くで寄った酒屋を利恵はたいそう気に入り、地下にあるワイン貯蔵庫で一時間近くワインを眺めていたという。結局、店主のアドバイスをもとに一本のイタリアワインを選んだが、「あの店はまだ色々と教えてくれそう」と喜ぶ利恵の姿があった。

デートのときには数字の話をすることも多かった。囲碁好きということもあるのか利恵は数字に興味があるようで、素養も間違いなくあった。瀧から見るとジオメトリックに数字を捉《とら》えることに優れていたそうだ。何桁《けた》かの数字を言葉に直して二人で遊んだ。ごく基本的なものは4649でヨロシクだろうか。利恵は5920で瀧に問題を出す。数学博士寸前の瀧が答えられず、利恵はニコニコする。これは〝極道の妻たち〟が正解だそうで、ゴクツマ。丸がマになっているところに妙味がある。瀧は2がツーであるところまではいきついたが最後のマがわからなかった。ミクシィの日記では6974をロクデナシと読ませて遊んだりもしている。

八月十三日には名古屋城の宵まつりへ。

ミクシィの日記にはこうある。

〝モリハナエの反物で仕立てて以来、一度も袖を通していなかった浴衣サマ。

仕立てて五年ぐらい経ったでしょうか？

やっと日の目を見たわけです。ホッ。

ずーっと勿体《もったい》無いな～と思っていたので、これで使命？を果たせたような気がします。母よ、一度は着たからもういいかな？〃

ここで利恵は浴衣《ゆかた》姿の自分の写真を二枚アップしている。

よほど嬉しかったのだろう。

一枚は団扇《うちわ》を手にした真正面からの姿で、浴衣の色は利恵の大好きな深いブルー。ただし顔がわからないように目に黒い線が入っている。もう一枚は後ろ姿。奇麗に結ばれた黄色い蝶《ちょう》のような帯が美しい。娘の背中にいつかこの蝶のように幸せがとまって欲しい。そんな母の願いが込められているようだ。

この写真を撮ったのはもちろん瀧だ。

普段は写真を嫌がる利恵が、この日は浴衣姿で満面の笑みを見せている。撮る人を完全に信頼しきっている被写体の柔らかな表情がある。

夏季休暇ということもあってか、利恵はご機嫌だった。

そしてこの写真が利恵の生前最後の一枚となる。

手をつないで名古屋城の公園を歩いていた。

イカ焼きを食べ生ビールを飲んでいた。

2007年8月13日、名古屋城の宵まつりでの浴衣姿。

すると前から可愛らしい幼稚園児と思われる女の子が歩いてきた。

利恵は瀧の手を取った。

どうするのかなと思ったら、手と手を結んでアーチを作ってあげようということらしい。浴衣で作った橋の下に女の子を通してあげようとしたのだ。瀧もすぐに理解して利恵から少し離れて女の子が通りやすいようにアーチを作った。利恵は嬉しそうに瀧を見ている。

「さあ、どうぞ。お通りくださいな」

すると女の子は利恵の顔を見て少し怪訝《けげん》な顔になった。

「はい？」と利恵は聞きたかったに違いない。何を怖がっているのよ。

女の子はせっかくのアーチを避けて、利恵の背中側を通っていってしまった。

そんなことがなんだか楽しくて二人で大笑いした。

「通ってくれなかったよ」

「避けられちゃった」

「まあ、いっか」

それからペルセウス座流星群観賞ツアーに行こうということになり、名古屋市の平和公園に向かった。丘の上に二人で並んで座り、チビチビと飲みながら二時間ほど、ボーッと空を眺めていたという。しかし名古屋の空が明るすぎるのか流れ星は一向に見えない。夜十一時過ぎになり、もう帰ろうかというときに、一瞬一個の流れ星が、利恵の目に入った。瀧は見損じた。

「やったあ」と利恵は叫んだ。

表情は喜びに輝いている。

「何をお願いしたの？」と家に送る途中で瀧は聞いた。

「お母さん……」と利恵は言った。

そしてその先を言いよどんだ。

「お母さんのこと？」と瀧は聞いた。

「うん」

流れ星は一瞬だった。その瞬間に利恵の頭に浮かんだのは母のことだった。

「お母さんに……」

「うん」

「お母さんに幸せになって欲しい」

「うん」

「そうお願いした」

見上げると自由ヶ丘の丘の上には星が瞬いている。

しかし瀧がいくら探しても流れ星などひとつも見つからなかった。

鮮やかな真っ青の浴衣。

ミクシィにアップした写真は、すぐに大騒ぎとなった。目に黒い目隠しを入れているのだが、もちろん常連たちには本人とすぐにわかる。〝可愛い〟〝似合っている〟〝うなじが……〟などという反応が飛び交いやがて〝そういえばこれ誰が撮ったんだ？〟という書き込みに。〝げげっ、もしかして……〟。そんな書き込みを利恵はおそらく幸せな思いで眺めていたことだろう。

瀧にとっては忘れられない光景。

目に染みるような浴衣姿の利恵。

手にはビールとイカ焼き。

ベンチに並んで座り、自分の方へ向けて団扇をあおいでくれる利恵。

いつまでも失いたくない。

そう思うと胸が苦しくなる。

これが愛《いと》しさなんだ。

そんなことを教えられた真夏の一日。


この頃利恵がよく瀧に言った言葉に「私より先に死なないでね」というものがある。五歳年上ということもあるが、一歳で父を亡くしたトラウマももちろんあるのだろう。その言葉は瀧に結婚を強く意識させた。自分が死ぬときを見守っていて欲しいということなのではないか。あるいはどちらかが死ぬときがくるまで、一緒にいようということのようにも聞こえる。

もちろん瀧も結婚を意識していた。

しかしまだ出会って四ヶ月。交際宣言をして一ヶ月しか経っていない。

利恵が自分の博士号取得の妨げになることをとにかく嫌がっていることがわかっていたので、瀧としてはそれを最優先させるべきだと考えていた。もちろんまだ二人は若かったので、目標を成し遂げてからでも結婚は十分に間に合う。
「あなたと出会えて幸せです」
この言葉も何度か瀧は耳にする。
母に対して、友達に対して、そして瀧に対して。
何もかもが素直になっていく。
透明になっていく。
まるで自分が間もなく死んでいくことを知っているかのように……。
利恵の声が残されている。
留守電に録音したものを消去しきれずに瀧が保存していたものだ。

「やっぱり携帯持たないのは問題ありだよ。
何か、あったらどうするのさ。
……じゃあね。
……おやすみ……」

たったこれだけのメッセージを瀧はどれくらい聴き返したことだろう。
声のトーンには、まるで何かを包み込んでいるかのような優しさがある。言葉と言葉の間に、それ以上に何か言いたい、伝えたいという感情が満ち溢れていることが感じとれる。相手への労《いたわ》り。相手への感情を抑え込む理性。しかし言うべきことは言う的確さと知性。その留守電の録音には色々なことが表現されている。

わずか二十秒にも満たないその言葉の中に。

利恵は大人の女性として、こんなにも成長していたのだ。


二〇〇七年八月二十二日。

コスミで囲碁会。そこに参加した利恵は好敵手と対戦し三時間にも及ぶ大激戦を演じる。それがぎりぎりの勝負で、楽しんでいた様子を利恵はミクシィに書き込んでいる。この日は瀧もいて他の相手と対戦をしていた。そして囲碁がだいたい終わった感じになった頃、例によって飲み会がはじまった。利恵が楽しみにしていた仲間同士の飲み会である。利恵と交際宣言を交わしていた瀧にとっては、それを仲間に隠すことが気恥ずかしいという思いがあったかもしれない。後で皆から焼きを入れられるぞと覚悟を決めていた。

飲み会は例によって長引き、利恵と同じ方向に帰る常連客が車で送ってくれることになった。

時間は午後十一時過ぎ。

常連客の車の後部座席に座り、利恵は瀧に向かって笑顔で手を振った。

三日後の二十五日には鱧《はも》を食べる約束をしている。

またすぐに会える。

瀧はそう思った。

しかしそれが、瀧が見た生きている利恵の最後の姿となったのである。


八月二十三日。

利恵から電話が入る。

飲み会で遅くなったようで、例によって本山駅から携帯で実況中継をしている。「バス通りに出たよ」「交番の前だよ」「小学校を左に曲がったよ」。そして家の前にきたとき利恵はまたこう言った。

「あなたに会えて私は本当に幸せです」

それが瀧が聞いた最後の利恵の言葉となる。


八月二十五日。

待ち合わせ場所の中日ビルに待てど暮らせど利恵は現れない。

あちらこちらを捜し回ったが見つからず、瀧は部屋に戻った。昨晩に連絡がなかったのも気になったが、ほとんど毎日のように顔を出しているミクシィに現れないことも気になった。

二十六日は大学へ行った。

ネットを色々検索していたら、女性が拉致《らち》監禁されて殺されるという事件があったことを知った。しかし、それ以上の情報はない。その日は海外からきた学者をアテンドするという仕事を頼まれていた。ホテルへ連れていってまた研究室に戻り、ネットで検索する。すると昨晩、殺害された女性の住所が大雑把に報道されていた。

名古屋市千種区。

瀧は心臓を鷲摑《わしづか》みされたような恐怖に襲われた。

「まさか」

「まさか！」

しばらくすると、他のニュースページに新しい情報が流れた。

そこには、こうある。

年齢、三十一歳。

情報源は千種警察署のようである。

瀧は椅子の上で飛び上がった。そしてすぐに大学を飛び出した。とりあえず利恵の自宅を目指す。千種区在住の三十一歳のＯＬなんていくらでもいるだろう。そう考える一方で、一昨晩から昨日にかけての音信不通、約束のすっぽかされ方を考えると胸騒ぎも収まらない。体の一部が熱くなるような感覚。

体を焼かれていくような焦り。

利恵の家の前に着くと黒塗りのハイヤーがずらりと並び、テレビカメラを持ったマスコミ関係者がぐるりと取り囲んでいる。

動悸《どうき》が激しくなる。

瀧は踵《きびす》を返して、名城線自由ヶ丘駅へ向かった。

本山駅で乗り換え、そこから二駅の場所にある千種警察署に向かう。

「まさか」という思いもあった。しかしその一方で、磯谷家を取り囲んでいた報道陣のものものしさと年齢の合致を思うと体中に汗が滲《にじ》んだ。そして、頭をなるべく冷静に保つようにする。するとこんなことが思い浮かぶ。なぜ自分が千種警察署に向かっているのか。それがもっともわかりやすい答えではないのか。瀧はそんな考えを打ち消すために何度もかぶりを振る。

千種警察署も報道陣でごった返していた。

瀧は警察署の受付に走り、亡くなった被害者の名前を教えてくれと頼みこんだ。しかし、それはあっさりと却下される。瀧はパニックを起こしていた。自分が何をどうすればいいのか、わからなくなっている。しかしそんなときに、利恵の生物部の友達と連絡を取り、何かわかったら連絡をすると約束していたことを思い出す。

公衆電話を見つけた。

そこから瀧は連絡をした。

「何もわからない」と。

電話を切ったとき、背後から一人の男が近づいてきて声を掛けられた。

「関係者の方ですか?」

「いや、それがわからないのです。亡くなった女性の名前もわからない」と瀧は答えた。

男は読売新聞の記者と名乗った。

「被害者の名前を教えてください」と瀧は頼む。

すると周りを気にするような小さな声で男はこう言った。

「磯谷利恵」

「えっ？」

「千種区在住の三十一歳ＯＬ」

瀧は心臓が止まりそうだった。

記者はもう一度確かめるようにこう言った。

「磯谷利恵さんです」

第八章

闇からの声

「刑務所から出てきたばかりで、派遣をやっています。

実にばかばかしい。東海地方で一緒に何か組んでやりませんか」


そんな一通の書き込みがサイト上に流れた。

二〇〇七年八月十六日のことだ。

掲示板の名前は「闇の職業安定所」。広範囲にわたる詐欺から強盗や窃盗、売春から薬物販売などありとあらゆる影の仕事仲間を募集する掲示板である。中には殺人の依頼などというものまである。そんなサイトの東海版に先の書き込みが掲載されたのである。

それは名古屋の闇の底で、目に見えぬ巨大な魔物が蠢《うごめ》いた瞬間であった。

その書き込みが眠っていた化け物を揺り動かすことになる。

発信者は山下こと川岸健治（四十歳）。この七月に派遣会社を辞め、住む場所も失い、車の中での路上生活を送っていた。住所不定、無職。

瞬く間に数人の男が、吸い寄せられるように闇からの呼びかけに反応した。

まず最初に杉浦こと西條純一（二十九歳）。「何か計画しているものはありますか？」という短いものであった。続けて田中こと堀慶末（三十二歳）が二十日に「どうですか、何か一発やりますか？」「こづかい稼ぎですが、拉致して金を引き出させます（預金引き出し）」というメールを送ってきた。同日に神田司（三十六歳）が「以前はオレ詐欺をメインにしていたのですが貧乏過ぎて強盗でもしたい位です」というメールを送信している。

その他にもいくつかの反応があったが、川岸は直感的にこの三人を選び返信した。自分の使う山下という名は偽名であるとまず断り、それから「山下四十歳」「ムショ出てから派遣でセコく生活している」「オレ詐欺系の偽造と口座の売人でした」と三人に送った。

それに対する返事。

「田中といいます三十二歳」「回収で無理して二ヶ月前に務所から出たばかりです」

「神田と申します。猶予中の三十六です」

「杉浦です」「薬物事犯で逮捕歴一度あります」

まったく見ず知らずの男たちがこうして自己紹介をして出会っていく。

堀だけは七月中に川岸とネット上で連絡を取り合っていた。堀が「闇の職業安定所」を知ったのは六月のこと。ネットサーフィンをしていて偶然にたどり着いた。早速仕事を募り、未払い金回収の仕事にありついたが、うまく逃げられて失敗に終わっている。結果は無報酬。その後、堀の「何か仕事はないか」の書き込みに川岸が反応する。八月四日に川岸に「いくら必要なんですか」と問われ、「ガッツリいきたいです」と返信。それに対して川岸は「ガッツリねえ、強盗でもするならわかりますが」と答え、さらに「組んでみないか」と誘っている。実際に二人は会う寸前までいったが、都合がつかず延び延びになっていた。そして二人の連絡はしばらく途絶えていたが、冒頭の川岸の書き込みによって再び引き寄せられたのである。堀はこのとき女の家に住み、小遣いを貰《もら》う生活で無職。複数の業者から厳しい借金取り立てに遭っていた。

神田だけが本名を名乗っている。これから仲間になろうとする人たちに偽名は無礼だという実直さという見方もある。しかし、実はそれには彼なりの深慮遠謀があって、もし将来これが原因で捕まったときに偽名を使っていると最初から犯罪を確信していたのではないかと推測されてしまう、しかし本名ならばまさか犯罪などと考えておらず、悪い奴らに引きずり込まれていったと考えてくれるだろうという悪知恵から、との見方もあった。神田は新聞勧誘員。しかし勤務態度はあまりよくなく、彼女からときどき小遣いを貰ったりして凌《しの》いでいた。

それぞれにそれぞれの事情で金に窮していたのである。

そんな見知らぬ四人が、金を稼ぐというただひとつの共通点で結ばれていく。名古屋という大都会に立ち込めるあまりにも深い暗闇の中で……。

二〇〇七年八月二十一日。

ついにその日はやってくる。

午前九時、堀の住まいの近くにあるデニーズ高岳《たかおか》店ではじめて川岸と堀は顔を合わせた。

一かけらの運命の歯車が回りはじめた瞬間である。

闇と闇の中で手を探り合い、ネットという架空のものにすぎなかった二人が現実の中でついに手を結んだのである。

そこで川岸は堀から「父親と兄が暴力団員の関係者であり、兄は強盗殺人事件を起こし、無期懲役で服役している。自分も傷害で懲役二年執行猶予三年である」という自己紹介を聞かされた。川岸も脚色を交えながら簡単に自己紹介をする。それから二人は川岸の運転するリバティに乗って、愛知県豊川《とよかわ》市へと向かうことになった。名古屋市内から東名高速を使えば三十分、一般道ならば一時間ほどの距離だった。午前十一時半くらいに豊川市に到着したという記録があるので、おそらく一般道を使って移動したのだろう。後述するが、このリバティは川岸が保険金詐欺で入手したものである。

豊川市のパチンコ豊川コロナの駐車場。

そこで待っていたのが当時豊川市にアパートを借りていた、杉浦こと西條純一だった。

「おはようございます。九時に名古屋で待ち合わせして一人乗せて行きます。例の煮え切らない人とは別の人です。昼頃には着くかと思います」という川岸から西條に宛てたメールがある。煮え切らない人というのは、おそらく「闇の職業安定所」に接触してきたものの二の足を踏んでいる男のことだろう。他にも何人かいたと思われるが川岸に切り捨てられた。

三人はデニーズ豊川末広《すえひろ》店に向かう。

簡単な自己紹介の後、これからどんなことをしようかという話し合いがはじまった。まったく無計画に集まった三人はこの時点で、どんなことをするかも決めていなかったのだ。

西條は「このままでは二日後の八月二十三日にアパートを追い出されてしまうので、早めにとにかく現金が必要だ」と言い、「夜間金庫を狙うか、パチンコ屋がいいのではないか」と言いだした。

自分の知り合いで窃盗の前科のある者の名を挙げて、マイナスドライバーでガラスのドアを破って侵入する方法を教えてもらっていることを二人に話した。

堀は黙って聞いていた。

川岸はここで、面識はなかったもののオレオレ詐欺のトップをやり、犯罪経験の豊富そうな神田にメールで相談してみることにした。

「今、三人で会議中なんですけど、金庫破りか金持っている人を拉致って金を引き出す計画です。神田さんのご意見は?」

それに対して神田から「金庫破りや事務所荒らしをやるならば、下見をしっかりした方がいい。夜間金庫かパチンコ屋の景品交換所を襲うのがいいのではないか」というアドバイスがすぐに返ってきた。三人でそのメールを眺めながら話し合いが続いた。

しばらくして堀が提案をした。

自分の通っている名古屋市内のパチンコ屋に、大金を持って勝負しにきているおやじがいる。財布の中はいつも百万くらいは入っている感じだ。あのおやじが駐車場で車から降りてきたところを襲撃して、ひるんだすきに財布や鞄《かばん》を盗むというのはどうか。

その話に二人が身を乗り出した。

「それでいきますか」と川岸が言った。金の支払いに切羽詰まっている西條に異論はなかった。

「金属バットでやりますか？」という川岸に「いや、それじゃあちょっと目立ち過ぎるんで」と堀は答えた。ただし自分は顔を知られているので、やるなら二人でやって欲しい、自分はバックアップするからと話した。

昼間のデニーズはほぼ満席の状態で、三人は声を潜めて話し合いを続けた。

神田からメールが入る。

「話し合って結局何をすることになりましたか？」

「強盗です」

「誰が言いだしたんですか？」

「田中（堀）さんです」

デニーズを出た三人は近くにあるDCMカーマ豊川東店というホームセンターへと向かった。そこの駐車場で、「自分が買ってくるから」と二人を駐車場に待たせて堀が一人で買い物に行った。このとき堀はハンマーと軍手を購入している。

川岸、堀、西條の三人は川岸の運転するリバティで高速に乗って名古屋市内に戻った。

名古屋市中区新栄のパチンコ店キング観光サウザンド栄東新町店に入り、堀はいつもの列で「必殺仕事人」という機種で遊んでいる常連客をすぐに見つけた。大柄でパンチパーマが目印で、車に戻り西條に台の番号を教えパチンコ屋の地下駐車場に通じるエレベーターの出口で見張らせることにした。

午後四時に男は姿を現した。

西條は急いで車に戻り、一行は後を追った。

尾行する車は大型のレクサス。

「とにかく家を突き止めよう」と堀が言った。

「それから家に乗り込んで強盗に入り、現金とキャッシュカードを奪い、暗証番号を聞き出す」

そういう手筈《てはず》が三人の間で、できあがっていた。

しかし尾行は思わぬ形で終わる。

レクサスがラーメン屋の前で突然止まってしまったのだ。慌てた川岸はあろうことか、後ろではなくそのレクサスの前に停めてしまった。これはまずいということで、車を出して信号を左に曲がり、ぐるっと一周してまたラーメン屋の前に戻ってきたときには、用を済ませたのか、レクサスはすでに姿を消していたのだった。完全に目標を見失ってしまっていた。

リバティの中に微妙な空気が流れた。

川岸はまた神田にメールを送った。「途中まで付けましたがマカレました。ナンバーは控えたので身元割り出し待ちです。で、今夜、四人で会わないかということになったんですが、いかがですか?」。神田からは了解の返事がきた。

作戦を練り直すために三人はデニーズ一社《いっしゃ》店に入った。

神田とは金山《かなやま》駅で午後九時から十時くらいの待ち合わせという。

それまでにまだ時間があった。

そこでまたしても堀が新たな具体的な提案をする。自分の知り合いで天白区の平針《ひらばり》方面にそれは凄《すご》い大豪邸に住んでいる人がいて、そこに空き巣に入ってみてはどうかというものだった。自分の記憶ではそのあたりには多くの邸宅が建ち並んでいるという。

やろう、ということですぐに意見が一致した。

早速、車で移動する。

堀のいう豪邸はすぐに見つかった。様子を窺《うかが》うとどうも人の気配がない。これはいけそうだと、どこかに鍵《かぎ》のかかっていない所はないかとひとつひとつ探っていた。そのとき家の中から猛烈な犬の吠《ほ》え声が響いてきた。声からすると小型犬のようだが、とにかく甲高く切り裂くような声で、そこら中に響き渡っている。慌てて三人はその家を離れた。

それから空き巣に入れそうな家を探して歩いた。

途中で西條がホームセンターに行ってマイナスドライバーを二本、万引きしてきた。しばらく入れそうな家を探し回ったが、なかなか見つけることができなかった。

神田との待ち合わせ時間が迫っていた。三人で金山駅に向かい神田を待ったがなかなか現れない。西條はアパートの期限が切れるのでどうしても荷物を出さなければならないという事情があり、金山駅で別れそこから電車に乗って帰っていった。

金山駅に原付に乗って神田が現れたのは二十一日の午後十時。

金山駅は名古屋市の中心部に位置し、ＪＲ、名鉄、地下鉄の各線が乗り入れ、名古屋市における交通の要衝である。そこで川岸、堀、神田の三人は宿命的ともいえる顔合わせをした。

神田は自己紹介として、広域暴力団の構成員であったことや、オレオレ詐欺集団のトップだったが、逮捕されてしまい千五百万円の罰金を払って出てきたこと、これまでに偽装結婚や偽装養子縁組のブローカーをしてきたことなどを話した。また覚醒剤《かくせいざい》や拳銃《けんじゅう》を入手できるルートを持っていること、さらに大金を得るには覚醒剤を仕入れ、売人を雇って売りさばく秘密組織を作ればいい、女性を拉致《らち》して覚醒剤中毒にさせて、風俗に売り飛ばせばいい、などと熱に浮かされたように次々と提案してきた。川岸は川岸で自分は石川県出身で、石川の暴力団にいてオレオレ詐欺をやっていたが捕まって広島の刑務所に服役していたという話をする。堀は傷害事件を起こして懲役二年執行猶予三年であると話した。神田に言わせると「はったりのかまし合い」という状況で二時間ほどが過ぎていった。

続けて川岸がパチンコ店の常連客の襲撃が失敗に終わったことなどを話しはじめた。

堀はレジ袋の中からハンマーと軍手の束を取り出して神田に見せた。

神田はすぐに軍手に滑り止めがついていないことを指摘した。

それからこう言った。

「こんなハンマーで叩《たた》くと、死んでしまいませんか」

「まあ、そうですね」と堀。

「最後までやっちゃうんですか。顔を見られたら殺すんでしょう」と神田。

これまで川岸、堀、西條の三人で常連客を尾行したりしてきたが、〝殺す〟という言葉が出たのはこのときがはじめてだった。

「仕方ないですよね」と堀は顔色ひとつ変えずに答えた。

「そのときは、そのときです」と川岸も同調した。

神田がこれまで主にやってきたことはほとんどが詐欺である。神田にとっては強盗などという短絡的なことではなく、詐欺組織のようなものを立ち上げてゆっくりと稼いでいこうという考えがあった。しかし目の前にいる男たちは金に困っていた。堀も今週中に何とか三十万円欲しいという。川岸も西條も同様に切羽詰まっている。

「殺すのか」という神田の問いに、同意する二人。

川岸は後に虚勢の張り合いだったと言っているが、しかし見知らぬ三人が見栄を張り合っているうちに強盗殺人も辞さない方向へといつの間にか話は転げ落ちていく。

神田は自分が手掛けた偽装養子縁組の子役である松本昭夫という男が、金を振り込んだにもかかわらず役目を果たさずに逃げており、これを捕まえればある程度の金はすぐに入ると提案。パチンコの常連客襲撃と、並行してやろうということで話がまとまり、その日は解散となった。

八月二十二日、早朝の六時頃、川岸は車で堀の自宅近くまで迎えに行った。

そして神田からメールで教えられていた松本の住所へと向かった。借金の取り立てのようなことは堀の得意とするところだ。所番地の記された家は松本の養子縁組した母親役の家だったようで、対応した養母によると本人はいないとのことだった。川岸と堀は夕方に再度、パチンコ店キング観光で会う約束をして別れた。

川岸が松本宅での様子を神田に伝えると「お疲れ様でした」とのメールが返ってきた。朝六時から動き回った川岸と堀の行動力に感心したようで、昼にまた会う約束をした。

昼頃に川岸と神田は名古屋市緑区《みどり》鳴海《なるみ》のTSUTAYAの駐車場で落ち合い、川岸が買ってきた缶コーヒーを飲みながらリバティの中で西條を待った。

このとき神田は川岸に「過去に二人ほど殺したことがある。群馬に二人埋まっている。人を殺すのは平気だ。ゴキブリを叩き殺すのと同じだ」と話し、また人を拉致した経験もあると告げた。

川岸はコンソールボックスの中から手錠を取り出し神田に見せた。ステンレス製のおもちゃに近いものである。すると神田は「手錠のつめを折らなければ、鍵をかけていても簡単にはずされてしまいますよ」と言って、すかさず手錠のつめをペンチで折りニヤリと笑った。

川岸はとにかく大物ぶって「愛知の男は口ばかりで使えん。俺は地元石川では詐欺や恐喝で、かなりのものだった」とか、「女さらって山へ連れ込んでレイプして、それを理由に金をゆすってやった」「出会い系サイトで知り合った女がシャブ中のデリヘル嬢で、五十万円貢がせてやった」などと話し、二人で大笑いした。

神田は「女を拉致して連れ込める山なんてあるんですか」としつこく聞いた。すると川岸は「おお、レイプと恐喝なら何度もやっている。女をさらうなら、わしに任せてくださいよ」と虚勢を張ってみせた。

約束の時間になっても西條は現れず、二人は所在なく、携帯電話の出会い系サイトのページを検索していた。そのうちに、携帯サイトで援助交際している人妻を呼び出して、現金を奪ったり、そのことをばらすぞと脅迫してはどうかという話になった。川岸は「こっちがうまくいけば、パチンコ屋の方はほかしておいていいんじゃない」と笑った。

ある出会い系サイトで神田が女との接触に成功した。栄生《さこう》駅で女と待ち合わせをした。約束の時間に女は自転車に乗ってやってきたが、その風貌《ふうぼう》に神田が恐れおののいた。リバティで待機していた川岸に「朝青龍《あさしょうりゅう》みたいな女がきたけど、どうする?」と連絡、「それはお帰りいただきましょう」と川岸は返信している。

八月二十二日午後四時頃、川岸と神田は堀の待つパチンコ店に移動した。そして三人は駐車場で待ち伏せを続け、エレベーターで降りてきた常連客を尾行する。今度はまかれることなく、常連客の自宅と思われる千種区内の高級マンションにたどり着いた。レクサスはマンション地下の駐車場に入っていった。神田が車を降りて地下駐車場へ忍び込み様子を見にいく。

マンションの駐車場にはパッと見ただけでも五、六台の防犯カメラが設置されていた。

車に戻りそのことを二人に報告する。

駐車場で常連客を襲うのは不可能に近い。

「それじゃあ、無理ですね」と堀が諦《あきら》めたようなことを言った。

そのとき神田は語気を荒らげてこう主張した。

「常連客の部屋にのっこんで殺してしまえばいいんです。どうせ顔を見られるのだから、殺してしまった方が早いんじゃないですか」

強盗殺人の具体的な二度目の提案である。

川岸も堀もこれに異をとなえなかった。強盗殺人の共謀がここに成立した。

しかしマンションのセキュリティが厳重なため、とりあえず襲撃する計画はいったん立ち消えとなった。

三人は再び鳴海のTSUTAYA駐車場へと戻った。そして午後六時過ぎに遅れてきた西條と合流した。こうしてはじめて四人が顔を合わせることになった。

川岸が運転席、神田が助手席、堀が二列目シートの運転席後ろ、西條が助手席後ろに座った。

昼の待ち合わせから顔を見せなかった西條に神田は明らかに苛立《いらだ》っていた。神田は暴力団住吉《すみよし》連合の一員だったこと、オレオレ詐欺のトップをやっていたこと、群馬で二人殺していることなどを矢継ぎ早に告げた。ゴリラ同然のマウンティングである。それからねちっこい口調で続けた。

「これだけの人間を何時間も待たせて、連絡もしないなんて指つめものですよ」

ひるむ西條に畳みかけるように「あなた、組織の人間じゃなかったでしょう」と続けた。

それから神田は西條に「パチンコ屋のおっさんはのっこんで殺すことに決めたけど、杉浦さんあなたはどう思いますか」と聞いた。もじもじと答えない西條に、今度は堀が「やるんですか、やらないんですか」と畳みかける。

そこで西條は決然と言った。

「強盗殺人は死刑か無期しかないから、嫌です」

この雰囲気の中でそれは勇気のいる言葉だったろう。

「じゃあ直接手を下さなくてもいい。僕と田中さんでやりますから」と神田は言った。

車の中はしばらく静まり返った。

沈黙を破るように川岸が「嫌なら降りてもいいよ」と言った。

しかしその言葉に西條はどういうわけか「そんなことは言っていないじゃないか」と言い返している。つまり人を殺すのは嫌だけど、チームから降ろされるのも困るということなのだろう。

そんな西條に神田が、川岸が入手していた他人名義のクレジットカードを使い、買い物をしてみろと提案した。川岸が会社に勤めていた時代に、社長の息子宛てに書留が来たのを本人を装って受け取っていたものである。それを使ってなんか持ってこいというのである。

四人の中に微妙な力関係が生じていた。

最初に皆に声を掛けて車を提供し、また最年長でもある川岸が暫定的なリーダー格。神田が二番手であるが、犯罪歴や歯切れのよさで肉薄している。

堀はそんなことにまったく興味を示さないばかりか、むしろ二番手三番手に下がろうとしている。ただ犯罪のアイディアだけを淡々と提供し続けている。

そして最年少の西條がパシリである。

西條はサークルKに行きクレジットを使い煙草を二箱買うことに成功した。

「やったあ」とリバティの中に男たちの歓声が上がった。

「このカード、生きている！」と川岸が叫んだ。実際に使えたというのは大変なことだ。

そこですかさず神田がドン・キホーテに行って金のネックレスを買い換金したらどうかとのアイディアを出した。他の三人はすぐにこれに同意し、中川区《なかがわ》のドン・キホーテに向かい金のネックレスを買おうとしたが、失敗に終わった。

クレジットを照合する機械によって結果が違ってくるのではないかという話になり、一宮《いちのみや》のドン・キホーテに向かうことになった。しかし途中で相性が良いと思われたサークルKを見つけ、そこで煙草を買おうとしたが使用できなかった。この結果を受けて金のネックレスを買って換金するという計画は断念した。

次に神田が改めて本人から聞き出した日進《にっしん》市にある松本のアパートに向かうことになった。

「あの野郎、焼きを入れて落とし前つけてやる」と神田は張り切っていた。

「アパートみたいだから、山下さんと杉浦さんはしばらくそこに住み込んで、寮のように使いましょうか」と提案したりもした。近くのファミリーレストランの駐車場に車を駐《と》めて皆で軍手をはめながら歩いていった。

しかしアパートには誰もおらず人の気配もない。

部屋はからっぽでカーテンすらかかっておらず、人が住んでいる気配がまったくない。

神田が慌てて再び松本に連絡を取ったところ、引っ越してもう何ヶ月も前から東京にいるという話だった。

「東京だったら住吉の知り合いに落とし前をつけさせてもらうから、月末には金が入る」と神田は息まいたが、どう考えても追及をすり抜け続ける松本の方が上手に見える。養子縁組の子役になることを条件に神田から金を引っ張り逃げ続けているのだ。

堀から新たな提案があった。

自分が常連客でもある中川区のダーツバーを襲うのはどうかというのである。一日の売り上げで、閉店間際であれば二十万円から三十万円の現金があり、店が終わると店長が一人でバックヤードで仮眠を取る。そこを襲ったらどうかというアイディアだった。三人はすぐに賛成した。ただし堀は面が割れているので、直接は手を下さないという条件がついた。

早速ダーツバー「POTION」へと向かい、その駐車場にリバティを駐めた。

しかし、その日は定休日だった。

神田が一人車を降りて様子を見に行った。

エアコンの室外機が回り、人の気配がある。

神田は車に戻り、待機している三人に様子を伝えた。

「やっちゃおうか」という話になった。押し込んで店主を殺し、金を奪う。西條は人を殺さない、堀は顔見知りなので手は下さないと言っているので、この場合、襲撃するのは川岸と神田ということになる。車内は興奮に色めき立った。

前日に闇サイトで出会ったばかりの、ほとんど詐欺のような犯罪しかしてこなかった四人が、強盗殺人集団のようになっている。お互いを刺激しあい、意味のない虚勢を張りながら、ついにここまできてしまった。もう引き返すことはできない。暴力による支配感。それが車内に明らかに芽生えている。そのためには殺人も辞さない。明らかな狂気が台風の目のように、中心に生まれ、それが四人を振り回しはじめていた。

「しかし、今日は夏休みか」と比較的冷静な堀が言った。

「どういうことですか」と聞く川岸の目は血走っている。

「いや、休みの日にはオーナーの子供がよく店に泊まりに来るんです。今日もいるかもしれない」

子供を含めて二人殺さなくてはならなくなるかもしれないということだ。そして自分は顔見知りだからと再度言い、車の中で見張り役か運転手役をやらせて欲しいと言った。ただし殺してしまうんだったら別だけど、ということも言った。

外の様子をしきりに窺っていた神田が「あのアパートの電気がなあ」と言いだした。ダーツバーのすぐ後ろに木造のアパートがあり、もし店内で叫ばれれば筒抜けだろうというのである。また周りにはマンションが取り囲むように建っていて、どこに人の目があるかわからない。

「ここで襲うのは危険だ」という神田の咄嗟《とっさ》の判断により襲撃は寸前で回避されたのだった。


二〇〇七年八月二十二日深夜、すでに日付は二十三日に変わろうとしていた。

四人が乗るリバティの中で切れたのは意外なことに西條だった。

「昨日から二日間ずうっと、こうしているけれど、何の稼ぎもない。大の大人が四人も揃っているんだから、逃げ腰にならずにすぐにやっちゃえばいいじゃないか」

下っ端なりの不満が爆発した。

それに対して反応したのはやはり神田だった。

「だったら、今から手あたり次第、誰彼構わずやっちゃおうか。男でも女でも手あたり次第」そして興奮した面持ちで続けた。「若い女を拉致しちゃう。拉致して金を奪って、キャッシュカードを奪って、暗証番号を言わせれば結構な金が手に入る。女をどこかに監禁しておけばいい。監禁すれば輪姦《まわ》せますしね。最後は殺しちゃえばいい。女を拉致して金を出させたことがある。今現在もばれていないのがある」と一気にまくしたてた。

これに対して堀は「いいですよ」と言った。

西條は言葉を濁した。

川岸は「いいですね」とはっきりと賛同した。

これが最後は殺しちゃえばいい、という神田の提案へのそれぞれの返答である。

意見が一致したので、次はターゲットについて話し合った。まず最初に挙がったのがキャバクラ嬢だったが、それには神田からキャバクラ嬢はホストクラブに通っているのが多く、金を持っていない、やるんだったらソープ嬢がいいとの意見が出た。しかしそれに対しては川岸から、キャバクラ嬢にしてもソープ嬢にしてもやるんだったら名駅《めいえき》か栄になるけれど、そうなると車での逃走ルートがちょっときつい、という指摘があった。堀からはソープ嬢は経験上抵抗が激しくて、注意が必要であること。またバックが必ずついているので、兄貴とおやじが暴力団関係者だった自分としては、賛成できない。やくざともめるのは嫌だ、と言った。堀は風俗嬢を狙うことには終始消極的だった。やくざの恐ろしさを肌身で知り尽くしているのだ。

堀を自宅近くまで送り、車から降ろす。

そのとき堀ははっきりとした声で「明日やりましょうね」と言った。

三人は近くのＴＳＵＴＡＹＡへ行き、金を持っていそうな風俗嬢を調べるために風俗雑誌を立ち読みした。しばらくして、神田が原付に乗って帰っていった。

川岸と二人になった西條はすぐに不満を口にしはじめた。

神田とは一緒に組みたくないというのである。自分は空き巣でも強盗でもいいから、すぐに金が欲しいのであり、秘密組織を作って儲《もう》けるという神田の考え方とは方針が違う。自分のことを最初から見下しているような神田の態度が気に入らない。何かあれば最後は殺してしまえばいいという考え方にも抵抗がある。自分は人殺しはしたくない。

その気持ちは川岸にもわからないではなかった。

西條は神田をはずして堀をふくめた三人で組みたいという。

川岸は堀に電話をしてその旨を伝えた。

それに対して堀は、神田の持っている覚醒剤や拳銃入手のルートを手放してしまうことになるという理由で、神田との関係解消には消極的だった。ただ、それは別にして、単発即金になる二人の計画にはいつでも協力するという話になった。

八月二十三日、西條は川岸に豊橋のスーパーを襲撃しないかと提案する。しかし午前十一時頃西條から川岸にメールが入り、計画を立てていくには時間がかかりそうなので、堀と組んで三人でパチンコ屋の常連客を襲わないかという話になった。川岸は堀と連絡を取り、西條がすぐにでも強盗を行って金を得たいと言っていると告げると、堀も参加すると答えた。

川岸と堀は昼頃にリバティ内で会い、今度は堀がダーツバーの店長が売上金を持ち歩いているので、それを襲えばいいという新しい犯罪計画を提案した。二人で早速、店長宅を下見に行き、襲撃することを約束。その後川岸は堀を自宅近くへ送っていったん別れた。

しかし川岸の気が変わる。

今度もどうせうまくいかないだろうと考えたのだ。

川岸のこの気まぐれな性格が、結果的に多くの人間の運命を左右していくことになる。

堀はこの後、一時的に川岸と連絡が取れなくなる。そのことを神田に報告している。

川岸は堀との約束を反故《ほご》にして、西條を呼び出し、名古屋市瑞穂《みずほ》区のビデオ合衆国USVというビデオショップで落ち合った。その場で西條から豊橋で狙っているスーパーがあるから一緒に強盗をやらないかと、再度提案を受けるが、下見に時間がかかるということで、川岸がかつて住んでいたことのある瀬戸《せと》市へと向かうことになった。その途中の尾張旭《おわりあさひ》のガソリンスタンドで給油。ここは二十四時間営業なので、後でここに押し入ろうと川岸が提案し、また戻ってくることになった。その後、強盗に使うための道具を用意しようということになり、午後八時頃名古屋市守山《もりやま》区のローソンで川岸が粘着テープを購入した。それから瀬戸市内に入り、八時半頃、ジャスコに行き西條が刃渡り一八・六センチの包丁を万引きした。

狙いはスギ薬局だった。店から出てくる店員を包丁で脅して強盗しようというのだ。しかし店の中には客が大勢いて、またどこの出口から店員が出てくるのかがわからない。閉店間際まで待ってみようということになった。しかし閉店間際になるとますます客の数が増えてしまい、断念することになった。続くターゲットは先ほどのガソリンスタンドである。車で向かっていくと電気が消えている。川岸が住んでいた頃は確かに二十四時間営業であったが、最近は午後十一時閉店に変更されていたのだ。あまりのバカさ加減に頭にきて、川岸に対する西條の口調が荒くなった。レンタルビデオ屋があったので、そこで車を停めさせると、西條は店へ飛び込んでいった。そしてビデオを万引きして戻ってきた。これを売ればいくらかになるでしょう、ということだ。しかし開けてみると、中身は空だった。

漫画のような強盗団である。

車内の雰囲気はますます悪くなり、西條の言葉も荒くなる一方だった。

川岸は昔勤めていた、愛知県愛知郡長久手町《ながくてちょう》にある会社事務所に手提げ金庫があったことを思い出し、その事務所に向かった。そして八月二十四日午前零時過ぎに、西條がドライバーを使用してガラスを割り、ドアの施錠を外して侵入に成功。川岸も続いて、金品を窃取しようと物色した。

しかし金庫は見つからない。

川岸は何も言わずに西條を置いて車に戻り、そのまま発車してしまう。

年上である自分に対する西條の口の利き方に腹を立てていたのである。

残された西條は事務所の中で気配を潜めて待っていた。きっと川岸は人の気配か何かを察知してこの場を離れたのだろう、しばらくすれば戻ってくると考えたのだ。しかし待てど暮らせど川岸は戻ってこない。西條にすればもっとも不運だったことは、車のダッシュボードの中に自分の携帯を入れたままにしていたこと。これでは連絡の取りようもない。

しかも来たこともない、どこかもよくわからない土地で、持っている金もほとんどない。

まさに身動きが取れない。

昨日今日と朝から深夜まで男四人で動き回って得たものは煙草二箱。あとは自分が万引きしたもの。西條はなんだか急にバカバカしくなってきた。これからどうやって帰るかなどと考えることも面倒くさくなり、近くの公衆電話にいって辛うじて持っていた十円玉を入れ、警察に自首したのだった。

後に磯谷利恵を苦しめることになる凶器。

ハンマーは堀が入手。

包丁は西條が万引き。粘着テープは川岸が購入。

リバティと手錠とロープは川岸の持ち物である。

その三つについて。

リバティは保険金詐欺で入手したと前述したが、実はこれも闇サイトからの産物なのである。

「闇の職業安定所」で川岸は「車を持っていってもらうだけで礼金」という書き込みを見つけた。早速連絡を取ると、車が盗難保険に入っているので、これを盗んだことにして見つからないように乗っていてくれればいいということだった。それだけのことで謝礼とリバティが手に入ったのである。後にその男に、最近は車の中での練炭自殺が流行《はや》っているので、それに見せかけて車を燃やしちゃわないかという相談を受けた。もっと金が下りるかもしれないという。保険金詐欺の男は闇サイトで自殺願望者を募った。すると驚いたことに、すぐに希望者が現れたのである。同志社大学に通う学生だった。名古屋駅で待ち合わせて、一晩は男の部屋に泊まった。明日やるか、と聞いたら取り乱すこともなく静かに頷《うなず》く。翌日、男を豊田市《とよたし》駅で降ろし、練炭を積んだリバティを名古屋市郊外の原っぱに停めた。ここで学生に自殺してもらって、車を燃やしてしまえばいい。ガソリン等、車を燃やす準備も万端だった。

「さあ、じゃ、はじめようか」の言葉に学生は素直に頷いた。決意は固いようだ。

しかし次の瞬間、川岸の気紛《きまぐ》れが起こる。

考えてみれば電車も走っていないこんな田舎まできて、車を焼いてしまったら自分は、どうやって帰ったらいいんだろう。どこかまで歩いていくしかないではないか。そう考えると、なんだか急に面倒くさくなってしまったのだ。それにこの学生だってまだ死んでいくような歳でもないだろう。

「やめた、やめた」と川岸は叫ぶと、運転席に戻り車を発進させた。

そして学生が中区のパチンコ店のトイレを借りている間に、そのまま車で走り去ったのである。

学生が自殺用に用意していた物。

それが手錠と、ロープ。

両方がそのまま川岸の車に残されることになったのだ。

第九章

一夜の出来事

西條を空き巣現場に置き去りにした川岸は八月二十四日午前一時に神田宛てに詫《わ》びを入れるメールを送っている。神田と堀は犯罪経験が豊富そうだったので、それを利用しない手はないと考えていた。

「迷惑かけて申し訳ありません。杉浦氏とは別れました。杉浦氏はメンバーからはずれました。私も手配掛かるかもです。行動するもいずれも失敗……収穫ゼロ」

川岸は何度も神田に詫びのメールを入れた。神田は許す気はなかったが、一応、堀に相談してみた。すると堀は「杉浦がどうしてもということで、山下さんも仕方なかったんだと思います。きっちりと詫びを入れさせますから今回だけは許してやってください」と言った。

二十分後に川岸から神田に電話が入り、西條と別行動したことを素直に詫びた。これで神田と堀の了解を得られた。もっとも神田と堀にしてみれば川岸の車が魅力なのであって、使えるだけ使って、あとはポイ捨てにしようという認識であった。また強盗のような犯罪は人数がある程度いた方がやりやすいという判断もあった。一人増えればその分、視野が広がる。

この件を機に三人の間に格差が生まれた。当然のことながら詫びを入れてもう一度加えてくれと頼む川岸は最下位となり、神田が事実上のリーダー格となった。

二十四日午後一時頃、川岸は堀の自宅へ車で迎えにいき、午後三時に神田と緑区鳴海のTSUTAYAで待ち合わせをした。車内で川岸は西條と別行動をしたことを再び二人に詫び、話はついた。それから三人で新しい犯罪計画の話し合いがはじまった。

車内で川岸は西條が盗んできた包丁を見せた。

そして「これがあれば人やれますよね」と聞いた。

堀と神田はなにも言わずに頷《うなず》いた。

それから堀が、三十万くらい今週中にどうしても欲しいと、先夜と同じことを言った。それならば今日中に何とかしなければならないと神田は答えた。そして、女性を拉致《らち》し監禁して、現金とキャッシュカードを奪うというこれまでにも何度となく話題になった計画を蒸し返した。神田は「最後は殺しちゃうけど、いいよね」と二人に確認を取った。川岸と堀はそれぞれ「いいですよ」と答えたのだった。

それから三人で北区にあるデニーズ黒川《くろかわ》店にいった。高速道路に面する中型店舗で、カリフォルニアあたりの海岸沿いのリゾートに建っているレストランのような、陽気で派手な外観をしている。店内は大きく二つのパートに分かれている。レジ後ろの長方形に広がるエリアがあり、またレジから右に折れると奥の方に広い部屋がある。

三人はレジの後ろのL字形になっているボックス席に通された。

神田は川岸の様子を窺《うかが》った。何日風呂《ふろ》に入っていないのだろう。見るからに薄汚い。ときおり耳の後ろを指で擦《こす》って臭いを嗅《か》ぐ癖がある。前日の二十三日に入った他のデニーズが昼時で満席だったため、客が並んでいた。しばらく待っていたが川岸が突然に切れだして、ウェイトレスの腕を摑《つか》むようにして店外に引きずり出し「オラあ、いつまでカタギの相手しとんじゃ」と怒鳴り散らしたことがあった。「まあまあ山下さん」という感じで堀がいなしたことでことなきを得たという。

「了解、了解」と二度言うのが口癖で、その実ほとんど何も考えていない。やる気がないときには、「では女でも襲いますか」と誘いかけると突然、身を乗り出してくる。百円ライターのような男だと神田は川岸を評する。まあ燃えている間に使えばいい。

神田は堀には一目置いていた。いつも一歩引きさがる頭の良さがある。しかし、この感じには嫌な直感があった。もしかしたらこの男は、罪を犯し捕まったあとのことを計算に入れて、わざと従の言動をしているのではないか。とにかく得体の知れない恐ろしさがある。油断はできないと考えていた。

川岸は川岸で、神田に許しを乞《こ》うたとはいえ、どうしても彼を好きになれない。人を疑ってかかるような爬虫類《はちゅうるい》のような目が嫌だったし、時折浮かべる人を馬鹿にしたような薄笑いも好きになれなかった。何よりも年上である自分に対する態度や口の利き方に頭にくることがあった。

神田司は群馬県高崎市《たかさき》の生まれ。暴走族を経て東京に出て暴力団関係の仕事をするようになり、それから転々としながら名古屋にたどり着き、新聞勧誘員の仕事をしている。堀慶末は岐阜県土《と》岐《き》市の生まれ。かつては左官業で稼いでいたが腰を痛めて仕事ができなくなり、それからは女を見つけてはヒモのような生活を送る。住所不定無職。川岸健治は石川県金沢市の出身。子供の頃に腎臓《じんぞう》病を患い、それが原因でいじめられる。高校からその反動で不良となり、少年鑑別所に収監されたことも。職を転々と十数度も変え、詐欺事件での逮捕後に派遣社員として働いていたが、突然に辞職し、社員寮も飛び出して車の中で生活している。

ここにきても三人はお互いの素性を正確には把握できていない。

しかし性格のようなものはおぼろげに掴みかけていたのかもしれない。

デニーズ黒川店で計画が少しずつ具体的になっていった。

風俗嬢はバックにいる暴力団を堀が嫌がり、また名駅か栄での拉致は渋滞に巻き込まれかねないと川岸が主張し、却下された。それにかわって堀が提案したのがOLの拉致である。

それに対して神田は「ちょうど今日は二十四日の金曜日。二十五日が給料日なので、普通は今日出ているはずだからちょうどいいかもね」と言った。それから「ストッキングはいているような感じで、ブランド品とか持っていなくて、黒髪で、あんまり派手じゃない地味系のOLだったらたくさん貯金しているだろうから、しばらく拉致、監禁して、ある程度まとまった金を引き出せるな」と続けた。さらに神田は「ATMだと一日五十万までだから、今日中に暗証番号を言わせて、五十万円出して、明日の土曜日にも五十万円、日曜日に五十万円、月曜日に五十万円の合計二百万は出せる。一人暮らしのOLがいい。OLの部屋に居座って監禁することもできる。過去にやったことがあるから」という発言をし、家族が一緒に住んでいると家族がすぐに警察に届けるおそれがあるから、一人暮らしを狙おうということになった。

三人の目が爛々《らんらん》と輝いている。

監禁部屋を堀が手配することになった。名古屋市名東区《めいとう》高針《たかばり》にある友人のアパートで、二万円で貸してもらえることになった。電気が止まっていたため、支払いのための電気代の請求書を部屋の鍵《かぎ》と一緒に郵便受けの中に入れておいてもらうということで話がついた。これで監禁部屋の確保ができた。堀は神田に、電気代を払う必要があること、駐車場がないこと、部屋が一階の一番奥の部屋であること、隣の部屋に神経質でうるさい住人が居ることなどを話した。神田はしばらく考えて、その部屋を使うかどうかは保留にしておこうと伝えた。しかしこのことは堀と川岸には正しくは伝わらず、二人はその監禁部屋を使うものと思い込んでいた。

またここで川岸が、女性を殺した場合、その死体をバラバラにして、セメントで固めるのはどうだろうかなどと言いだし、神田に「漫画や映画じゃないんだから」とたしなめられた。

次にキャッシュカードを使ってATMから現金を引き出すいわゆる「出し子」の手配である。神田が携帯電話で「闇の職業安定所」にアクセスし、募集を掛けた。しかししばらくしても出し子の確保はできず、川岸が自ら申し出て、出し子を務めることになった。

続いて拉致場所の相談になった。

高級住宅街の多い、覚王山、一社、上社《かみやしろ》、本郷《ほんごう》方面がいいと堀が言った。そのあたりの住宅街で拉致しようということですぐに話はまとまった。名古屋の地下鉄東山線のライン上ということになる。覚王山と一社の間に利恵が利用していた本山駅がある。

作戦会議は四時間にも及んだ。

注文したのはおかわり自由のコーヒー。

午後三時過ぎの日本を代表するファミリーレストランでこのような会話が交わされていたという事実には驚くしかない。

午後七時過ぎに三人は食事もせずにデニーズ黒川店を出た。

川岸が運転席。神田は二列目の助手席の後ろ。堀は二列目の運転席の後ろ。

女性を拉致したときに、二列目シートの足元の空間が広くなるように助手席を限界まで前に出した。その助手席の足元には軍手とハンマーが置いてある。堀が粘着テープを一五センチくらいにちぎり、それを四枚重ね合わせて、口を塞《ふさ》ぐための特殊なテープを作った。堀と神田は軍手をはめ、拉致にそなえていた。

車はまず覚王山のあたりを巡回した。ATMで金を下ろしたあとのOLを狙ったのだ。その後、一社、本郷と回り十五、六名の女性を物色したが、対向車や通行人がいて車を停めるまでに至らなかった。しかし、寸前までいったのが二、三人いた。

夜も更け、三人に焦りの色が滲《にじ》みだした。とにかく今日中に金が欲しい、との思いからである。堀が、今まで回ったところでは本山と覚王山が、街灯が少なく、道が暗いことや、道幅が狭いので拉致しやすいと言いだし、覚王山から本山へと向かうことになった。午後十一時を過ぎて一人で歩く女性の数もめっきりと少なくなっていた。

そして車は本山に姿を現した。

バス通りを歩いてくる一人の女性を見つける。黒髪。地味目な服装。真面目そう。派手なブランドものも身に着けている風ではない。すべての条件に合致していた。

そして磯谷利恵は自分が六年間通っていた小学校の目の前、自宅まであと一分というところで、道を聞くふりをして近づいてきた堀によってリバティの中に引きずり込まれる。右手で口を塞がれ後ろから左手で抱え込まれ、抱き上げられて車の中に放り込まれたのだ。堀は一八〇センチを超える巨漢。利恵は一五五センチの痩《や》せ型。まさにひとたまりもなかった。

女性を放り込んだのを確認した川岸は、後ろのドアがまだ閉まらないうちに車を発進させた。中で待っていた神田が羽交い締めのような格好で利恵の自由を奪った。

「何なんですか！　あなたたちは！」と車に連れ込まれた利恵はパニックに陥りながらも気丈に振る舞っていた。

神田は用意してあったテープで口を塞ぎ、頭から赤いアロハシャツやバスタオルをかけた。堀が手錠をかけた。手錠に関しては堀と神田のどちらがかけたのか最後まで争ったが、神田の、自分は女性を両手で取り押さえているのに必死で、物理的にも体勢的にも無理という証言に信憑性《しんぴょう》があるとされている。

とにかく利恵を足を伸ばしたL字の体勢で床の上に座らせ、落ち着かせることが最優先だった。堀は神田に手錠をはめた手を後ろ手にできないかと聞いたが、神田はとにかく落ち着かせるために嫌がることはやめようと言った。

川岸は車を東山通りに乗り入れ、名東区高針方面へと走らせていた。堀が借りたアパートを目指していたのだ。

しかし神田が「方向が逆だ」と言った。

「アパートに戻るのはまずい、Uターンして人気のない方へ行け」と神田は続けて指示を出した。アパートでの監禁を止めたのは、気丈に振る舞う利恵の態度を見ての神田の直感による即断だった。押さえ込む自信が持てなかったのだろう。

「部屋はなしです」と神田が言うと、堀は黙って頷き、その場から借りることになっていた友人に、キャンセルの連絡をした。

突然の予定変更を川岸は不満に思った。しかも自分には何の相談もない。しかしすでに拉致が済んでいる状態で仲間割れになるのもどうかと思い、辛うじて怒りを封じ込めていた。

「どこに向かいますか?」とふて腐れた口調で川岸は言った。

「山に行こう」と神田。

「山ってどこのですか?」と川岸。

「だから君がいつも女を連れ込んでいたという山だよ」

すると川岸は「いやー、すいません。実は……。えへへ。すみません」

この言葉に堀も切れ「山下さん、山に行ってくださいよ。早く山に向かってくださいよ。あれほど自慢していたじゃないですか」と怒鳴るように言った。

川岸は返す言葉もなくただヘラヘラと笑っている。自慢話はただの作り話だったのだ。

「山下さん」と堀が再び川岸に話しかけた。

「幹線道路はNシステムがあるのでまずいです」

スピード違反取り締まりの目的で、車を撮影するシステムのことだ。

堀の指示に従い、川岸は広小路通りから県道200号名古屋甚目寺《じもくじ》線、通称外堀《そとぼり》通りに出て、そのまま西へ進んだ。

利恵が口をもごもごさせている。

大きな声は出さないから口を塞いでいるテープを外してほしい。

とにかく被害者を落ち着かせることを最優先と考えた神田は、その言葉に従った。もちろん上半身は神田が、下半身は堀ががっちりと押さえ込んだままだ。

テープを外された利恵は「私帰れるんですか。何が目的なんですか」と言った。

被害者を落ち着かせようという神田の意向を察知した堀は、二人でできるだけ優しく声を掛ける。

「騒がなければ命の保証はするから」

「体が目的じゃないから、それは安心して。約束する」

このときの利恵の状態は、片手に手錠を掛けられているがあとは概《おおむ》ね自由だった。ただし利恵は犯人たちと顔を合わせるのが怖かったのか、ずっと下を向いたままだった。

西へ進んでいた車が庄内川《しょうないがわ》にかかる豊公橋《ほうこうばし》を渡ろうとしたとき。

川岸が煙草を吸おうとした。

そのとき利恵が言い放った。

「私、煙草嫌いなんです。消してください」

神田と堀はとにかく被害者の機嫌をとり大人しくさせることに集中していたので、煙草を吸わないように川岸に命じた。

「気の強い女だな、自分の立場がわかっているのか」と川岸は心の中で舌打ちしたが、昨日の負い目のこともあり神田と堀の言葉に従わざるを得なかった。

走りはじめて十五分ほどが経過した頃。

堀が川岸に「どこに向かって走っているんですか?」と聞いた。

川岸は少し迷いながら「木曽三川公園の方ですけど」と答えた。

「大きな公園なんですか?」と神田は聞いた。

「それはもう大きいですよ。ただ暴走族がたむろしていることが多いので、〝検問〟で警察も巡回しています」と川岸はケロッと答え、神田はこいつ頭がどうかしているのか、本当に使えないやつだなと逆上しそうになった。

女を拉致した車が検問の多い場所を目指してどうするんだ。

しかし堀によれば、その辺は相当に田舎で、一本脇道に入ればほとんど真っ暗に近いということであった。とりあえずその方面を目指すことになった。

「私、騒いだりしませんから」という言葉を守り、利恵はじっと静かにしていた。しかし少し様子がおかしくなってくる。

「あとどのくらい走るんですか?」と神田に問いかけた。

もともと車にあまり強くない利恵が、閉じ込められている閉塞《へいそく》感や車の中の空気の悪さなどが相まって耐えられなくなってしまいつつあった。そのことを神田に告げた。

「吐きそう……」

それを聞いて川岸は慌てた。とにかく車内で吐かれたくないと思い、車を停められる場所を探した。車は国道155号線を南に向かって走っていた。三人は目を凝らして暗闇を探り車の停められそうな場所を探した。二、三分でその場所は現れた。

「あそこどうですか?」と堀は言った。

「何かの駐車場ですかね」と神田。

「とにかく、いったんあそこに停めましょう」

車は道路を右に曲がり、大きな空き地のような場所に入っていく。国道沿いではあるが、車のライトは奥の方までは届かない。そのもっとも深い場所に車は停められた。

それが「レストラン天王」の建物から国道を隔てた場所にある、第二駐車場である。


こうしてリバティは愛知県愛西市の営業の終わった大型レストランの第二駐車場に駐《と》められた。被害者の自宅にほど近い拉致現場から、二八キロメートル離れている。二〇〇七年八月二十五日午前零時を少し回った時間である。カーナビの光が窓外に漏れることを恐れて、神田はそれを切るように川岸に命じた。カーナビを切るにはエンジンを止めるしかなく、車内は暗くなりエアコンも止まった。

神田が被害者の手錠をすぐに片手錠から両手錠にした。

それから三人は交互に煙草を吸いに外に出た。

利恵の申し出に応じて、車内での喫煙をやめていた反動だった。

一服を終えた堀が車内に戻り、被害者の腿《もも》のあたりにあった白いハンドバッグを奪い、中身を確認しはじめた。

「やめて！」と強い声で利恵は抵抗したが、聞き入れられるはずもない。このとき堀は運転席、川岸は運転席の後ろ、神田は助手席の後ろ、利恵は頭を神田、足を川岸の方に向けて、二列目の床の上にいた。堀はバッグの中身をぶちまけた。その中から財布、運転免許証、社会保険証などを取り出した。そして財布の中にあった現金六万二千円を取り出しダッシュボードの中に入れた。さらに堀は財布の中にあった中京銀行のカードとＵＦＪ銀行のカードを各一枚と、アプラスのクレジットカード一枚を取り出し、「ほら、カードが出てきたよお」と嬉《うれ》しそうな声を上げた。そして中京銀行のカードの暗証番号を尋ねた。

しかし利恵は黙って俯《うつむ》いていた。

続けてＵＦＪのカードの暗証番号を尋ねた。

利恵は「昔に作ったきりだから暗証番号は覚えていない」と答えた。

さらに堀はアプラスのクレジットカードの暗証番号を聞いたが、「クレジットカードに暗証番号なんてあるんですか？」と逆に言い返された。

川岸が「暗証番号は誕生日じゃないの？」と言った。それに対して利恵は「誕生日なわけないじゃない」とあざ笑うように言った。

神田と堀が普通のトーンで暗証番号を問いただしていると、川岸が被害者の体をまさぐりはじめた。スカートの中に手を入れようとしたり、洋服の上から胸を触ろうとしたり、顔を近づけては舐《な》めようとしたかと思えば「早よお、番号言えやー、おぉ」と脅迫したりしている。

体が目的ではないというのは神田が利恵と取り交わした約束だった。

それを破ろうとする川岸に神田は腹を立てた。

堀も状況が悪くなるとみて「もういいですから、山下さん席を替わってください」と川岸に命令して、席を入れ替わった。

川岸は運転席に戻っても手を伸ばして被害者の乳房を触ろうとするなどの暴行を繰り返していた。そのたびに利恵は川岸を睨《にら》みつけ「嫌っ！」とか「やめろ！　触るな」と攻撃的に怒鳴りつけた。神田と堀が止めに入り、自然と宥《なだ》め役となった。

「暗証番号言っちゃいなよ。そうすれば命は保証するから」と言葉巧みに聞き出そうとする神田。

「教えてくれたら命の保証をする。嘘だったら殺しちゃうよ」と本性を現す堀。

その堀に対して利恵は毅然《きぜん》とこう言い放つ。

「好きにすればいいじゃない。殺すんなら殺せば」

男三人に車の中に監禁され、手錠をはめられ体を押さえつけられながらも少しもひるまない。懸命に生きるための手段を模索していたことだろう。

「こいつにやらせちゃうぞ」と神田はおそらく利恵がもっとも恐れていることを口にした。レイプしてシャブ漬けにしてなどと、考えられる最悪の言葉で脅迫を繰り返す。

しかし利恵は口を割らない。

エアコンを切ったままの車の中に四人。昼には35度に達した真夏の名古屋。

男たちは代わる代わる煙草を吸いに外に出る。

神田と二人になったときに利恵はこう懇願した。

「お願いです。あの運転していた、眼鏡をかけてちょっと汚い感じの人には、死んでも体を触られたりとかレイプだとかされたくないです。それだけは約束して欲しい」

「ほう」

そして利恵は目に涙を浮かべてこう続けた。

「私、彼がいるんです」

おそらくそれが利恵を支えている誇りだった。

愛する彼のために、どうしても守らなければならないものがある。利恵は心に誓っていたに違いない。そして歯を食いしばって涙をこらえた。

「わかりました」と神田は一応、そう答えたという。

神田と堀が煙草を吸いに出たとき、川岸は運転席から二列目に移動した。

川岸は「この気の強い女の鼻っ柱をへし折ってやろう」と考え、右手で手錠の鎖の部分を持ち、左手で利恵の胸を摑もうとした。

すると利恵は「触るな」と大声を張り上げ、キャーキャーと悲鳴を上げた。

それを聞いて堀と神田が慌てて戻ってきた。そして「そういうことはしないように決めているでしょう」と怒鳴りつけると、川岸は諦《あきら》めて煙草を吸いに外に出た。

その後も利恵は口を割らない。

三人には口座の預金額は四十万円と言っているが、母に家を買うために貯めてきた八百万円以上が入っているのだ。それは金額というよりも、母の家を買うという利恵の夢そのものなのだ。どうしても奪われるわけにはいかない——。利恵は唇を噛《か》みしめて脅迫に耐える。

「山下さん、包丁貸してくれ」という堀の声が車内に響いた。

運転席に座っていた川岸は、ドアポケットから西條が盗んできた包丁を取り出して堀に手渡した。堀はそれを手に持ち「しゃべらないと刺すぞ」と脅して、暗証番号を質問した。

口を真一文字にして耐える利恵。

二列目助手席後ろにいた神田がこう言う。

「この包丁は百円ショップで買った包丁だから、切れ味が悪いので、五回、六回は刺さないと死なないと思うけど、ごめんね」

「じゃあ、刺しちゃいますか」と堀が続けた。

さらに畳みかけるように神田が「このお兄さん切れたら本当に刺しちゃうぞ」と言った。

堀がとどめの脅迫。

「あと五分だけ待つから。五分で言わないと刺すよ」

そして三分、二分とカウントダウンがはじまった。

このとき利恵は何を考えていたのだろうか。

おそらく死を覚悟したに違いない。

言えば殺される。言わなくても殺される。

その絶望感や孤独感、そして恐怖感は想像を絶する。

どうすればいいのだろう。

そしてこう思ったのではないか。どうせ殺されるのなら、お母さんの家のためのお金だけは絶対に守りたい。それだけは、どうしてもどうしても渡すわけにはいかない。この命に代えても、それだけは守りたい。何もしてあげられなかったお母さんのために。そして精いっぱい頭を働かせて、でたらめな四桁《けた》の数字を考える。きっとこの数字はいつか、こいつらをあざ笑ってくれることになるだろう。そしてこの数字をどこかで知って、いつか必ず彼が読み解いてくれるはずだ。それに託すしかない。このたった四つの数字の中には利恵の必死のメッセージがこめられている。犯人たちへの恨み、それだけではない。最後まで数字を言わない、自分への誇り。貯金を守り抜いたという母への愛。必ず読み解いてくれると信じた恋人への信頼と純粋な思い。

こんな状況にありながらも利恵の心の中は清らかなままだった。

「五分経ったから早くしゃべれ」と堀が言った。

神田が「五分経ったから、二、三回刺しちゃってください」と言った。

堀が包丁を逆手に持って、刃先が利恵の太股《ふともも》に向くようにして、上下に振って突き刺す真似をした。利恵の体は可哀相なくらいにガクガクと震えだしたという。その様子を神田は後に〝マグニチュード10か〟と冷やかしたように書いている。

刺す真似をしながら堀は「もう待てねーんだよ。殺しちゃうぞ。みんな苛ついているんだよ。早くしゃべれ」と脅した。


「2960」


車の中に小さな、しかしはっきりとした利恵の声が響き渡った。

「もう一回言って」と神田。

「2960」と利恵は再び答えた。

それはおそらく利恵が完全に死を覚悟した瞬間だったろう。

「メモ、メモ」と神田は叫んだ。

川岸は慌てて携帯電話を取り、2960へと発信した。

川岸の携帯に発信記録が残されている。これを川岸は周到に発信履歴として記録した。神田も堀も後の供述で、間違った数字を記憶していた。しかし結果的に川岸の携帯に残されたこの数字が正しいものであると記録された。

二〇〇七年八月二十五日午前零時四十五分。

発信記録として残された利恵の最後のメッセージ。

磯谷利恵は間違いなくこのときまで生きていた。

数少ない生き延びる道を、懸命に模索していた。


暗証番号を聞き出すことに成功した神田と堀は煙草を吸いに外に出た。

そして二人で話し合った。

「あの数字は本物ですかねえ」と神田が聞いた。

「体中が震えて、心底怯《おび》えていましたから」と堀。

「本物ですか？」

「間違いないでしょう」

とても嘘をつけるような状況ではなかった。それは後に三人が口を揃えて言っている。

「じゃあ、どうしますか」と神田は聞いた。

「じゃあ、殺《や》っちゃいますか」と堀は煙草の煙を吐きながら答えた。

車の中では川岸と利恵の闘いが続いていた。

二人が外に煙草を吸いに出ていったのを、川岸は自分に気を利かせてくれたと思い込んだのだ。

二列目に下がり、利恵の両手首に掛けられた鎖を引き付け「やらしてよ」と迫る。

「やらせてくれたら無事に帰すから」の言葉に利恵は「やってんじゃん」と怒鳴り返した。

川岸は利恵の態度に腹を立て、手錠を左手で押さえ、右手で胸を触ろうとしたが激しい抵抗にあう。川岸はさらに利恵の服を脱がそうと、スカートのベルトのバックルを外そうとしたが、利恵に「きゃあ」と叫ばれる。川岸は利恵を黙らせるために右手で平手打ちを食らわせる、利恵は黙っていない。

「どうやって殺します？」と堀は神田に訊ねた。

「首を絞めますか」と神田。

「ロープなら車にありますよ」

「いや、腕で絞めます」

そのときまた「キャー」という悲鳴が車から聞こえてきた。通行人がいれば聞こえてしまいかねない。

「あのエロ猿が」と神田は言って、車に近づいていく。

「もうやめてくださいよ」と神田は川岸に言う。利恵の体に馬乗りのような形になっていた川岸は「すみません、すみません」と二度謝って煙草を吸いに外に出た。しかし堀が人に見られるからとたしなめ、運転席に戻るよう命令した。

神田は利恵の背後に座った。

そして自分の顔に傷がつかないように、後ろ髪を束ねていた利恵の髪留めを外した。

これからはじまろうとする惨劇の、すべての合図のように。

それからゆっくりと利恵の首に右腕を回し、柔道の裸絞め、プロレスのスリーパーホールドのような形で首を絞めだした。暴れる利恵の足を堀が押さえつけた。いつの間にか運転席に戻っていた川岸が手錠を押さえ込んだ。まったく身動きのできない状態で利恵は首を絞められ続けた。

「ぐうっ」と利恵は悲鳴を上げた。

数分経った頃、神田が手を緩めた。利恵の体の力が抜けてきて、もうすぐ失神するなと神田は考えていたが、手がしびれてどうしようもなくなったのである。

「ゲホッ、ゲホッ」と利恵は激しく咳《せ》き込んだ。

「しぶといね」と神田は言った。

川岸は黙って頷き、堀は「もうちょいでしょう」と言った。

30度を超える名古屋の夜、クーラーを止め窓を閉め切った車の中で、汗をかきうまく首が絞まらないと神田が言いだした。女の首は細くて絞めにくいとも言った。

すると堀がハンマー入れますかと聞いてきた。

「頼むよ」と神田は答えた。

利恵は意識もうろうとし、身動きもしていなかった。

その利恵に向かって堀はハンマーを左側頭部に力いっぱい打ち下ろした。血が飛び散った。その打撃の強烈さはリバティの天井に飛び散った血痕《けっこん》が物語っている。天井だけではない、もちろん堀の顔面にも飛んだ。

「殺さないって言ったじゃない」

殴打によって意識がはっきりした利恵がそうつぶやいた。

神田の首絞めによって声は掠《かす》れている。

「お願い。殺さないで。私、死にたくないの」

た。

利恵の懇願が続く。

しかし、そんな言葉を無視して堀はさらに二発、頭部にハンマーを打ち下ろす。

さらに血しぶきが飛ぶ。神田は堀が打ち下ろしやすいように、利恵の体を前方に押し出してい

た。

飛び散った血が口に入ったと思った堀が「うぇっ」と叫ぶ。体中に返り血を浴びている。

「ねえ、お願い話を聞いて」と利恵は話しかける。

「殺さないいって約束したじゃない」

「お願いします。殺さないで」

この言葉をマスコミは命乞いと書いた。

しかし、そうではなく、利恵はここでもまだ生きる道を探り、男たちを説得しようとしていたのである。自分は死ぬわけにはいかない。母を一人遺《のこ》して死んでいくわけには絶対にいかないのだ。そして自分を何年もの孤独から救い出してくれた大好きな彼のためにも。

利恵は絶望に取り囲まれていた。

しかし諦めることはしない。

どこかに希望の糸を探り続けた。

この凶漢たちに屈服しないこと。

おそらくそれも何度も心に誓っていただろう。

それは結果的に母を、できたばかりの彼を、そして何よりも自分を守ることになるだろう。

利恵は最後までそれを守り続けた。

一度たりとも取り乱しもせず、一粒の涙も流さなかった。

ハンマーで頭を叩《たた》き割られても、ただひたすらそれに耐えた。

こんな奴らに見せる涙など一粒もない。

それが利恵の誇りだった。

その誇りが、利恵をここまで強くしていた。

「くそう死なねえなあ」と神田が苛立《いらだ》った。

「ロープだ」と堀が言い、首に回した。そして堀がその端を川岸に投げ、端と端を持って思いっ切り引っ張った。しかし二人の角度が一八〇度にならないため、うまく力が入らない。

「やめろぅ」とつぶれかけた声で利恵は必死に抵抗する。

頭からの出血がひどくて、その血のせいもあってロープがぬめる。三人で色々な角度に引っ張ってみるがうまく絞まらない。

堀が顔面をガムテープでグルグル巻きにする。口を塞ぐように巻きはじめた。このときに利恵は最後の力を振り絞って「殺すなぁ」と叫んだ。それが最後の言葉となった。

「まだ息が漏れている」と堀が言い、さらに数回巻いた。

縦横合わせて二十三巻き。

その上、頭からレジ袋が被《かぶ》せられた。

さらにレジ袋の口を塞ぐようにガムテープで八周。

そのとき利恵が咳き込んだ。

「まだ生きてやがる」と言って神田がいきなりハンマーを持った。

利恵の頭にタオルを置き、それを目標に打ち下ろす。

「ボコッ」という音、「グシャッ」という音が車内に響く。

神田は狂ったように打ち続ける。

堀は返り血を浴びないようにTシャツをかざしている。

十発、二十発。

利恵はなおも崩れずに耐えている。

二十五発、三十発。

容赦なくハンマーが打ち下ろされる。頭頂部、側頭部、そしてそれはときに顔面近くにまで届いていた。神田が利恵の頭にタオルを置いたのは、その方が脳に振動がいきやすく、早く死ぬと考えたからだ。

血が飛ぶのを恐れ、Tシャツを掲げている堀が「もういいんじゃないの」と言ったが神田の殴打は続いた。

利恵はまだ生きている。

このハンマーに砕かれないもの、まるでそれを証明するかのように。男たちの狂気やどんな暴力にも奪えないもの、それを指し示すかのように。利恵は倒れない。倒れずに頑張り続ける。その勇気がさらなる神田の狂気を呼ぶ。

さらに凶行は続く。

このとき神田は笑っていた。利恵の頭にコンクリートを砕くハンマーを振り下ろしながら、笑みを浮かべていた。それを川岸はまるでサスペンスドラマを見ているような気分で眺めていたという。

やがて神田は手を止め、堀に被害者の脈を計るように指示した。

堀は試みたがうまく取れなかった。

利恵の足が痙攣《けいれん》しだした。

「そろそろだな」と神田は言った。

やがて痙攣が止まり神田が今度は脈を取った。

脈はなくなっていた。

車内に一瞬、沈黙が流れた。

「ちゃんと死んだよ。お疲れさま」と神田が言った。

他の二人は「フ〜ッ」とため息を漏らした。

それから車の外に出て三人で並んで煙草を吹かした。

遺体となった利恵は三列目に移動させられた。

堀がかついで運んだ。

三列目は川岸の生活用品などが散乱しゴミ箱のようになっていた。そこに利恵はうつ伏せでくの字の姿勢に置かれその上からタオルや荷物で隠された。神田は窓を全開にし、エアコンを18度に設定するように川岸に指示し、川岸はそれに従った。それから車内に飛び散った被害者の血を拭《ふ》いた。

金を下ろしに行こうと真っ先に口にしたのは堀だった。二人も同意し、川岸が運転席、堀と神田が二列目に座り車は駐車場を出た。

利恵から奪った六万二千円を三人で分けた。堀と神田が二万円、川岸はガソリン代として二千円多い二万二千円を受け取った。

堀が返り血を浴びて気持ち悪いので、自販機に寄って欲しいと言いだした。稲沢《いなざわ》市内の自動販売機で、堀はペットボトル入りの水を購入し、手についた血を洗い流した。

それから一宮のドン・キホーテへ向かった。

堀も神田も返り血が凄《すご》く、衣服を替える必要があった。またキャッシュマシンでの出し子の役を務める川岸は変装の必要があった。防犯カメラに映るので駐車場には駐めるなという堀の指示で、車は近くの路上に停めた。そして川岸が一人で、ドン・キホーテに入り、ジャージ二着、Tシャツ、帽子およびサングラスを購入した。

途中ガソリンスタンドで川岸が負担して三千円分のガソリンを入れている。

神田が土日はサークルKでしか中京銀行のカードが使えないと言いだしたので、サークルK小《こ》牧下小針《まきしもおばり》店に向かった。車を店から離れた場所に停め、帽子とサングラスで変装した川岸が中京銀行のキャッシュカードを使い預金引き出しを試みたが、取引時間外で失敗に終わった。

仕方ないので死体を遺棄することにした。

いくつか候補が挙がったが、堀の意見で岐阜の山中ということになった。

「そういえば掘るものがないなあ」と神田が言いだした。川岸が土建業者の物置小屋のようなものを見つけ、神田と堀がスコップを二本入手した。

瑞浪インターで下りて、県道33号線を山岡《やまおか》方面へ走行し、国道363号線に向かい、山道に入る。大きな白い橋が見えたところで、神田と堀が「ここで停めて」と指示をした。下見をした神田が戻ってきて「ここに捨てるから」と川岸に告げた。

川岸はハッチバックを開け、三列目のシートの荷物を下ろし、遺体を引っ張り出そうとしたが持ち上がらない。そこで、堀が担ぎ上げ、神田がスコップ二本を持った。そして川岸に「怪しまれるといけないから、ここから離れていろ」と指示した。川岸は車を発進させて、道の駅に向かった。

利恵の遺体はガードレールのすぐ先に遺棄された。

ゴミ同然に、とその様子を後に検察官が語っている。

深く埋められたわけではなく、投げ捨てて見えないように適当に上から土を掛けるという雑なやり方であった。投げ捨てる前に堀は素手で手錠を触っていたことに気づき、着ているシャツで丁寧に指紋を拭《ぬぐ》った。

八月二十五日午前四時四十九分。

終わったから迎えにきてくれという電話が入り、川岸は遺棄現場に戻った。

神田が携帯で最寄りの中京銀行を調べ、知立《ちりゅう》支店へ向かうことになった。その途中、神田が被害者のバッグを調べ、銀行の取引明細書を見つけた。そして口座に八百万円以上の残高があることを知った。車内に歓声が上がる。

神田は驚いて「なんでこんなに持っているんだ。やましい金ではないのか。誰かの妾《めかけ》なんじゃないか。ＯＬで八百万円はちょっと多すぎる。何かの裏金ではないか」と言った。ゲスの勘繰りである。また神田はこの金を資金にして、少しずつ引き出し覚醒剤《かくせいざい》を仕入れ、それを売買する組織を作ろうと言いだした。それぞれが、その金額に興奮していた。

中京銀行知立支店に到着したが開店前だったので路上で仮眠を取る。

午前九時十分に変装した川岸がＡＴＭに向かった。

キャッシュカードを入れて「２９６０」と押す。しかし番号は合わない。もう一度押してみたが、やはり金は引き出せない。川岸は一旦《いったん》リバティに戻り、そのことを報告したところ、神田から八百万円の残高のある貯蓄預金を指定しろと指示された。川岸は銀行に戻り、貯蓄預金の口座を指定して暗証番号を押したが、合致しない。神田に電話をかけて問い合わせると「２９４６」だったんじゃないかと言う。そこで川岸はそれを試してみたが、番号が合致することはなかった。

川岸は車に戻り、金を下ろすことに失敗したことを告げた。

しかし、まさかあの状況で嘘をつけるわけがない。命を取られてまで嘘の番号を告げるなどあり得ない、という話になり、ＵＦＪ銀行及びアプラスのカードでの引き出しを試みることになった。名古屋市南区のサークルＫ大江《おおえ》店で、変装した川岸が、ＵＦＪ銀行のカードを使用して引き出しを試みる。「2960」は不一致。そこで川岸は利恵の誕生日昭和五十一年七月二十日に目を付けて、「5172」、続けて「0720」と試してみたがいずれも失敗に終わった。アプラスのカードも結果は同じであった。

川岸は車に戻りそのことを報告する。

「仕方ない。八百万は諦めるしかないね」と神田は言った。

まさか自分の命と引き換えに、それを守り通すなどとは誰も考えていなかった。

「これじゃ意味ないから、しんどいけど今夜またやりましょう」と神田が言い出した。再度、女性を拉致して暗証番号を聞き出し、殺害することを提案した。

「夜、九時以降だったら大丈夫ですよ」と堀が賛同した。

「いいですよ」と川岸も答えた。

今度は名駅あたりでソープ嬢を狙おうという話になり、堀も反対しなかった。

神田は川岸に「山下さん、今度はレイプはしないでくださいね」と注意した。川岸は「わかりました」と答えた。

続けて堀が川岸に、殺害に関して「今度は山下さんもやってよ」と言い、神田も「ああ、そうですね、それがいいですね」と相槌を打った。

これらの言葉に対して川岸は強い不満を持った。

ずっと車を運転し続け、ガソリン代を負担してきたのは自分だ。岐阜の山の中から帰る途中、眠気と戦い自分はひたすら前だけを見て運転し続けてきたが、神田と堀の二人はグースカ寝ていやがった。知立支店に向かう途中、七時半頃に被害者の携帯電話に交際相手からメールが入った。「おはようございます。元気?」というものだった。川岸が、利恵が生きていると装うために返信することを提案したところ、神田から「お前は馬鹿か」と言い放たれた。

川岸は車でまず堀をいつもの場所で降ろした。

それから鳴海のTSUTAYAへ行き、神田と別れた。

その際、仮眠が取れる場所として有松《ありまつ》ジャンボリーを教えてもらったので、その駐車場へ移動した。そこで川岸は仮眠を取ろうとしたが、被害者殺害の場面がグルグルと頭を回って離れていかない。「殺さないで、殺さないっていったじゃない」という言葉が頭に響き渡っていた。自分の中の善と悪の気持ちが闘い、善が勝った、と川岸は後に供述しているが、ほとんどただのでまかせである。あのような状況で一人の女性を無惨に殺害した男に、どうしてその数時間後に善の心など芽生えるだろう。埋められている被害者が可哀相だと思ったとも話しているが、誰がそこに連れていったのか。

神田と別れてから三十分後、有松ジャンボリーの駐車場から、川岸は一一〇番に電話を掛ける。しかし、まともに取り合ってもらえず川岸は電話を切る。続けて一〇四番に電話をして、愛知県警本部の電話を調べ、二〇〇七年八月二十五日午後一時三十分に愛知県警に電話をした。そして緑署からパトカー二台と警官七名が派遣され、その場で拘束された。

警官が到着した際、川岸は両足をハンドルの上にあげていた。

その態度は反省などとはほど遠く、ただふて腐れているようにしか見えなかった。

自首というよりもおそらくこれは、西條を捨てたとき、または自殺志願の学生を放り出したときと同じく、川岸の気紛《きまぐ》れに過ぎないのではないか。「女が可哀相だから早く見つけてやって」と駆け付けた警官にもっともらしいことは言っているが、本音は死刑から逃れたいというだけのことなのだろう。もうひとつは神田や堀の言葉に例によって切れたということ。それが自首という行動に結び付いたのである。

緑署に連行された川岸は十五分ほどの聴取を受け、機動捜査隊に連れられて遺棄現場を案内し、川岸が遺体を発見する。

川岸の自白により神田は自宅で逮捕される。

警察の指示により川岸は「今夜は名駅なんで、頑張りましょう」と堀にメールを送る。

そして踏み込んできた機動捜査隊により交際女性の自宅で、堀も逮捕される。

堀が川岸に返したメール。

それは「了解しました」だった。

第十章

刻まれたメッセージ

磯谷富美子は正体の知れない何かと戦っていた。

電車の窓の外に広がる形にならない暗闇を見つめていた。自分が何をしてどこにいるのかさえもあやふやになってしまいそうな気分だった。

何ひとつはっきりとしたものが見えてこない状況――。

名古屋行きの電車の中で、ただ苛立《いらだ》ちや焦りばかりが募っていった。

その日は早朝から、姉の山本美穂子を交えてのゴルフ会があり御嶽山の麓《ふもと》にある長野のゴルフクラブへ来ていた。富美子はプレイ中は携帯電話を持ち歩かず、ロッカーの中に放り込んでおくことにしている。ラウンドが終わりロッカールームで着替え、皆で夕食を摂ることになった。クラブハウスの中では富美子の携帯は電波が届かなかった。夕食は庭に面したテラスにセッティングしてもらっていた。

そこの椅子に着いた瞬間のことだ。

屋外に出たことで電波が届くようになった富美子の携帯に続々とメールが入ってきた。携帯の画面がメールの着信を知らせるために音もなく次々と動いていく。

二〇〇七年八月二十五日、午後六時過ぎのことである。

メールの送り主は職場関係の人が主だった。当時富美子は派遣社員として働いていたが、その派遣元からのものもあった。内容は「課長が磯谷さんと至急連絡を取りたがっていますよ」とか「警察に電話して」というものだった。ここに連絡をということで電話番号まで書かれているものもあった。それを見た富美子は直感的に、これは新手のオレオレ詐欺ではないかと思った。

メールは届くものの、電波の状態が不安定で通話はできそうにない。五百円玉が一枚あったので、百円玉に崩して公衆電話からメールに書かれてあった番号へ電話した。

つながった先は名古屋市の千種警察署だった。

しかし相手の話すことはまったく要領を得ない。

何があったのか、と聞いてもロごもるようにして答えてくれない。一方で、何かを言われた記憶はあるのだが、それが何なのかを富美子はどうしても思い出すことができない。夢の中の出来事のように曖昧《あいまい》なのだ。何かの拍子に車で連れていかれたと言われて、供述通りに娘さんが見つかったというようなことを言われて、「誘拐ですか」と富美子が聞くと「まあそのようなものです」という回答が返ってきた気がする。あくまでも気がする、なのである。あとはとにかく早く署にきてくれの一点張りで、はっきりとしたことは何も言ってくれない。そうこうするうちに五百円分を使い果たし、電話は切れてしまった。富美子はもう小銭を持ち合わせていなかった。

自分が電話したところは本当に千種警察署なのかとまず疑った。

会社の上司が誰かに騙《だま》されて嘘の電話番号を教えられて、それが自分に伝わり、向こうはこれからの詐欺のために千種警察署を装っているだけなのでは。

電話を終えた富美子は美穂子が待つテーブルに戻った。

「お姉ちゃん、なんか変なんだけど……」と富美子は美穂子に言った。とにかく利恵に関することだとはわかっていた。交通事故に遭ったのだろうか、それとも何らかの事件に巻き込まれたのか、しかしどちらにしても大したことではないだろうと、高をくくっていた。ゴルフ場という非日常的な場所にいたせいもあるのかもしれない。

美穂子の携帯は電波が通じていた。

富美子に番号を聞いて電話を掛けた。

やはり千種警察署だった。

電話の相手は相変わらずもごもごと口ごもりはっきりしたことを言わない。

「とにかく、署にきてくれ」の一点張りだ。

「なぜ、署に行かなければならないのか」と美穂子は問い詰めた。しかし、はっきりしたことは教えてくれない。やがて美穂子は詰問調で厳しく問い詰めた。するとようやく、昨夜から未明にかけて強盗殺人事件があり、その被害者が利恵によく似ていること。犯人が自供しており、その供述通りの場所から、遺棄された女性の遺体が発見されたこと。その遺体の確認のために千種警察署に至急きてほしいということを伝えられたのだった。

名古屋市内に誰か身内はいないかと聞かれた美穂子は、夫が名古屋市内で仕事をしているので、千種警察署に行くように連絡してみると言って電話を切った。

富美子は同じ場所にいたので、美穂子の会話を何となくつなぎ合わせて聞いていた。内容がわかったようなわからないような感じで、とにかく何もかもがはっきりとしなかった。

富美子は美穂子に電話の内容を聞かなかった。

美穂子も妹に告げなかった。

ただ大変なことが起こっているみたいだから急いで名古屋へ帰ろうということになり、タクシーを呼んでもらった。名古屋までタクシーで向かう予定だったが運転手がまだ一本だけ、名古屋行きの特急電車が残っていると教えてくれた。それで急いで中央本線の木曽福島駅に向かい、午後九時発の特急電車へと乗り込んだのだ。

富美子と美穂子は同じ電車に乗りながらも意識的に離れた場所に座った。

会話をすることをお互いに恐れた結果だった。

美穂子は美穂子で先ほど警察から聞いた内容を受け入れられないでいた。犯人、供述、遺体、遺棄、確認、などの言葉がパッチワークのように頭に浮かんでは消えていったが、しかしそれをどうしても一枚のものとしてつなぎ合わせることができなかった。それが怖かった。妹に警察から聞き出したことを言う勇気が、どうしてもなかった。自分自身もやはり受け入れることも納得することもできないことばかりだったからだ。

富美子は窓の外に広がる暗闇をただ見つめていた。

得ている情報は美穂子のものより遥《はる》かに少なく、何ひとつ形にはならない。

ただ、どうしようもなく嫌な予感だけが胸の中を駆け回った。

今朝出かけるときの利恵の部屋を思い浮かべる。

布団は敷かれたままだったが誰もいなかった。

利恵は無断外泊などしたことはなかった。しかしゴルフ仲間との待ち合わせ場所に行くために、姉の車に荷物を積み込まなければならず、そのドタバタの最中で考える暇もなかった。

昨夜の十一時過ぎのことだった。

富美子は「ガタン」というはっきりした音を聞いた。利恵が帰ってきたと思い耳を澄ましていたが、その後は何もなかった。そしてもう一度。その数十分後にもう一度「ガタン」という確かな物音が聞こえた。クーラーをかけていたので閉めてあった戸を開け、座ったままで玄関の方を見る。利恵が帰宅したのであれば、玄関の入り口にかけてある暖簾《のれん》の下から足がのぞいているはずなのに、その日はそれが見えなかった。気のせいだったのだと思い戸を閉め、再び美穂子とともにテレビを見ながら利恵の帰宅を待つが、それも十二時頃までで、そのまま早朝の出発に備えて眠ってしまったのだ。

名古屋へ向かう電車の中。

富美子と美穂子の沈黙は名古屋まで続いた。もし何かを口に出してしまえば、警察から聞いたことがすべて現実になってしまう。そんなことに怯《おび》えていた。

窓の外を見つめ、暗闇に目を凝らしたが、いくら探っても形になるはっきりとしたものなど何も見つからないままだった。

電車はやがて名古屋の市街に入っていく。

名古屋駅の一つ手前、千種駅へ降り立つ富美子と美穂子。

それは信じられないほどの衝撃や慟哭《どうこく》、嵐のような日々のスタートの瞬間だった。


二〇〇七年八月二十五日午後十一時過ぎ。

千種駅でタクシーを拾い、富美子は美穂子と連れだって千種警察署に着いた。美穂子の夫がすでに着いていたが「何も教えてくれない」と怒りを顕《あら》わにしていた。千種警察の刑事に案内された部屋は取調室のようなところで、しかも美穂子とは別々の場所に通された。

刑事から机の上に運転免許証が提示された。

「今日、逮捕された犯人の一人が持っていたもので、彼らはこの免許証の持ち主を殺したと供述していますが、娘さんで間違いないですか?」

利恵のものに間違いなかった。

「はい」と富美子は答えた。

次に銀行のキャッシュカードやクレジットカードを次々と提示され、利恵のものであるかどうかを確認させられた。それらはすべて利恵のものであることに間違いはなく、富美子はそう答えた。富美子はまるで自分自身が取り調べを受けているような気持ちになった。それは当然のことながら、あまり気分のいいものではなかった。自分が疑われているのか、とさえ富美子は思った。

確かに娘の免許証に間違いない。

しかし、それを見ても富美子はピンとこない。

殺されたと言われてもピンとこない。

事件に巻き込まれたと言われてもピンとこない。

何もかもがあやふやで曖昧な、深い霧に包まれているような印象だった。頭の中は真っ白になり、刑事の声は遠くで鳴り響いているようで、自分の耳には届いてこないような感覚だった。刑事の声は軽々しく響き、人の死に対する扱いも軽く思えた。悲しさも、悔しさも、何もなかった。ただ何も聞こえない、何も届かない、何も感じない。まるで自分が感情のない人形になってしまったような気分だった。痛みすら感じただろうか……。ただ頭がふらふらした。訳もなく頭がふらふらして仕方がなかった。刑事の声がまた遠くから響き、富美子はムッとする。利恵のことに対しては神経をすべてブロックした状態のようになっていたが、刑事の声にはときどき反応した。この人、こちらが今どんな気持ちでいるのかわかっているんだろうか。そう思うと苛ついてならなかったが、もしかしたらこれも警察の手口なのかと思い、我慢して聴取に協力した。

「いつ娘に会えるんですか?」

聴取の合間に何度も聞くが、刑事はまだ遺体が千種署に運ばれてきていないからと、はっきりとしたことを言ってくれない。調書の作成が終わる頃にようやく、「先ほど到着しました」と伝えられた。それでもいつ利恵に会えるかはまだわからないという。

そもそもいったい娘の身にどういうことが起こったのか。なぜこういうことになってしまっているのか、詳しいことは何も教えてはくれなかった。

話の途中で刑事は犯人のことを「あいつら」という言い方をした。

「えっ、一人じゃないんですか？」と富美子は聞いた。

すると刑事は声に出さずにパッと指を三本立てて見せた。

三人ということらしい。

その不誠実な態度に頭に血が上ったが、富美子は辛うじて耐え、「娘はどんな状態なんですか」と聞いた。

「ご遺体の状態は相当にひどいのでそれは覚悟しておいてください」というようなことを言われた。何かで殴られ、とにかくひどい暴力を受けたようだ。

そして富美子が部屋を出ていこうとするとき刑事は言った。

「犯人は精神異常者でも少年でもありません」

その言葉の意味するところを富美子は咄嗟《とっさ》には理解できなかった。

「これは重大事件です」と刑事は絞り出すように言った。


利恵が死んだらしい。

どうやらそのことは間違いなさそうだった。

しかしそんなことを受け入れろと言われても、それは到底無理なことだった。

調書作成の途中で、心配した美穂子が部屋に入ってきて、そばに付き添ってくれた。

美穂子にも詳しい情報は伝えられていない。今日は朝からどこに行って何をしていたのかと、取り調べのような調子でいくつか質問を受け調書を取られた。美穂子もまた、まるで自分が犯人扱いをされているような印象を受けたという。二人の警察官が担当していて、一人は椅子に座り美穂子と夫に対面し、一人は背後に立っていた。調書を取り終わり刑事が一度退席した隙に、美穂子はきつい口調で若い警察官に詰問した。

「私たちは遺族なのよ。本当のことを知りたいから教えてくださいよ」

するとその警察官は困ったような顔で「なんで言っちゃいけないのかな。上はいったい何を考えているのかな」とポツリと漏らしたという。遺族に真相を伏せておくようにという指令が上層部から発動されていたようである。

中日新聞の記者によると、マスコミにこの事件の第一報が流れたのが二十五日の午後のことで、それは警察からの公式のものではなかったという。つまりどこかから漏れたのだ。そして事件の衝撃性もあり、あっという間にマスコミ関係者に広まり、警察署や利恵の自宅などが報道陣に取り囲まれることになった。警察が遺族たちに真相を告げることを躊躇《ためら》ったのは、もしかしたら自分たちが後手に回ってしまっているという意識があったのかもしれない。情報が漏れていかないよう神経が過敏になり、そんな意識が変な形で富美子たち遺族に働いてしまったのだろう。

警察署を出ようとしたとき、美穂子がマスコミ関係者から声を掛けられた。千種警察署には事件を嗅《か》ぎつけた新聞記者らがすでに大勢詰めかけていた。

「何の用で警察にいらしたんですか？」

美穂子は立ち止まった。そして逆に質問をした。

「何があったんですか？」

するとは「明日の朝刊を見ればわかります」と言った。

警察官がきて表玄関はマスコミが大勢詰めかけているからと、裏口へと誘導された。美穂子の夫の車に乗り、今朝ゴルフ仲間と待ち合わせた場所へ向かう。そこに駐車していた美穂子の車に二人で乗り換え富美子の自宅へ向かうと、団地の周りは数え切れないほどの黒塗りの車に取り囲まれている。マスコミの取材である。その異様な光景が、利恵に降りかかったことの重大さを、そのまま伝えているように思えて富美子は胸が苦しくなった。富美子は美穂子の家へ向かうことにした。もちろん美穂子には、こんな状態の妹を一人にしておくなど考えられないことであった。

そしてこのタイミングで富美子の携帯電話に刑事からの連絡が入る。

「明日の朝、午前六時頃には」

利恵との対面の時間がようやく伝えられたのだ。

美穂子の目にはこのときの妹が、やはり壊れかけた人形のように見えた。湧き出てくる感情をまるで自ら遮っているかのように、色々なことをわざと自分に届かないようにしているように見えた。人間は本当に酷《ひど》いことに直面すると、このようにして自分を防御するしかないのかもしれないと思い、またそんな事態の真っただ中にいる妹が不憫《ふびん》でならなかった。

自分にできることはただひとつ。

一緒に居て、寄り添ってやるしかない。

二〇〇七年八月二十五日土曜日。この夜の春里町および自由ヶ丘の周辺は異様な興奮状態に包まれていた。富美子の自宅の団地前の道路には、駐《と》められるだけの車が数珠《じゅず》つなぎのように駐車されていた。テレビ局の中継車も数台あり、いつでも実況中継ができるような態勢が取られていた。団地の中では午前二時近くになっても、報道陣の聞き込みが続けられたという。とにかく近所のドアをノックし反応があれば「磯谷利恵さんを知っていますか？」と聞いて回るのである。

もしも自分が一緒でなかったら、と美穂子は思う。

警察署を出て、富美子は一人であのまっただ中へ帰っていかなければならなかった。

取り囲む彼らは何らかの情報を握り、取り囲まれる母親はほとんど何も知らされていない。常識的に考えれば千種警察署は富美子をパトカーで自宅まで送り届け、周りにいるマスコミに退去するように働きかけるものではないのだろうか。娘を失った遺族への、せめてもの憐憫《れんびん》のようなものすら一切見せない警察の態度には驚くほかなかった。

その夜美穂子の家に着いたときには午前二時を回っていた。

それからどのように過ごしていたのかは富美子には記憶がない。おそらく娘のことを思い、まんじりともせずに過ごしていたのだろう。万が一の生存の可能性にすがっていたのかもしれない。

早朝に千種警察署から連絡が入った。

午前六時と約束した対面の時間を午前十一時にしてほしいということであった。

了承するほかなかった。

午前七時過ぎに美穂子と連れだって近所の喫茶店へと向かった。「朝刊を見ればわかる」という記者の言葉を思い出したからである。

八月二十六日は日曜日ということもあり、モーニング文化の発達した名古屋市の喫茶店は早朝から大賑《にぎ》わいで、新聞を入手するにもしばらく待たなければならなかった。やがて富美子は日本経済新聞を手にすることができた。大急ぎで社会面を繰った。そして記事を発見した。

〝「女性拉致し殺害」と通報　岐阜の山林で遺体発見　3容疑者逮捕へ

二十五日午後一時三十分ごろ、愛知県警本部に男(40)から「昨夜、仲間二人と女性を拉致し、現金を奪って殺害した後、岐阜県内に遺体を埋めた」と通報があった。県警は男の供述通り、三十歳ぐらいの女性の遺体を発見した。県警はすでに通報者の男の共犯とみられる仲間の男二人の身柄を確保しており、容疑が固まり次第、三人を死体遺棄容疑で逮捕する方針。県警は動機や殺害などについても男らを追及する。

調べによると、男ら三人は二十五日未明ごろ、名古屋市千種区内の路上で歩いていた女性を男らの車に拉致し、車内で七万円を奪った。その後、愛知県愛西市内の駐車場に車を止めて、車中でたたくなどして殺したという。

調べに対し、男らは「顔を見られたため、殺した」「死刑になるのが怖くて警察に通報した」などと供述しているという。

県警は男の供述に基づき、岐阜県瑞浪市稲津町小里の山林を捜索。二十五日午後七時十分ごろ、下半身に土がかぶせられ、ガムテープが顔にはられた女性の遺体が見つかった。県警は女性の身元の確認を急いでいる。男と女性は面識がなかったという。

通報者の男は今月二十五日午後、名古屋市緑区内で発見された。男の携帯電話から犯行に関与したとみられるいずれも三十歳代の男二人を割り出した。県警は男三人から事情を聴いている。三人は携帯電話のサイトで知り合ったという。

現場は中央自動車道瑞浪インタチェンジから南東約二キロで、周囲にはゴルフ場などがある。

二〇〇七年八月二十六日　日本経済新聞　朝刊　社会面〟

これが八月二十六日の朝刊の記事。富美子はどのような気持ちで読んだのだろう。

千種区内の路上で拉致された女性、三十歳くらいの女性の遺体、身元の確認を急いでいる。それらの記述は自分の娘のことを指しているだろうことはほぼ間違いなかった。つづけて、朝日新聞、読売新聞、中日新聞などにも目を通したが、いずれの社会面にも同様の記事が大きく掲載されていた。三十歳近くの女性が名古屋市千種区の路上で拉致され、愛西市に連れ去られて殺害された。犯人は三人組でその中の一人が自供し、その供述通りに岐阜の山林の中で遺体が見つかった。そしていずれも身元は確認中とのことである。

不思議だなあと富美子は思う。

あんなに多くの報道陣の車が我が家を取り囲んでいたのだから、とっくに身元は割れているはずだ。警察は娘の免許証まで押収しているのだ。

それからすぐにゾッとした。

身元確認中の意味に気づいたからである。

つまり、私がまだ本人と確認していないからなのではないだろうか。

新聞記事を富美子はある程度信じるしかなかった。おそらくそこに書かれてあることが、一昨夜から昨日にかけて、娘に降りかかった過酷な現実であることに間違いはなさそうだ。もちろんそれを簡単に受け入れることなどできはしないが、しかし現実というものが確実にそちらの方へ傾きつつあることは認めざるを得なかった。

肯定するしかないいくつかのこと。

たとえば一昨日の夜から、利恵からは一本の電話もメールすらも入っていない。

そして利恵の携帯はずっと音信不通のままなのだ。

それは二人で暮らしていて、かつて一度もなく、またあり得ないことであった。

その沈黙の意味すること。

名古屋市の朝の喫茶店。混み合う店の中で朝刊を入手し、それを開く。そんな風にして富美子ははじめて事件の概要を知り、そして被害者とされる女性が自分の愛娘《まなむすめ》・利恵にほぼ間違いないであろうことを確信したのである。しかし自分が何かを理解し、たとえ何かを解明しようとも、何も変わらないものがある。

それは利恵の沈黙だった。

警察から与えられた不確かで細切れの情報よりも、喫茶店で読む新聞記事よりも、なによりも富美子の胸に響いてくる確かな危機感。

利恵から何ひとつ連絡がない。

その時間はすでに丸一日を大きく超えていた。


二〇〇七年八月二十六日午前十一時過ぎ。

「準備が整った」との報を受け、富美子は美穂子と連れだって千種警察署へ向かった。

案内された部屋は駐車場のすぐ脇の一階の部屋だった。

コンクリートむき出しの倉庫のような物置のような、殺風景な部屋だった。蛍光灯の灯《あか》りがやたらに眩《まぶ》しく思えた。八畳ほどの広さの部屋で段ボールのような大きな荷物があちこちに雑然と置かれてあった。そんな部屋の片隅に一台のストレッチャーが置かれ、何かがブルーシートに包まれていた。係員に手招きをされ、富美子はヨロヨロとそこに近づいていった。ストレッチャーの横に富美子が入ってしまえば、もう美穂子が入るスペースはない。だからその様子を美穂子は少し離れた場所から見ているしかなかった。テレビドラマに出てくるような祭壇があって線香がたかれていて、その前に遺体が安置されているというイメージとはかけ離れている。数多くの荷物同然にただ置かれているという状況である。

富美子は変わり果てた利恵と対面した。

何の説明もいらない。

そこに横たわっているのは間違いない。自分が産み育ててきたただ一人の娘、利恵だった。

「間違いありません。娘です」

富美子の硬い声が響き、そして部屋は静まり返った。

しばらくの静寂を破り、富美子の声が聞こえた。

「利恵ちゃん、利恵ちゃん」

富美子は利恵を抱きすくめようとしたが、すぐにそれを躊躇った。

利恵は顔中にひどい傷を負っていて、もし抱きしめれば娘が痛がるのではないかと考えたのだ。体は全身がブルーシートに包まれ、顔だけがシートから出されていた。

「利恵ちゃん……利恵ちゃん……」

母の悲しみの声が部屋に響き渡る。

利恵の受けた傷はそれはひどいものだった。顔中が青あざだらけになっている。特に側頭部の傷はひどいらしく何重にもガーゼがあてられていた。

顔には何ヶ所か擦《こす》ったような傷が残っていた。あとで落ち着いたときに思ったのだが、手錠を掛けられていた手で抵抗するときに自分で傷つけたのか、川岸に頬を殴られたときに傷ついたのだろう。顔自体の傷は酷くはなかったが、青あざだらけで、パンパンに腫《は》れていた。

「利恵ちゃん、お母さんが来たからもう大丈夫よ」

そう富美子は話しかける。

「もう怖くないよ。利恵ちゃん、安心してね」

静かに痛くないようにそっと、富美子は利恵の顔面にできた傷をひとつひとつ指先でなぞり続けた。左目の目の周りや、頬にまで、ハンマーが打ち下ろされた痕《あと》がある。

「こんなところまで殴られて」

母の声が響く。

「痛かったね……」

もちろん娘は何も答えない。

「痛かったね。可哀相に……」

富美子は頭では利恵はもう亡くなっているのだとわかっていても、まだ生きていると思って対面することしかできなかった。利恵の顔面は腫れや青あざ、内出血などが多くあり、髪の毛も大量の出血によってバリバリになっていた。ブルーシートの下はおそらく裸なのだろう。ここからすぐに病院に運ばれ、解剖される。だから一階の駐車場脇の物置のような部屋に一時的に置かれているのだ。

ごめんね、利恵ちゃん。助けてあげられなくて。

母娘の様子を見ていた美穂子は心の中でそう叫んでいた。

あの夜、自分は車で富美子の家に泊まりにきていた。利恵の帰りが遅かったのだから電話を一本かければよかった。それで本山駅で待ち合わせて車で拾ってくれればよかったのだ。そのことを美穂子はどのくらい悔やんだだろう。

最後に富美子は利恵に頬ずりをした。

そしてその冷たさに驚いた。

その冷たさこそが富美子にとっての死の確信であった。

ゾッとするような冷たさ。

目の前の利恵が、すでに利恵ではない別のものになっている。その現実をいやというほど突き付けられ富美子はその場で泣き崩れた。

いつまでも利恵の遺体に泣きすがる富美子を美穂子が引き離した。

このままでは妹が倒れてしまうのではないかと心配になったのだ。

それほどの激しい悲しみが小さな富美子の体を貫いていた。手を引かれ遺体から離れた富美子はまるで意思をなくしたかのように、心が空っぽになってしまっていた。まるで無意識のようにふらふらと歩きはじめる。その様子をまるで人形のようだったと美穂子は語った。

発見されたとき、利恵は顔面に何重にもガムテープを巻かれ、その上から半透明なレジ袋を被《かぶ》せられ、首の部分をガムテープで巻かれていた。そしてレジ袋の上からまたガムテープでグルグル巻きにされていた。手には手錠がはめられたまま。そんな状態で遺棄されていたのだ。遺体発見から、富美子の確認に至るまで、警察は警察で大変な作業があった。まずはレジ袋に巻かれたテープを剝《は》がしていかなければならない。そして首に巻かれたテープを剝がし、レジ袋をはずし、次に顔に横方向、縦方向に二十三周もグルグル巻きにされたテープを丁寧に剝がしていく。一回り剝がすたびに、その状況を証拠として撮影していく。髪の毛の部分を剝がすときなど、大変な作業だったことだろう。富美子との午前六時の対面時間が、午前十一時に遅れた理由は主にそのあたりにあるようだ。

そして八月二十六日正午のNHKニュースでついに被害者の名前が公表された。名古屋市千種区在住のOLが、千種区在住の三十歳近くのOLとなり、やがて千種区在住の三十一歳のOLとなった。そしてこのニュースではじめて、千種区在住の三十一歳のOL、磯谷利恵と公表されることとなった。それはまるで狂騒状態ともいえる報道合戦のスタートの合図のようでもあった。

二〇〇七年八月二十六日午後四時半。

磯谷利恵は父を亡くした後、三歳から三十一歳までを過ごした名古屋市千種区春里町の市営住宅へと戻ってきた。凶漢たちによる人間とは思えない暴行の果ての、変わり果てた姿であった。

しかし富美子にはいつまでも茫然《ぼうぜん》と悲しみに暮れていることは許されなかった。

娘が司法解剖を済ませ、帰宅するまでに、葬儀の準備を進めなくてはならない。

夫がいれば警察でのもろもろの手続きや、葬儀の手配などをある程度は分担できただろうが、富美子は基本的に自分一人でやらなければならない。部屋を整理して利恵を迎え入れなければならない。自分の喪服等の準備もある。殆《ほとん》どすべてが未経験のことばかりである。しかも自宅の周りは常にマスコミの黒塗りの車が取り囲んでいる。何をどうすればいいのか、富美子は途方に暮れ、しかしそれは利恵のための自分に与えられた試練だと心に刻んで、ひとつひとつを乗り越えていくしかないと心に誓った。娘をつつがなく送り出してやることが、今の自分にとっての最大の役目なのだ。

葬儀業者と連絡が取れた。埼玉の兄が飛んできてくれ、姉夫婦とともに葬儀場に向かう。

小学校時代、利恵の母親役を担っていた祖母のシヅは、ちょうど十年前、一九九七年八月二十六日に七十九歳で亡くなっていた。奇しくも利恵と一日違いの命日である。

それからは加速度的に事が運んでいった。仮通夜、通夜、告別式の日時や段取り。斎場や火葬場の予約。遺体の引き取りに関する警察との折衝から、マスコミ対策まで葬儀業者が対応してくれた。葬儀に関することなど何も知らない富美子にとって、それは力強い手助けとなった。

解剖後、葬儀業者の手筈《てはず》により、棺に納められた利恵は白装束をまとっていた。

利恵が久しぶりに家に帰ったその日。

美穂子の日記が残されている。

〝利恵がやっと帰ってきた。お帰りなさい。湯灌《ゆかん》の後、最後の化粧をしてあげる。少しでも、生前の姿に戻してあげたかった。残虐な傷跡。白魚のような自慢の手が。痛かったね、苦しかったね、怖かったね。

傷ついた頭部を白綿で覆い、花嫁の綿帽子のように。

ひつぎに眠る利恵の姿、無念でならない、悔しい。〟

湯灌を終えた利恵は、自室に横たわっていた。

富美子と美穂子によって死化粧が施されていった。

たった二日前の、明るく溌剌《はつらつ》とした、幸せに満ちた利恵の姿を蘇《よみがえ》らせてやりたかった。真っ青な内出血の痕が残る頰や目の周りにファンデーションをまぶしていく。

少しずつ、少しずつ。

富美子の目には涙が溢《あふ》れ、震えが止まらない。

「利恵ちゃん……利恵ちゃん」ともうどのくらい呼びかけたことだろうか。

娘の遺体に化粧をする。

母にとってこんな悲しみがあるだろうか。

それでも富美子は悲しみに耐え、頰や眉毛《まゆげ》を丁寧に修復していった。

ひとつひとつの傷痕は利恵が体に刻み、そのことによって伝える富美子へのメッセージなのだ。

それを見逃すまいと富美子は思った。

利恵は戦った。

とても勝ち目のない戦いを。

やがて男三人の暴力と圧倒的な体力差に逃げ場さえも失っていく。

勝てないとわかっていても決して諦《あきら》めない。

精いっぱいの反抗をする。

それが、利恵のその意志が、左手首の青あざとなって残されている。

最後の抵抗。

左腕にできた激しい傷は語っている。

私は生きたいのだ。

それが富美子には聞こえる。体に残した傷痕で利恵は自分への最後のメッセージを伝えようとしている。言葉はもう届かない。手紙も電話もメールもできない。でもこうして、自分の体に傷を残すことで母に伝えることができるかもしれないと利恵は考えたのではないだろうか。母ならばきっとその意味を汲《く》み取ってくれる。

富美子は静かに利恵の手首を指でなぞった。

そこには利恵の生きることへの強い意志が残されていた。

いわばバーコードのようなものだ。自分は感知する。

利恵は生きたいと願っている。

そして、母を一人にするわけにはいかないと、どうしてもそれだけは駄目なのだと。

お母さんを置いていくわけにはいかない。

そのために戦っている。

青く腫れ上がった手首から、その声が聞こえてくる。

「お母さん、お母さん、お母さん……」

ぎりぎりの状況で利恵は戦った。

手錠をはめられ首を絞められ、男たちに押さえつけられ、無情のハンマーを四十回も打ち下ろされ、顔中にガムテープを巻かれ、レジ袋を頭から被せられ、そんな状況の中でも懸命に利恵は戦った。その戦いの意志が左手首に青あざとなって刻まれている。

利恵は最後にはこの手首を引きちぎってでも、脱出のチャンスを窺《うかが》っていたのだろう。

罠《わな》にかかった獣がそうするように。

そんな、常識では考えられないような傷痕……。

母を一人にするわけにはいかないという強い意志。

両手の指も浅黒く腫れ上がっていた。

父親に似て白魚のようだった指先。

その指を見るたびに富美子は、この娘はきっと幸せなお嫁さんになるだろうなと予感していた。

その自慢の美しい指先も、抵抗によって内出血し腫れ上がっている。

「頑張ったね」と富美子は優しく慰めてやる。

「本当に、よく頑張った」

両腕にできた傷がそれを富美子に伝えてくる。

わかるよ、利恵ちゃん。

本当によく頑張った。

生前の利恵に少しでも近づけてやりたい。せめてもの手向けに。

最後に薄くて愛らしかった唇に、愛用のちょっと赤い口紅を塗った。

まるで生気が戻ったように見えた。

「お母さん」と言っていつもの悪戯《いたずら》っ子のような笑顔を浮かべるのではないかと、ハッとした思いで富美子は利恵を見た。

しかし何も変わることはない。

利恵の瞼《まぶた》はもう永遠に開くことはないのだ。

それが母と娘に与えられた、逃れようのない現実だった。

利恵は死に囚《とら》われていた。

富美子がいくら悲しみ嘆いたところで、その淵《ふち》から利恵を抱き起こすことは二度とできなかった。


八月二十八日、利恵の通夜が執り行われた。

事件は大きなニュースになり、斎場はマスコミに取り囲まれた。しかし、地下鉄の駅から直結していることで混乱は緩和された。友人たちはみな地下鉄駅から直行するため、マスコミの取材攻勢から逃げることができた。葬儀社の提案で、式がはじまる前に報道陣を式場に入れて撮影の許可を出した。そのため、通夜も告別式も想像していたよりも落ち着いた状況の中で執り行うことができた。

式場での富美子は憔悴《しょうすい》しきり、とても見ていられるような様子ではなかった。

ただ俯き、娘を失った悲しみに耐えていた。

足元さえおぼつかなかった。それでも必死に歩き、弔問客に頭を下げた。

葬儀には知らない顔も大勢いた。

もちろん高校時代の友人たちもいた。

二十五日は生物部の友人たちと昼食会の予定があった。しかしその場に利恵は現れない。その数日前に利恵は深い緑色のちょっとシックなワンピースを買い、めずらしく気に入ったようで富美子に自慢気に見せていた。

「いいでしょ、これ。そんなに高くなかったの。二十五日にみんなで会うときに着ていくんだ」

瞳《ひとみ》を輝かせてそんな話をした。

それがわずか数日前のことだ。

二十二日にはコスミで碁を打ち夜遅くまで飲み、常連客の車で送られて帰ってきた。

二十三日は長電話をしながらインターネットで碁を打っていた。相手は瀧である。

その翌日は有給休暇を消化するため、午前中は休みで午後からの出勤だった。

朝から仕事に出る富美子は、利恵の部屋にあるハンカチやスカーフを入れてある簞笥《たんす》を開けにいった。いつも通りのことだ。富美子が部屋に入ってもまったく身じろぎもせずに利恵は熟睡していた。だから起こさないようにそっとハンカチを取り部屋を出た。

熟睡する娘。

まさかそれが母が見る最後の姿になるとは思ってもみなかった。

富美子は小さな声で「行ってきます」と言って部屋を出た。

その日、富美子が勤務する会社のビルで、アパレルメーカーのバーゲンセールがあった。富美子は利恵の洋服を三着まとめ買いした。どうしてだろう。今考えると不思議に思う。なんだかとても似合うように思えたのだ。その服を畳んで利恵の部屋に置いておいた。利恵が喜んでファッションショーみたいに着てくれる姿を思い浮かべた。そんなことを想像すると、自分の娘のことなのに訳もなく胸がときめいてならない。愛《いと》しい娘。愛する利恵。
この時期、利恵も利恵で母親への思いが募っていく。
その心の風景がミクシィの日記に描写されている。

〝2007年8月6日　19：04
CURRY　NIGHT
ひっさびさに夕飯作りました。
何しろ休暇中の身なので、食事の支度ぐらいはするのです。ウフフ♪
まぁ……超手抜きのゴロゴロ夏野菜カレーなんですが。
具材はじゃが芋・人参・玉葱・茄子・オクラのみの、ベジタリアンカレー。
隠し味にハバネロ極上辛味噌が入っています。
良い感じに辛味と旨味がプラスされました。

それにしても……我が家で米を炊いたのいつぶりだ!?
夕飯食べない娘のせいで、母上殿には米にありつけないという不憫な食生活を強いています。折角新米買ってきたのに、既にお味は古米に。

まぁ、それでも米は米なので、母の今日の喜び様ッたら。

あんだけ喜んで食べてくれると、よっしゃ次もがんばるで～♪って気分になりますね。母が一番私のヤル気を出してくれる試食者ですな。愛してるわ。〟

猛暑が続いた二〇〇七年の夏の日。

利恵は母と食べるために夏野菜をふんだんに使ったカレーを作った。

少し辛いと母が言うと娘はカレーにミルクを入れて辛みを緩和してくれた。

父を失い逃れるようにこの街に来て二十九年。

幼稚園も小学校も中学校も、高校も大学も、そして就職してからも、そのすべての日々を母と娘はこの部屋で暮らしてきた。甘えたり怒られたり、逃げ回ったり捕まえられたり、富美子と利恵は自由に誇り高くこの場所で過ごしてきた。大学を辞める、漫画の勉強をしたい。お互いの希望がずれて大変な思いもしてきた。しかし、その試練をすべて乗り越え、母と娘はお互いに幸せなただひとつの方向へ進もうとしていた。女手ひとつで自分を育ててくれた母。利恵は決してそんなことに気づかないような娘ではなかった。ただその思いに至るまでにある程度の時間が必要だったのだ。この時期、囲碁を通して利恵には瀧という恋人ができている。そのつながりが確かなものになればなるほど、もしかしたら利恵は母との別れがそう遠くないことを意識しはじめていたのかもしれない。まるで最後の甘える時期が来たかのように、利恵は富美子に甘える。子猫が母猫にじゃれるように、絡みつき甘えてみせる。

〃2007年8月11日　11：04
おめでとう。
母よ、お誕生日おめでとう。

この一言から始まった我が家の一日。
今更歳とっておめでとう♪って言われても、
すこ～しも嬉しくはないだろうけど。

とりあえず夜までは通常通り掃除&洗濯な家事三昧になる予感。

夜は……外食はナシの方向でお祝い？料理（きっといつもの夕飯とかわらないw）に腕をふるいます。

やっとチリワインの出番だーーーー♪

だって……出かける支度も出かけるのも、この猛暑じゃやる気にならん。


ううーむ。

今月は何だかんだで囲碁会にまだ1度しか顔を出せていません。

折角遠方よりのゲスト満載なイベント続きのKOSUMIなのにね。

連休明け1回目に顔を出せるか否か……ビッミョ～

12：50現在、お掃除第1ラウンド終了。。。暑さで半分以上死滅状態。このクソ暑い中掃除してる我が家って、アホじゃないか？

チョット休憩して第2ラウンドに突入です。

夕飯作る気力残るかなー!?

あ、その前に昼ご飯どーするんだ……食欲皆無。〟


富美子の誕生日に朝から掃除に洗濯にとフル回転している様子が綴《つづ》られている。午前中も掃除をして午後からも小休止の後掃除。それからお祝い用の料理を作ろうという。母の誕生日を精いっぱい祝ってあげようとする姿が何とも微笑ましい。

まるで恋する人を待つかのように利恵は腕を振るった。

しかし母の誕生日は思わぬ結末を迎える。

〝2007年8月11日　20：48
振られた。。。
ガーン。ガーン。ガーン!!

母が飲み友達に誘われてどっか行った……
クゥ。
うーむ。この私のヤル気をどうしてくれるぅぅ〜。
そんなこんなで、自棄《やけ》酒です。
ワイン一人で飲み干してやるぅぅぅぅ。〃

利恵は朝から掃除、洗濯、料理とフル回転で頑張ったのだが肝心の母親が帰ってこなかった。しかし利恵の溢れるような母への愛情がストレートに伝わってくる。三十年のときを経て、母と娘がまるでひとつになっていくような姿が感じ取れる。

通夜の席で、美穂子には気になる男がいた。
実は遺族には通夜の時点でも、警察から詳しい情報は知らされていなかった。もちろん式場を警護してくれているわけでもない。そんなこともあって、富美子や美穂子の頭の中に真っ先に浮かんだのは警戒感だった。姪《めい》を惨殺された直後ということもあって、人間に対する、特に男に対する警戒心が知らず知らずのうちに強まっていた。三人は捕まったというがもしかしたらそれ以外の仲間が、ここに来て様子を窺っているかもしれない。美穂子は式場のエレベーターの前を四人組の男が笑いながら歩いていたというだけで、恐怖感を抱いた。通夜の席にいる男性はほとんどが見ず知らずの人ばかりで、緊張が高まっていた。そんなギリギリの気持ちの中、とにかく明日までは倒れるわけにはいかない、頑張らないと、と美穂子は富美子を何度も励ました。

通夜が終わり人が散っていった。

しかしその後も男は椅子に座り、ただ茫然と祭壇を眺めている。

変な男がいる。怪しい。

美穂子は警戒しながら男を監視していた。

しかしやがて男は何も言わずに帰っていった。

翌日、告別式。

斎場は前夜同様マスコミの車に取り囲まれた。中継車もいる。

式場の中でどうしても目を引くのは富美子の悄然《しょうぜん》とした姿だった。常に俯き加減で、誰とも目を合わせることもなく、小さな体はますます痩《や》せ細って見えた。悲しみに打ち震えるように、手を強く握りしめ体を硬くしている。すでに涙は涸《か》れ果てていたかもしれない。

式が終わり、最後のお別れの準備をしているとき。

男が富美子に近づいてきた。

昨日の通夜の席の男だった。

富美子は男の顔を見た。案外優しい顔をしており、目には涙が溢れていた。

友達かなと富美子は思った。

「はじめまして瀧真語と申します」と男は緊張した口調で自己紹介した。

「利恵さんの……」

その先の言葉が詰まってなかなか口に出せない。

「利恵さんの恋人です。お付き合いさせてもらっていました」

泣きじゃくるように瀧は言った。

富美子は茫然とした。

彼氏ができたなんて話は聞いたことがなかった。

「これを棺に入れてあげてくれないでしょうか」

瀧は一本の扇子を手渡した。

「利恵さんとのデートのときには必ず、これを持っていました。二人の趣味の、囲碁の棋士の扇子です。二人の象徴みたいなものです。今は一人になっちゃったけれど、これを入れてくれれば、少しでもそばに僕がいると感じてもらえれば。寂しさを少しでも紛らわせてもらえれば」

富美子は了承した。

青年の真っすぐな物言いを信じた。

〝邪無思〟

そう綴られた扇子は利恵も大好きなものだった。

瀧の扇子は二十五日に利恵が着ていく予定だったワンピースなどとともに、棺に納められた。

利恵の遺体はやがて花で埋め尽くされていった。

白装束に綿帽子のような、傷を隠す綿。

会場は嗚咽《おえつ》に包まれた。

「利恵ちゃん……」と誰かが叫ぶ。

「ごめんね、ごめんね。利恵ちゃん」

富美子にも最後のときがきた。


またいつか、どこかで会おうね。

利恵ちゃん。

きっとね……。


そう心の中で叫んだ。

棺に釘《くぎ》が打たれる。

乾いた音が響く。

利恵は多くの友達や親戚《しんせき》に取り囲まれ送り出された。

学生時代からの大勢の女友達が声を張り上げて泣いている。

「利恵……利恵……利恵」

富美子が位牌《いはい》を持ち、美穂子が遺影を抱えた。

生物部の仲間が火葬場まで付き添ってくれた。

大きなクラクションとともに、報道陣をかき分けるように磯谷利恵を乗せた霊柩車《れいきゅうしゃ》は火葬場へと向かっていった。

第十一章

反撃

二〇〇七年の夏。

どうしようもなく暑苦しい夏。

この世界のほとんどの人々は、熱波に覆われるその夏を乗り越えていった。名古屋も猛暑に襲われていた。最高気温35度を軽く超える日々。太陽に照らされたアスファルトは陽炎《かげろう》のようにゆらめいていた。小学校の周りに生える逞《たくま》しい雑草ですらしおれて見えた。天空からギラギラと光り続ける太陽はコンクリートに囲まれた街を熱し続けた。その熱が逃げていく場所すらも見失っている。

そんな夏を磯谷利恵もまた生きていた。

その夏を乗り越えた多くの人間たちとは違い、利恵はその夏を乗り越えることができなかった。

二〇〇七年の夏、それは利恵にとっての最後の夏である。

八月二十四日の夜に利恵は拉致《らち》され車の中で惨殺される。

利恵にはその八月のうちに成し遂げておきたいささやかな目標があった。

八月二十五日には天白高校生物部のメンバーと会い昼食の予定。夕方には恋人の瀧真語と待ち合わせて鱧《はも》料理を食べに行く予定があった。二十六日には美容院で髪を切るつもりだった。本山駅の近くにある美容院で、美容師の腕やセンス以上に、毛の長い可愛らしい犬がいることを利恵は何よりも気に入っていた。そして月内にはリクルート用のスーツを買う予定だった。新しい仕事先を見つけるために必要だったのである。時間があれば、名古屋大学の学食で瀧とともにカレーライスを食べる約束もあった。ささやかではあるが、そのどれもが光り輝くような一粒一粒の夢であったことは間違いない。

しかし利恵はそれらのどれひとつとして叶《かな》えることができなかった。

それが彼女に突如降りかかった逃れようのない暴力という現実だった。

二〇〇七年八月二十九日に告別式を終えてから、磯谷富美子は姉と二人で香典返しの手配に追われていた。葬儀に出席してくれた娘の関係者の多くは、富美子が知らない人々だった。そのため、香典袋に会社名だけしか書いていない人や住所を書いていない人を、利恵の派遣元に確認しながら手配をしなければならなかった。毎晩遅くまで作業に追われた。

夢も希望も愛も未来も、すべてが一晩のうちに奪われてしまった。

確かなものなどほとんど何もなかった。

利恵がいない。

静まり返った部屋の中で、いつも利恵が眠っていた畳を眺め、その虚《うつ》ろさに寒気がした。それでも相変わらず実感は湧いてこない。取り返しのつかないことが起こってしまったという気持ちにもなれない。夕方にはドアが開き、ごそごそと買い物の荷物を抱えながら利恵が帰ってくるように思えてならなかった。

「お母さん、ただいま」

自分たちの日常の中にあった、あまりにも当たり前のその一言。

その日常を奪われるという苦しみ。富美子の日々はそれとの戦いともいえた。残された者には苦しみしか残らない。富美子も被害者家族になってみてはじめてわかったことだ。社会はその苦しみに必ずしも多くの理解を示さない。おそらくほとんどの者にはそのような経験がないからなのだろう。

悲しみにはじっと耐える。どんなに辛《つら》くても……。

それがまるで当たり前のように受け止められている、社会がある。それが美学であるかのように。

殺害の一報を流し、通夜から告別式。

報道は過熱の一途を辿《たど》っていく。

事件の衝撃の波紋が日本中に広がっていった。

団地の周りは常に新聞記者らの報道陣が取り囲んでいた。もちろんその誰もが性質《たち》の悪い人たちとは限らないが、しかし放っておいてほしいという、被害者遺族の考えを理解してくれることはなかった。

そんな中、富美子はマスコミ向けにはじめてのメッセージを出した。警察に「マスコミがつきまとわないようにしてもらえないか」と相談したところ、「お母さんのコメントをもらうまでは難しいでしょう。文章にして私に渡してくれれば、私の方からマスコミに渡します」と言われたことに応じて書いたものだった。

〝マスコミの皆様へ

今の偽らざる気持ちをお伝えいたします。

なぜ利恵が……

その時の娘の恐怖と痛みと苦しみを思うとき居たたまれない気持ちで一杯になります。

お母さん助けて、助けて！　と叫んでいたに違いありません。

あと少しで我が家にたどり着けたのに、と思うと本当に残念でなりません。

同時に行き場のない悔しさ、無念と、犯人たちに対する憤りで胸が張り裂けそうです。

何の落ち度も、関係もない娘に対し、あれほどの異常な行為を行った人間の存在を、私は認めることは出来ません。

絶対に、絶対に、許しません。

私と亡き娘の気持ちをどうか酌んでいただき、ご理解とご協力を賜りますよう、お願いいたします。

平成十九年八月二十八日　磯谷富美子〃

便箋《びんせん》二枚にすべて直筆で書かれていた。

「絶対に、絶対に」の部分は文字が大きくなっている。娘を失った悲しみや驚きもさることながら、富美子の中に流れる責任感や意志の強さを感じさせる文章である。殺したままで済むと思うな。早くもそう宣戦を布告している。泣き寝入りなどするものか。

もちろん食事は喉《のど》を通らず、体力は衰え体は痩せ細っていった。やがてあのあまりにも残虐な殺害状況のことも富美子の耳に入るようになってきた。

「殺さないで」

「お願い、話を聞いて」

新聞各紙は利恵が最後の最後に発したその言葉を伝え、命乞《いのちご》いと報道した。その命乞いという言葉がまた富美子を苦しめると同時に、殺されるまでの二時間の中に何か危ういものを感じざるを得なかった。そのことは娘を失った母にとっての新たな重荷となった。

殺害に至るまでの状況。

それを正確に知ることは富美子にとって恐怖でしかなかった。

利恵がどのような命乞いをしたというのか。

しかしその内容を正確に知らせるマスコミはひとつもなかった。

富美子には忘れられない写真があった。

事件の状況写真は百枚近くも見せられた。ガムテープでグルグル巻きにされ、それを剝《は》がしたあとの傷だらけの娘の顔もあった。

その中の一枚。

利恵の足が写されていた。

ストッキングは何カ所か破れていたが、足は美しいままで傷ひとつなかった。

ただしその夜に履いていた銀色のサンダル。それが両方とも足からはずれ、足首のところで辛うじて紐《ひも》で結ばれてぶら下がっていた。富美子はその写真が頭に刻まれ、どうしても忘れることができなくなった。写真を思い出すたびに、きちんと利恵の足に履かせてやりたいと、何度思ったことだろうか。と、同時に何ともいえない嫌な予感が体中を覆う。娘はどんなに悔しい思いをしたのだろう。足首にぶら下がるサンダルはその象徴のように思えてならなかった。

姉の美穂子が毎日、付き添ってくれた。週一、二回の割合で数時間自宅に戻るくらいで、あとはずっと富美子と一緒にいてくれた。

食事のときには利恵が日々の様子を綴《つづ》ったミクシィの日記を読んでくれた。これは利恵の恋人だった瀧がプリントアウトして、通夜の前に早水を介して渡してくれたものだ。そこにはコスミの囲碁仲間たちとの楽しい日々の様子が、面白おかしく活写されている。利恵の生前の楽しい日々の様子が伝わってきて、富美子は随分と救われた。姉が日記を読み、妹が涙を流しながらそれを聞く。そんな日々が続いた。

ある日美穂子が読み上げた日記があった。

勤め先の部長が急死した。そのことについて触れている。

〃2007年5月24日　19：10

突然の別れ

本日一三時七分……グループ会社のM部長が急逝されました。

第一報を受けたとき、正直ピンときませんでした。

「へ？」……って、多分変な反応してたと思います。

だって……数日前まで事務所で元気にお話ししていましたもの。。。〃

利恵はこの部長や支店長から可愛がられていたようで、もう一人の女子事務員を交えて定期的に食事に連れていってもらっていた。上司というよりも飲み友達のような関係だったとも書いている。翌月にも一緒に飲む予定があったという。そんな部長の突然の死に唖然《あぜん》とした様子が綴られている。

〃……もう、二度と一緒に食事をすることはできません。

話をすることはできません。

予想外の喪失感。私、結構好きだったんだなぁ……。

いまだに半分信じられなくて、明日はまたほんわかした笑顔が見られるんじゃないかなんて。。。あまりに急な出来事に、ショックが大きすぎて頭が真っ白です。

「死」というものに最近敏感になっていましたが、身近なそれは……思った以上にダメージ受けますね。〟

〝人と人の繋がりって、普通に明日も明後日も変わらず続くと無意識に信じてしまっていますが、今回みたいなことがあると思い知らされます。

どうして明日もまた、無邪気に会えると信じているのでしょう。

もっと身の周りの人との関係を大事にしていかないとなって思いました。

今この時が最後になるかもしれないですよね。。。〟

このM部長の死に対する利恵の書き込みは、まるで三ヶ月後の自分の運命を予期し暗示しているように読めてならない。

これに対してミクシィのコスミのメンバーから次々と優しい励ましの声が届く。

それに対する利恵の返答。

〝皆さん、ご心配おかけしました。ペコリ。

悲しむよりも、楽しかった思い出を大事にして、
いつまでも忘れないでいようと思えるぐらいには、心が落ち着いてきました。〟

美穂子が読むこの文章を聞いたとき。

富美子の胸に雷に打たれたような衝撃が走った。

これは遺言なのだ。

間違いない。娘が私に向けた遺書なのだ。

「悲しむよりも、楽しかった思い出を大事にして」。利恵の書いたその一言一言が、富美子の胸に突き刺さった。

「お母さん、悲しんでばかりいないで。

楽しかった思い出を大事にして。元気に生きてね」

富美子には利恵のその声が聞こえた。柔らかな優しい声。

自分を励ましてくれている利恵。

そのことが嫌というほどわかった。

この言葉を心に刻み込んで生きていこう。

そう決心し富美子は声も出さずに泣いた。

これまでに二度ほど、急に悲しみが押し寄せて来て、止まらない嗚咽《おえつ》に胸が苦しくなったことがあった。一度は、取材の最中、飾ってある人形と娘とのかかわりを話しているときだった。こ

のときは、取材の人が途中で打ち切って帰ることとなった。もう一度は、自宅に検事たちが訪れ、事件の内容を話したときだった。嗚咽が止まらずに席を立ち、娘の部屋でこらえるように泣いた。

自分が泣いたり悲しんだりすることが利恵をもっとも苦しめるだろうことはわかっていた。しかしどんなに理屈でわかったとしても、涙を止めることなどできようはずもなかった。

富美子にとって悲しみに沈み込むような日々がはじまった。

二十九年にわたって利恵と暮らした部屋は、どこを見ても思い出そのものだった。娘との生活がそこら中に溢《あふ》れていた。コンピュータを中心とした部屋はそのままだったし、囲碁盤もあり、ベランダには熱帯魚の水槽や鳥籠《とりかご》が置かれてあった。利恵が履いていた玄関の靴もそのままだった。片づけると利恵がここに帰ってこられないような気がした。すべてがそのままに残り、利恵だけがいなかった。利恵との時間は止まってしまったが、利恵の死をどうしても受け入れることができなかった。利恵は自分の心の中で生き続けていると無理やり考えることもあった。しかし二度と顔を見ることも話をすることもできない。それがどれほどに辛く、悲しいことか。

それからこう思った。

利恵は殺された。

そして、私も殺されたのだ。

娘の命乞いの言葉や、殺害後の写真、変わり果てた利恵の姿を思い出すと、胸が張り裂けそうになるほど苦しくなった。そんなときは一人で大声を上げて泣いた。そしてそのときだけは、一人でよかったな……と思うのである。

孤独だけがある意味の助けとなる。人に気をつかわずに泣くことができるからだ。

まさに地獄のような日々。

何の救いもなく、何の希望もなかった。

ただ海のように自分の周りを果てしない悲しみが取り囲んでいた。そしてどこに向かって泳ぎ出したとしても、どこにもたどり着ける気はしなかった。

そんな富美子を美穂子は必死で救おうとした。

美穂子は長女として妹たちの面倒を見るようにと母親から徹底的に教え込まれていた。学校や近所でいじめられていたら必ず助けてあげなさい。誰かに怒られるようなことがあったら怒り返してやりなさい。とにかく妹たちを守るように。その躾《しつけ》がまだ体の中に生きていた。小学生の頃、怖がる富美子のために離れにあるトイレまで付いていった姉。今もそのときと同じことをしているのだ。

富美子の家に同居し、食欲のない彼女に少しでも食べさせようと食事の仕度をしてくれた。

そして時間が許す限り、利恵の書き残したミクシィの日記を読んでやった。そのときだけは富美子の瞳《ひとみ》に微《かす》かな光が灯《とも》るような気がした。二人は何日も何日も同じことを繰り返した。

そんな日々の中でも、救いはあった。

警察署に証拠の確認のために出向いたときだった。部屋には長机が並べてあり、その上に、当時利恵が所持していた品々が並べられていた。百数十点あった。確認後、捜査の指揮をとっていると思われる刑事が富美子に伝えた。

「利恵さん、強姦《ごうかん》はされていません。あくまで未遂です」

それは富美子が知りたくても、怖くてどうしても聞けなかったことだ。

「着衣の乱れは一切ありません。まったく心配はいりません。利恵さんは頑張りました」

この言葉が富美子にとってどれくらい嬉《うれ》しかったか、救いとなったかわからない。

命乞いというマスコミの使う言葉に、何か嫌なものを感じていた富美子だったが、その心配が晴れていった。脱げた銀のサンダルも何の暗示でもなかった。

利恵は頑張った。最後まで守り抜いたのだ

そんなとき、ある一通の手紙が流れを変えた。

事件を知ったという見知らぬ人からの手紙で、宛名の住所も大雑把なものだったが郵便配達員が届けてくれた。そこに書かれてあったことに富美子は衝撃を受けた。日本の法律では過去の例からしても一人を殺しただけでは死刑になりませんというものだった。

富美子は、あんな惨《むご》い方法で殺害したのだから当然、三人とも死刑と思い込み、何の疑問の余地もなかった。娘の命は命で償ってもらうしかない。しかし、司法の観点からするとそうではないというのである。見知らぬ誰かが親切心から忠告してくれたのである。

九月十二日のことである。

富美子と同じ棟の三階に住む棟長が焼香しに訪れた。そして手紙の内容とまったく同じことを話しはじめた。自分が署名活動をするから、その許可をして欲しいというのである。弁護士に相談して書式もきちんと整える。

「何の署名ですか？」と富美子が念のために聞くと「死刑嘆願です」と棟長は答えた。

その言葉は富美子の中で具体的なイメージとして膨れ上がった。

早速、美穂子が知人の弁護士に話したところ、「死刑を求める署名活動というのは聞いたことがない。犯罪被害者の自助グループを紹介してあげるから、署名活動はやめた方が良いのではないか」と言われた。

それでも起訴のときに必要になるのではという思いがあり、富美子たちは署名活動に取り掛かった。起訴の期日が迫っていたため、棟長の弁護士相談を待たずにはじめることにした。

富美子は迷っていた。しかし美穂子が「やりましょうよ」と背中を押してくれた。

その言葉を聞いた瞬間、利恵の仇《かたき》を討たなければと心の奥底で叫ぶ声が聞こえた。利恵が遭ったのと同じ目を犯人たちに味わわせなければならない。私がやらなくて、どうするの？

富美子の中で何かが目を覚ました。

娘の悔しさを、私が晴らしてやる。

それには三人を死刑に追い込むしかない。

これは私にとっての戦いなのだ。

富美子は奮い立った。小さな体の中にある辛うじて残された精神力の欠片《かけら》をかき集めて、立ち上がった。あの半年以上も引きこもっていた利恵が立ち上がったときのように。

九月十三日は美穂子にはスキー仲間との食事会の予定が入っていた。美穂子は欠席したが、友人がその席に嘆願書を持っていってくれるという話になった。全員が協力してくれることは間違いない。運動に追い風を吹かせてくれることだろう。初動としては絶好の場といえる。

その九月十三日。

思わぬことが起こった。

感動とともにその瞬間を美穂子は目撃した。

富美子が笑ったのである。

利恵の死以来、二十日近くにもわたり笑顔はおろか表情らしい表情も失い、真っ白のマネキンのように強張《こわば》っていた富美子が笑顔を浮かべた。スキー仲間に署名をお願いできるという吉報を得たからだろう。

妹の笑顔を見て、姉は涙する。

美穂子の手帳にはこう書き込まれている。

〝利恵ちゃん、利恵ちゃん。
今日、お母さん、笑ったよ。
はじめて、笑ったよ。〟

何かの目標を持つこと。

最愛の娘、利恵の無念を晴らす。

そのことで富美子は立ち上がった。たった一人の何の経験も法的知識もないただの女性に過ぎないことはわかっていた。しかし、だからといって怖気《おじけ》づくことも怯《ひる》むこともない。名前も顔も隠すことはない。富美子にはもう何も恐れることはなかった。娘を失った以上、もう自分が失うものなど何もない。ただ娘の無念を晴らす。三人の男を死刑台に送り込むための闘士となる決心をした。

それからの日々は驚くほど忙しいものとなった。

四十九日までは会社に休みを申し入れていたが、取材と署名活動に追われ、富美子は悲しむ暇もなかった。テレビ、新聞、週刊誌、どのマスコミの取材にも積極的に協力した。運動を広め、一人でも多くの署名を集めたい。目標は当てずっぽうで三万人と設定した。組織もない素人軍団にとって、それは到底達成できそうにない数字だった。

利恵はミクシィの日記にこんな言葉も残している。

〝人間ってやっぱり一人では生きられません。
自分が意識していないところでも、
きっといっぱい色んな人のお世話になっているんでしょうね。〟

本当にその言葉通りなのだと富美子は目を瞠《みは》る。

富美子にとって期待も予想もしていなかった援軍が次々と集まってきてくれた。

もちろん姉の美穂子やその家族。利恵の恋人、瀧真語。そして何よりも力になったのは全国から続々と集まってくる署名、その手紙の中に添えられている見知らぬ人からの励ましや応援の言葉、そしてホームページを通して送られてくる同様のメールであった。それがどのくらい富美子にとって力になったことだろう。その言葉のひとつひとつが枯れ果てた富美子の生きる力を充電してくれているようだった。富美子は顔も知らない人たちの優しさや思いやりによって、再び生きる力を与えられたのだ。自分は一人じゃない。利恵の言う通り、こんなにも多くの人に囲まれ見守られているのだ。

調書は検察庁に出向いて取った。検事たちは熱く正直に富美子に相対し、親身になって話を聴いてくれた。警察の聴取とはまるで違っていた。利恵がどう生まれ、どう育ち、どのようなことを愛し、何を夢見ていたか。利恵の人生を紐解くようにひとつひとつのことを、根気よく丁寧に書き留めていく。それは富美子にとって聴取というよりも、まるでカウンセリングを受けているような気持ちにさえさせるものだった。

もう一人、利恵に深くつながっている人物がいる。瀧真語である。

利恵の葬式を終えた瀧は、コスミに向かった。そしてただ茫然《ぼうぜん》としていた。

「みんな何となくわかっていましたよ」

泣く気力もない瀧に、マスターの篠田が声を掛ける。利恵と付き合っていたことは、葬儀の前にweb上で明かしていた。何も考えることができなかった。

ミクシィのなるぅの日記から

〝2007年8月24日　11:28

本日も半休。午前休ね。

昨日何時に寝落ちしたかイマイチ謎だけど、今日は10時半過ぎまで寝ていた。。。

寝すぎッ

昨日は会社にお誕生日を祝ってもらう会でした。

いい大人が10人も集まって名目だけとはいえ、お誕生会……サムイ

東桜の「むさし」という焼き鳥屋？に連れていかれましたが、値段の割にはすごいボリュームでございました。

生ビール1杯、赤ワイン4杯。飲酒量はこの位。。。

ごちそうさまでした。ペコリ

ハッ!!イカンイカン。

会社行く準備をそろそろ始めないと、午後の業務に遅刻する……〟

結果的にこれが利恵が残した最後の日記となった。八月二十四日、拉致される日の午前十一時二十八分に書き残したもので、この熟睡していた姿を富美子が目撃したことになる。この後の利恵に降りかかる運命を思うと、もちろんのこととはいえ何も予期していない明るいトーンの日記の言葉が痛々しい。

これに対してミクシィ仲間が応答。

〝8月24日　11：48

朝寝は脳のリズムが乱れるので、長く寝た効果は少ないと私も聞いたことがあります。気を取り直していってらっしゃーい。〟

〝8月24日　12：21

祝って貰えるのは、それでも嬉しいですね。そんな名目で集まってもらいたいものだわ。〟

〝8月24日　22：25

こちらは祝ってもらえないですよ～。祝ってもらえるだけでいいかと。

朝寝はよくやります。気持ちいいですよね～。〟

〝8月24日　23：39

睡眠をいっぱいとって。

一晩で復活できました。風邪。9時間も寝ました（笑）〟

最後のレスはコスミの篠田マスターからのもの。しかしその時間には利恵はすでに三人組に拉致されリバティの中で手錠を掛けられていたのである。この言葉が届くはずもない。そして面白おかしいやりとりが延々と続いていた「なるぅの日記」へのコメントも様相が一変する。

〝8月26日　22：02
どうか……やすらかに〟
〝8月26日　23：30
どうぞ安らかに……〟
〝8月27日　01：34
ご冥福をお祈りします。〟
〝8月27日　11：55
マイミクになってくれてありがとう。
楽しい思い出をありがとう。
ご冥福をお祈りいたします。〟
〝8月27日　12：19
ご冥福をお祈りいたします。〟

利恵への多くの言葉が並び、そして最後の一通でそれは途絶える。そしてその一通をもってコスミのメンバーを相手に、三ヶ月以上も続き、大人気を博した「なるぅの日記」は突然の終了となってしまったのである。

瀧だけではない。

利恵を失った悲しみはコスミの客にとって誰もが同じだった。コスミは一ヶ月にわたり、囲碁のイベントを中止した。ショックと悲しみで、とても囲碁を打つ気分になれず、閉店のような状態が続いた。常連客同士が顔を合わせれば、どうしても利恵を思い出してしまう。それに耐えられなかったのだろう。


瀧は利恵を失った悲しみに耐えることができず、やがて何も食べることができなくなり、水ばかりを飲んで過ごすようになった。当然、その結果、体重は激減し痩せ衰えていった。

毎日のように、明け方に利恵の夢を見た。

「勉強、頑張ってる?」

ハッとして目を覚ます。

しかし、そこに利恵はいない。あまりにもリアルな声の響きに、本当にそこに立っているのじゃないかと目をこする。

「利恵……利恵」と思わず声を出してしまうこともあった。

しかし利恵はいない。

やがて襲ってくる体を引き裂かれるような喪失感。ただそれに耐えるしかない。ただ何もせず耐えているしかない。利恵と打った最後の碁のことを思い出す。それは五子局の自分が白番で十九手で打ち掛けとなっていた。その頃の利恵の成長は著しいものがあり、序盤も伸び伸びと打ってくる。一手一手に真剣に囲碁に取り組んでいる者にしか打てないものを感じ、瀧は心底から嬉しかった。五子置きとはいえ気は抜けないぞと瀧は気を引き締めた。その局面のことを瀧は思い浮かべた。利恵はあの局面で、どんな手を打ってくるつもりだったのだろう。その先もどんな構想で打ち進めていくつもりだったのだろう。

それが知りたい。

それを聞いてみたいと思った。

二〇〇七年の夏の名古屋の残暑は厳しく、九月に入っても真夏のような日々が続いた。そんな名古屋を、瀧は食事もろくにせずにまるで亡者のように歩き回っていた。利恵と待ち合わせた中日ビルやそのほかの場所。利恵と行ったレストラン、居酒屋、ビアホール、デートした公園。しかし、どこにも最愛の恋人の姿を見つけることはできなかった。どんなにつらい朝でも、大学院だけには通った。博士号を取ること。それは利恵と交わした二人でもっとも大切な約束だったからである。

後述する街頭での署名活動の後、瀧は磯谷家に頻繁に出入りするようになる。瀧が富美子と連絡を取るようになったのは、ニュースで署名活動がはじまったことを知って、立ち上げられていた利恵のホームページにメールを送ったのがきっかけだった。署名活動をはじめ、瀧は様々な手伝いをするようになっていった。

自分は名古屋大学の大学院で数学博士を目指していること。

利恵とは囲碁カフェ、コスミで出会ったこと。

二ヶ月前に二人で交際の宣誓をしたこと。

利恵さんが自分の最愛の人であること。

誰にでも言えそうで、しかし誰にも言えなかったことを、胸のつかえをすべて取り払うように富美子に話していった。利恵が自分のことをどんな風に考え、将来どういう風にしていこうと思っていたかなども話した。そしていつも決まって「私はあなたと出会えて幸せです」と言ってくれたことや、「私より先に死なないでね」と言っていたことなどを話した。

富美子は思い出したように瀧の歳を聞いた。

大学院生というのだから利恵より若いのだろう。

瀧は「二十六歳です」と答えた。

富美子は言葉を失った。

二十六歳と三十一歳。それは富美子が夫を亡くしたときの自分と夫の年齢とまったく一緒だったからだ。夫の亡くなった年齢と同じ歳で利恵が死んでいった不条理を嘆いていたが、そのときの自分と同じ年齢だという娘の恋人が現れたのである。

もう三十年近くが過ぎていた。

しかし目の前にいる悄然《しょうぜん》とした青年の姿を見ていると、富美子の中に間違いなく蘇《よみがえ》ってくるものがあった。それは五歳年上の最愛の人を、二十六歳で失ってしまうという途方に暮れるような感情だった。この青年もまた、あのときの自分と同じような感情の中にいるのだと思うと、富美子には放っておくことなどできなかった。

富美子と瀧。

まったく見知らなかった二人は、しかし強い線でつながっていた。

利恵への愛。

そして、それを失った悲しみ。

二人は利恵の思い出話を、際限なく語り合った。たとえば亡くなる数日前には、富美子のことを「天真爛漫《らんまん》で子供のような人」と語っていた。瀧とのデートの間には母のことを語ることが多かった。お金を貯めて母のためにいつか家を買ってあげたいということも話していた。

そんなことが瀧の口から直接富美子に伝えられた。

娘が何を思い生きていたか。

瀧はまるでそれを代弁するために利恵が遣わしてくれた使者のように思えた。自分が聞いたことも見たこともない利恵の姿が次々と瀧の言葉によって明らかにされていった。そのすべては立派に成長してくれた娘の姿で、富美子には歓びしかなかった。利恵が自分のことをこんなに思っていてくれたのだと、そのことに気づいてやれなかったことを申し訳なく思うしかなかった。

二〇〇七年九月二十七日。

富美子たちは署名活動を開始した。この日、富美子はホームページに送られてくるメールの処理に追われていたため、街頭での活動は姉の美穂子に任せていた。ちなみに富美子がはじめて街頭に立ったのは、二〇〇七年十二月八日、三越名古屋栄店前である。

名古屋駅、ナナちゃん人形のすぐ前。

そこで娘の命を奪われた母の代わりに伯母《おば》の美穂子が、犯人たちの死刑嘆願の署名活動を行った。前述したように美穂子の知り合いの弁護士はそのようなことは前例がないのでやめた方がいいとアドバイスをしたが、もはや富美子たちにそれを受け入れる余地はまったくなかった。

利恵の四十九日を待たなかった。

その理由は三人の起訴が迫っており、その起訴のときに必要だと思ったからである。

反響は悪くなかった。

多くの人が足を止め、そしてそのほとんどの人が署名してくれた。頑張ってねと励ましてくれた。事件の傷痕《きずあと》はまだ生々しく、名古屋市民の脳裏に刻まれていた。しかし帰宅した美穂子に聞いて富美子が驚いたのは、事件を知っている人が約半分、後の半分の人はこの署名活動によりはじめて知ったということだった。同じ千種区に住む女子中学生なども事件を知らなかったという事実にも驚いた。それを知っただけでも、街頭に立ったことに意味があると富美子は考えた。こうすることで、この事件を知らずにいた多くの人たちに訴えることができる。

街頭に立ち署名を訴える美穂子の姿は、テレビでも報道された。

その影響力は絶大で署名の数は膨れ上がっていった。

惨殺された娘の死を思い、少しでも娘の死を無駄にしないために立ち上がった母、そしてそれを支える姉の姿が日本中の共感を得た結果であった。

ホームページは二十二日に立ち上げていた。

街頭での署名活動の初日を終えた段階で、郵送で届いていたものも合わせて一万二千二百二十四名の署名が集まった。署名活動の場には瀧の姿もあった。瀧は運営の手助けもした。

ホームページには直接サインすることはできない。署名用紙をダウンロードしプリントアウトしてもらい、そこにサインをして送ってもらう必要があった。コンピュータ上のサインではどこの誰かがはっきりとせず、証拠として弱いという検事の助言があったからだ。またホームページは見るがプリンターを持っていないという人も多く、その場合は磯谷家に直接、署名用紙の要望をメールか葉書かで送ってもらうしかなかった。富美子はその対応に追われた。メールを見ては住所を書き出し、その宛先に署名用紙を送る。一日で二百件を超えることもある、重労働だった。警察のアドバイスで署名の送付先を千種郵便局にしていたため、活動開始から一年ほどの間は、毎日のように届いた署名を郵便局に受け取りに通わなければならなかった。それもほとんどは美穂子が担当してくれた。住所がある程度まで公開されていたため、見ず知らずの人がいきなりドアをノックし、署名用紙をお願いしますと言ってきたこともあった。

十月一日には十万人を超えた。

十月八日は十二万一千二百八十九名という数字が残っている。

富美子は手ごたえを感じていた。これほど多くの人が厳しい刑を望み、後押ししてくれている。

四十九日を終えた十月半ばには仕事に戻った。美穂子や会社の友人が毎日、車で送り迎えをしてくれた。仕事を終えて自宅に戻れば、大量のメールや手紙の処理が待ち受けていた。それをすべて終えるのが午前二時、三時。六時半には起きて出社の支度をしなければならない。しかしこの忙しさが、逆に富美子を立ち直らせていった。悲しんだり、悔んだり、そんな暇がないのである。そして全国からの反響は富美子にとっての大きな励ましとなり頼りとなっていた。娘を惨殺した三人に死刑を望む。命を奪ったものはせめて命で償ってほしい。その富美子のわかりやすい訴えにこれほどの人たちが賛同してくれている。

十一月十四日にはついに二十万人を超えた。

そして最終的に署名は三十三万二千八百六名にまで膨れ上がった。何の組織もないただの素人が集めた署名としては奇跡的な数字と言っていいのではないだろうか。夜もろくに眠らずに、ただ利恵の悔しさを晴らすために街頭に立ち頭を下げ続ける、そんな姿が呼んだ反響といえた。

三十三万人の署名。

段ボール何箱分にもなったそれを、富美子は検察庁に提出する。裁判所で受け取り拒否をされたら、署名してくれた方々の思いを届けることができないと思ったからだ。署名は何回かに分けて渡した。

しかし結果として証拠として採用されることはなかった。採用されないであろうことは検事から説明を受けていたので富美子に大きな落胆はなかった。ただ、それだけの数が集まった、世論が大きく動いたという事実が重要なのだ。署名を収めた段ボール箱は証拠とされなかったものの、それを写した写真は裁判の証拠となった。このときの写真は最初に提出したときのもので、約十五万人分のものだった。これも検事たちの考えによるものだった。

富美子に落胆はなかった。

むしろ胸を張りたい気持ちだった。

まるで娘と自分が、三十三万人の兵隊に囲まれ守られている。

そんな気分だった。

それはどれほどの数だろう。想像もつかない。とにかくその人たちが、自分たちを守ってくれているのだ。

だから戦うしかない。

富美子は思った。

自分を支えてくれるこんなに多くの人たちの厚意のためにも。

迷うことはない。

三人を死刑台に送る。

「絶対に許しません」

まるで闘士のように富美子は立ち上がった。

二〇〇七年八月三十一日。

瀧真語は千種警察署から事情聴取を受けた。警察からはどこにでも行きますのでと言われたが、自分から警察署へ向かった。それがもっとも面倒でなかったからである。

その約半月後には、検察庁から呼び出しを受けた。

情状証人としてである。

聴取は三日間に及んだ。九月十七日と二十四、二十五日。瀧は毎日、検察庁へ出向いた。聞かれることは、どこでどのように出会い、どんな風に付き合っていたか。被害者は母親のことを、どのように言っていたか。二人はどんな暮らしをしていたか。あのような事件に巻き込まれてしまうような要素はあったか。そんな質問が三日間にわたって続けられた。瀧は質疑に素直に応じた。隠すことなど何もなかったし、自分の証言が、利恵にとって少しでも何かの足しになればという気持ちだった。検察側としては普段の磯谷利恵像を丹念に積み重ね、幸せの絶頂を迎えようとしていた女性が、何の落ち度もないにもかかわらずまったく見ず知らずの男たちによって惨殺される、その残酷さを裁判官に訴えようという作戦だった。それには恋人として亡くなる直前まで付き合っていた瀧の証言は必要不可欠のものであった。

三日間に及ぶ集中的な聴取が終わる。

その最後の日は瀧の二十七歳の誕生日だった。

瀧にはどうしても気になることがあった。

少し迷ってはいたが、駄目でもともとという気持ちで検事に聞いてみた。

利恵が犯人たちに伝えた贋《にせ》の暗証番号である。

検事は一瞬「えっ?」という顔をして、部屋を出て調べに行ってくれた。「どうしてそんなことを聞くんだい？」ということだろう。そんな番号は誰一人気になどしていなかったからである。

検事は部屋に戻り瀧に伝えた。

「2960です」

瀧は机を見つめ、考えた。

それは利恵が自分に伝えた最後のメッセージだ。

最後の問題だ。

すぐに答えは出なかった。ただ、何らかの意味がこめられていることは確信していた。

慎重に、十分近く考えただろうか。瀧は答えを導き出した。


「に・く・む・わ」


「えっ？」と検事が叫んだ。

「憎むわ。それが答えでしょう」

その言葉を聞いて検事は部屋を飛び出していった。終えていた調書に書き加えるためだろうか。

三人の凶漢たちに取り囲まれ、散々な脅迫を受け刃物を突き付けられ。

犯行に及んだ堀ですらとてもあの状況で嘘などつけるはずはないと言ったその場面で……。

最後に告げた利恵の暗証番号は暗号であった。

おそらく誰もが見過ごすに違いない。しかし彼ならば。彼ならばきっと解き明かしてくれるはずだ。自分の今の気持ちを。たった四つの数字にしか表すことのできない今の気持ちを……。

あの極限状態の中で利恵はその数字を探っていたのである。

暗証番号を言わなければ殺す。

五分間のカウントダウンの中であった。

堀に刃物を突き付けられ、体はガクガクと震えていた。「百円ショップで買った包丁だから五、六回刺さないと死なないな」と脅され太ももに突き付けられていた。おそらく自分はもう生きて帰れないと利恵は覚悟を決めた。自分にできることは母のための貯金を守ること。そして今の状況を何とかして恋人に伝えること。

「2960」

それを発したときが、利恵が死を覚悟した瞬間だったろう。

聴取がすべて終わったときに瀧はそれを尋ね、そしてその場で解き明かした。おそらく瀧が聞かなければその数字は何の意味もなくどこかへ消え去っていったことだろう。そんなことを気にする人は誰もいなかったからだ。

ぎりぎりのところで利恵の思いは通じた。

瀧は利恵の最後の無念の思いを知らせてやることができた、その責任を果たせたことに安堵《あんど》し胸を撫《な》で下ろした。

川岸健治という世にも珍妙な悪党。

カードを奪い暗証番号を聞き出し、被害者を殺害した。そして岐阜の山中に遺棄した。

ＡＴＭの前に立ち、はやる気持ちを抑えて川岸は数字を叩《たた》きはじめた。

「憎むわ」

「憎むわ」

「憎むわ」

それが自分へのメッセージであり、復讐《ふくしゅう》の言葉であることに気づくはずもなかった。

第十二章

閉ざされた夏

利恵を失ってから瞬く間に日々は過ぎていった。

四十九日を終え、職場に復帰した富美子は、働きながら署名活動を続けていた。

二〇〇七年九月十四日に名古屋地検が死体遺棄罪で三人を起訴。続く十月四日には川岸が強盗殺人、営利目的略取、逮捕監禁、強盗強姦《ごうかん》未遂罪で、神田と堀が強盗殺人、営利目的略取、逮捕監禁罪で追起訴された。

十月二十三日には富美子が三被告に極刑を求める約十五万人分の署名を名古屋地検に提出している。この署名は最終的に三十三万人を超えることになる。十一月十四日に名古屋地裁が本事件に公判前整理手続きが適用されることを決定した。公判前整理手続きとは裁判を迅速化させることを目的に、裁判官、検察官、弁護人が予《あらかじ》め協議の場を設け争点や証拠を開示して審理計画を立てていくという、裁判の準備作業である。被告人の参加も許される。

十一月二十日には名古屋地裁で第四の男、西條に、窃盗未遂および強盗予備などの罪で懲役二年、執行猶予三年の判決が下された。

そして年の瀬の押し迫る十二月二十七日にいよいよ第一回の公判前整理手続きが行われる。続く第二回は年の明けた三月十一日。

この内容が富美子のもとにもたらされることはなく、被害者家族は事件の協議からは疎外されることになる。そのため協議が終わるたびに弁護士と共に検察庁に出向き、その内容を検事に教えてもらうことになった。こんな調子で協議は第八回まで続き、終了日は事件から一年以上も過ぎた二〇〇八年九月二十二日となった。

事件直後は過熱状態で、劇場型ともいえるようなマスコミの取材は、三ヶ月を過ぎても沈静化することはなかった。

娘がいない孤独。

いつまでたっても裁判がはじまらない不満。

事件が風化していくような不安。

富美子は日々、そのような感情と必死に闘っていた。被害者の苦しみは事件によってもたらされるのはもちろんだが、しかしそれ以降も様々な形で降りかかってくるのだということを富美子は当事者となってはじめて痛感した。娘を失うという痛恨事に巻き込まれるまでは、考えたこともなかった。しかしこのような事件とはまったく無関係と思っていた人生が、ある日突然、暴風の中に放り込まれてしまったのだ。

利恵を失って半年が過ぎても、朝、出かけるときには無意識で「行ってきます」と声を出す自分がいる。帰ったときには「ただいま」と言っている。それは利恵と暮らして二十九年も、毎日続けてきたことだから、今更止めることはできなかった。

ただこの生活の中から消えた言葉がある。それは「お帰りなさい」。

その言葉を掛けられることも、また掛けることもなくなった。これからの自分はどこからも返事のない「ただいま」を言い続けなくてはならないのだ。そこにあるのは「お帰りなさい」という言葉のない生活——。

空っぽの利恵の部屋を見て「あれっ」と声を出すこともあった。

富美子は咄嗟《とっさ》に思う。

「あれっ、今日利恵ちゃん会社だったたっけ？」

本当に普通にそう思うのだ。

そしてしばらく考える。

「友達と旅行に行ったんだっけ？」

「京都に行くって言っていたっけ？」

目の前には空っぽの畳の部屋。

「ああ、そうか……。利恵はもういないのか」

そのことに気づく。そして体を引き裂かれるような喪失感に襲われる。利恵の死から、それは何度も何度も繰り返してきたことだ。理屈ではわかっていても、体が利恵の死を理解できずにいる。触れ合った皮膚の感触の鮮明さが、利恵の死を自分に納得させない。利恵の死を自分の体にわからせること。そのためには体に残る娘の記憶を、無理やり引きはがしていくしかない。利恵の記憶を引きはがすこと。それは自分が死んでいくことと等しかった。

ポツンと一人残された部屋で。

へこたれたように座り込み、富美子はその苦しみに耐えた。

自分だけは生き残らなければならない。

そうやって歯を食いしばった。

それが利恵のためにただひとつできることなのだ。自分の幸福を願ってくれた娘のために、利恵の生きた証《あかし》を消し去らないためにも、自分は何としても生き残らなければならない。

二〇〇八年の三月が過ぎてやっと二度目の公判前手続きの協議が行われたと知らされた。十二月以来三ヶ月ぶりということで、何度開く予定なのかと聞いてもわからないという返答だった。もし八回開いたとして三ヶ月に一度のペースならそれだけで二年かかってしまうではないか。

少しでも早く裁判を開始してほしい。

富美子にできるのは検事にそう頼むことだけだった。

マスコミ関係者が犯罪被害者の自助グループの代表者と引き合わせてくれ、その人が名古屋市の被害者サポートセンターに取りついでくれた。すると月に何度か富美子の家に相談員が顔を出してくれるようになった。相談員の女性によるとこの頃の富美子は利恵の部屋の遺品を少しずつ整理しはじめていて、アルバムや手紙を見るたびに涙し、体を震わせて悲しみに耐えているような状況だった。富美子の様子は署名運動で街頭に立つ凜々《りり》しい姿とは正反対で、そこには大きなギャップがあった。

牛の歩みのような日々が続く。

会社は結局、出社しはじめてひと月足らずの十一月二日で退社していた。苦しみを抱える富美子にとって、裁判すらも遅々として進まない日々は、ますます苦しみが募るばかりだった。

ささやかな喜びは利恵の恋人だった瀧がときどき部屋を訪ねてくれるようになったこと。署名運動も手伝ってくれたし、息子が現れたかのように心強かった。また瀧も富美子を第二の母親と慕った。ともに最愛の人間を亡くした者として、悲しみを最大に共有できる人であり、利恵の思い出を語り合えば時間は瞬く間に過ぎていった。

冬が去りやがて春が訪れる。

利恵のいない自由ヶ丘を、富美子は何とか一人生きぬいていた。

桜を見れば、折れた枝を可哀相だからと拾ってきた利恵の顔を思い浮かべた。月を見れば、「お父さんが見える望遠鏡」を覗《のぞ》く愛らしい横顔が浮かんだ。坂を下りれば拉致《らち》現場がある。富美子は怖くてその前を歩くことができなかった。

娘はこの丘で育ち、この丘から消えた。

春が去り梅雨がはじまる。

雷雨とともに梅雨が明け夏がくる。

海が大好きだった利恵の夏。利恵がこの世を去ってはじめての夏。気温が上がりその日が近づけば近づくほど、富美子は眩暈《めまい》と悪寒に襲われ、食欲も衰えていった。ただひたすら蘇《よみがえ》ってくる悪夢に耐えているしかなかった。

もう一年が過ぎていた。

しかし裁判はまだはじまってもいない。

利恵に何かを報告することすらできない。

ただ謝るしかなかった。

何もできない母親をどうか許してくれと。

焦りばかりが募っていった。

二〇〇八年八月二十五日の命日に向けて、大勢の人が弔問に訪れた。瀧は二十四日にふらりとやってきて焼香していった。その日はテレビカメラが入っていた。初公判を前に、多くの取材が入っていたのだ。富美子たちはマスコミをさばくのに必死だった。生物部の仲間も日をずらして来てくれた。焼香をし手を合わせ、皆で思い出を語り、そして泣いた。

ようやく初公判が開かれることになった。

二〇〇八年九月二十五日。

瀧が2960の解読をしてちょうど一年が過ぎた。その日は瀧の二十八歳の誕生日であった。

富美子はたくさんの花に囲まれた利恵の遺影に声を掛けた。

「お母さん、頑張ってくるからね」

そして利恵の写真をバッグに忍ばせた。

裁判では利恵の殺害状況が克明に再現されていくことだろう。それを聞き、耐えなければならない。しかし富美子は固く決心していた。利恵が遭わされた現実をすべて自分の耳で聞いてやろう。利恵のためにも、自分がそこから逃げるわけにはいかない。

名古屋地裁は傍聴を求める人で長蛇の列となった。七十席の傍聴席を求めて千人近くの人が並んでいた。テレビの中継車も何台も横付けされ、大変な騒ぎになった。

名古屋地裁の法廷に富美子は入った。五十数年の人生の中で法廷に入るのははじめてのことだった。裁判などとはおよそ縁遠い生活をしてきたからである。

娘を惨殺されて一年以上の月日が流れている。利恵の無念を晴らすのは、もうこの場所しかない。待ちに待った裁判がはじまる。死刑を求める署名は二十八万人を超し、自分としてもできる限りのことはやってきた。このときの富美子の感情の昂《たか》ぶりは、どのようなものだったろうか。

写真をバッグに忍ばせたのは、二度と犯人たちの前に利恵の姿を見せたくない気持ちと、もう怖い目に遭わせたくないという気持ちがあったからだ。ただ、殺害状況の陳述などでどうしても苦しい場面になったら、そこから逃げ出さないように支えてもらおうと隠し持ったのである。

裁判は同じ法廷で三人同時に進められることになっている。

同一犯罪の共犯で逮捕時期もほぼ同じということで、これは珍しくはない。

富美子の前に現れた三人はTシャツやジャージ姿。

川岸はふて腐れたように頭も下げずに被告人席に座る。神田は怒りをこめたように傍聴人席を睨《にら》みつけた。堀だけは裁判官に向かって深々と一礼をしてみせた。

利恵を殺害した三人の実行犯。

その実物を見たとき、富美子は気持ちが悪くなるような嫌悪感を覚えた。三人が三人とも凶悪としかいいようのない人相をしている。人を殺す人間とはこういう顔付きになるのかと恐怖心を抱かざるを得なかった。

検察側による冒頭陳述がはじまる。

〝手錠などで磯谷《いそがい》さんの自由を奪い、粘着テープを頭部に二十数回巻きつけて顔面を塞ぎ、ハンマーで三十回以上も頭部を殴打。さらに頭にレジ袋を被せて粘着テープで留め、さらにロープで首を締めあげた。

「お願い。殺さないで」

その言葉を聞き入れなかった。

被害者はぐったりし、かつその左足が「ブルブルブル」と痙攣《けいれん》を起こしたものの、未だに弱いながらも脈が残っていたことから、確実に殺害するため、被告人神田が、本件金槌《かなづち》を左手に持ち、数十回にわたって殴打し、被害者を窒息死させて殺害した〟

そのあまりの無惨さに傍聴席は静まり返った。

「お願い。殺さないで」の言葉にあちらこちらからすすり泣きが聞こえた。富美子も涙が止められず、俯《うつむ》きハンカチを握りしめて必死に耐えた。

公判前に検事から詳細な殺害状況を教えてもらっていたが、それでも辛《つら》くて胸が苦しくなった。テーブルに証拠品として利恵の頭部を砕いたハンマーが載せられた。工事用のコンクリートを打ち砕くような大型のハンマーである。それを見た瞬間、富美子は気を失いそうなほどに恐ろしくなった。冒頭陳述は続く。〝これにより左側頭部に数センチの陥没、またその下にも数センチの陥没……〟。生きたまま頭部の骨を砕かれていく状況が克明に再現されていく。そしてそれでも利恵は必死にもがき、生きようとしていたことも証明されていった。

傍聴席は息を潜めて静まり返っている。

冷酷な現実を告げる検察官の声だけが響き渡っていた。

富美子はただ俯き、身震いしながら聞いているしかなかった。利恵が向き合った悲惨な現実を少しでも共有してやりたい、娘がどのような状況の中で戦い抜いたのか、その思いを共有してやりたい、胸の中はそんな気持ちでいっぱいだった。

しかし写真や新聞記事でしか知らなかった三人を、わずか数メートルという距離の現実の中で見るのは、衝撃的だった。平面に過ぎなかった三人が、この日から三次元の中に立ち上がった。こんな大きな男三人に囲まれて、利恵の恐怖はどれほどのものだったか。抵抗などできようはずもなかったろう。実物を見ることによりその恐怖感が富美子の中に新たに立ち上がり、そして憎しみもさらに立体的なものとなって増幅していくように思えた。

裁判は富美子にとって苦痛以外の何物でもない。

それは富美子に限らず多くの被害者遺族に共通する感情だろう。

加害者ばかりが守られる。

それは報道によるプライバシーの扱い方からはじまる。加害者のプライバシーは容疑者ということで守られるが、被害者はほとんどすべてをさらけ出される。もちろんそれはこの事件に限ったことではない。マスコミは被害者の友人や知人、親族といったありとあらゆる人をたどり情報をかき集める。卒業名簿の情報を専門に貸し出している図書館があり、被害者の年齢と学校名がわかれば同級生の連絡先が手に入る仕組みになっている。また日本では常識の範囲内であれば、死者にプライバシーはないという考え方が一般的である。遺族とすれば、マスコミにより、亡くなった家族のプライバシーだけがどんどん暴かれていくという、被害者意識が増幅するは当然のことといえる。

弁護人もディベートを中心にあの手この手を使って、少しでも加害者の罪を軽くしようとする。富美子の目からするとそこには正義など存在しないように思われた。ただ職人としていかに死刑を回避するかに、あらゆるテクニックを注ぎ込んで奔走しているようにしか見えない。

しかも被告人にはそれだけではなく、精神鑑定をはじめ性格診断や心理テストなど様々な手段で守られるシステムがある。親や恋人が情状酌量を願い出たりもする。

そんなことを聞いているとき、いつも富美子は思った。

利恵は一人ぼっちだった。

悪党三人に囲まれ、弁護人などいなかった。

それでも精いっぱい、彼らに自分の意志を伝えようとした。

自分は生きていたい。殺さないで欲しい。

しかし男三人は、聞く耳も持たずに利恵を惨殺した。

公判は進み、思わぬ展開を見せていく。

三人がそれぞれに露骨な罪の擦《なす》り付け合いをはじめたのである。

主犯格を神田にしようと、川岸と堀が手を組んだこともあり、手錠をどちらがかけたかで神田と堀が最後まで争った。誰もが死刑だけは逃れようと、醜く責任を押し付け合う。神田は終始、闇サイトで募集をかけた川岸こそが主犯だと言い張った。

神田はいつもニヤニヤし、かと思えば傍聴席の富美子を睨みつけることもあった。川岸とはいつも睨みあっていた。つかみ合いになるのではないかという迫力だった。恋人に手紙を渡してその内容をインターネットで発信していた。その中には利恵を侮辱する発言も多く、反省どころか命を奪った後もなお痛めつけるという異様さを見せつけていた。「犠牲者は別に誰でもよかった」とも言い放っている。「自分がつくったルールに従って生きているだけ。他人がつくった法律に縛られて生きていようとは思わない」と言い張ったかと思えば「殺害のきっかけは、川岸被告が乱暴しようとして被害者の態度が一変したから」などと責任を擦り付けた。「共犯者たちは自分の記憶と違うことばかりを言っている」という発言を繰り返した。

また神田は当初、苦しむ被害者をなるべく早く楽にしてやるためにハンマーで頭部を殴ったと、まるで利恵を助けるためであるかのような証言をし、情状酌量を求めたこともあった。しかし途中から弁護団は、殺意はなかったとする内容に方針を変えた。その根拠はあのような大きな重い鉄のハンマーを殺意を持って思い切り打ち下ろせば一発で死ぬ。つまり三十回も打ち下ろしたということは殺意がなかったということにほかならないというのだ。

さらに、何回目かの公判が終わったあと、部屋に最後まで残った神田が勝ち誇ったように弁護人たちと談笑を続けていたこともあった。

その弁護人と神田の愉快そうな笑顔が、今も富美子は納得も理解もできずにいる。

川岸はすぐに切れて見せた。「謝罪する気はまったくありません」と言ったかと思えば、「命で償えと言われれば償う」「そこにある包丁で、刺してもらってもいい。抵抗はしませんけど」と放言のし放題。反省の色をまったく示していないのである。十一月二十六日に行われた公判では神田に向かって「がん首ならべてここに座っているのはお前らのせいじゃ」と怒鳴り散らした。被害者に対しては「お気の毒です」「要するにかわいそうねってこと」「ご愁傷さまでは、もっと腹が立つのでは」などと他人事のような言葉を並べる。「被害者は運が悪かっただけ」という言葉すら吐いている。人を殺すことについて問われると「日本は戦争でどのくらいの人を殺した。何か罪はあるんですか」と薄情で不条理な言葉を繰り返した。自分は神田や堀に対して見栄を張るために殺すのも仕方ないと言っていただけで、殺人を犯すつもりはなかったと主張、また自分の自白が事件の解決につながったという考えは一向に曲げようとしなかった。

堀はいつも大人しく礼儀正しく振る舞っていた。裁判官への一礼も常に忘れない。無駄なことも言わない。富美子は受け取りを拒否したが、唯一、詫《わ》び状を書いて送りつけてもいた。どんな質問にも冷静に小さな声で答え、常に目線を落とし反省の色を示そうとしていた。神田に今から素手で絞めると突然言われて、自分はそれに加担しただけだと主張。

死刑を回避するための言い逃れだけが法廷に空しく響き続けた。

主犯の譲り合いのような展開。

第十三回公判では、生まれたときからの利恵の様々な写真が提示された。生後三日目に亡き父に抱き上げられたもの。三歳のときの七五三の写真。幼い日のクリスマスでケーキの蠟燭《ろうそく》を吹き消す写真。小学時代、中学時代、高校時代。富美子と行った旅行の写真。そこには幼くして父親を亡くしたものの、すくすくと育っていく少女の半生が映し出されていた。母と娘の二人きりで、しかし健気《けなげ》に成長していく姿。どうしてこの娘がまったく何の落ち度もないにもかかわらず、見ず知らずの男たちの手によって殺されなければならなかったのか。

殺される半月前の浴衣《ゆかた》姿の写真。

満面の笑みを浮かべる利恵。

心から信頼できる恋人を得て、結婚という幸せを目前にした姿が映し出されている。

しかしその望みも絶たれた。

検察側はこのごく当たり前のOLだった利恵の生前の姿を丁寧に映し出すことで、起こったことの残虐さを照らし出し、それを裁判官に訴えていこうという作戦だった。富美子にとってはそれは有り難いことだった。一枚一枚の写真がプロジェクターで映し出され、それについて検察官が質問をし富美子が答えていくという形で進められていった。

幼い日の利恵の写真に富美子は声を詰まらせる。

涙を必死にこらえるが、なかなかそうもいかない。

「利恵は私の宝物でした」と富美子は言い、傍聴席の誰もが涙を流す。

「希望を失った私は、これからどうやって生きればいいのかわからない」と富美子は絞り出すようにつぶやき、そして「主人に申し訳ない。こんなかたちで……。利恵を守ってあげられなかった」と泣き崩れた。

二〇〇九年一月二十日第十七回公判は論告求刑公判となった。

この日富美子は名古屋地裁で裁判官、検察官、弁護人に陳述書を配り、法廷で意見陳述をした。陳述書は川岸、神田、堀のそれぞれに対する被害者遺族の感情を顕《あら》わに書き記したものだ。親として許せない気持ち、死刑をもって償わせるしかないという峻烈《しゅんれつ》な感情を書き留めている。

それから一人娘を失くし、何もかもが変わってしまった自分の生活について書いている。

〃・一旦復帰した仕事も止め、家に引きこもる生活に変わり、時間があればパソコンの前に座っています。事件後はテレビを見て楽しむことはまったくなくなりました。

・娘と同じ年頃の女性や、若い親子連れを見ると、「お母さんは孫ができたら猫可愛がりするみたい」と言った娘の言葉が思い出されます。そんなささやかな夢も、もう絶対に叶うことはありません。辛くなるので人ごみに出る勇気が出ず、世の中の枠の外に、一人ぽつんと取り残された感覚です。

・これから先、何を楽しみに生きればいいのでしょうか。最愛の宝物の娘を奪われて、生き甲斐が見いだせなくなりました。

・いずれ、娘と長年過ごした、思い出の家も出て行かねばなりません。事件後、署名活動した事もあり、私の個人情報は全て流れてしまいました。見知らぬ人も、署名用紙を求めて何人か訪ねてこられました。流れている情報から、我が家を探す事は容易なのです。セキュリティもなく、一人暮らしの私は、三被告の犯罪の内容を知れば知るほど、得体の知れない恐怖を感じるようになりました。

・事件によって全てが変わってしまいました。

・殺されたのは娘一人ではありません。私も娘と一緒に殺されたのです。

最後に伝えたいことがあります。

〈最後に娘へ〉

・利恵ちゃん！　お母さんですよ。

・最後までどんな暴力や悪にも屈せず、信念を貫き通した利恵ちゃんを、お母さんは娘としてではなく、人間として誇りに思います。

・利恵ちゃんは最後まで生きる事を諦めませんでしたね。誰にでもできることではありません。

どれほど生きたかった事でしょうか。理由無く、何故殺されなければいけないのかと、どれほど悔しかった事でしょうか。本当に無念だったでしょうね。

・想像も出来ないほどの恐怖の中で、嘘の暗証番号を選択しなければならなかった利恵ちゃんの心情を思うと、可哀相で胸が苦しくなります。

・利恵ちゃんが残した「ニクムワ」のメッセージは、きちんと裁判官に届けました。そして、12月8日に証人として公判で述べた数より、18800名程も増え、1月19日現在で31587 6名というたくさんの人が、利恵ちゃんのような被害者を二度と出さない為に、三人の被告の極刑に賛同してくれました。
・お母さんは、利恵ちゃんとの楽しかった思い出を大切にして、貴方が私の娘であることを誇りに思い、貴方に笑われない様に、これからの人生を歩いていきます。
・お母さんのことは心配しないで、お父さんと共に天国から見守っていてくださいね。そして何時の日か、笑って再び会える日を楽しみに頑張っていきます。

以上〟

この日にいよいよ三人に対する求刑が行われた。
検察官による求刑はB5判の用紙七十六枚に及ぶ長大なものであり、この事件の凄惨さと、闇サイトの危険性や模倣の可能性、娘を失った母の悲しみ、三十一歳でいきなり人生を奪われた悲劇などが綴《つづ》られている。

〝その行為は正に獣のごとき所業であって、被害者の尊厳を無視した卑劣極まりない行為である。〟

〝このような犯行態様は、被害者に肉体的激痛と精神的恐怖心を加えながら、いわば「生き埋め」にしていることにほかならず、言葉では言い尽くせない地獄の苦しみを与えるほど残虐極まりないものであって、被告人3名の行為は、普通の人間には到底真似することのでき

ない冷酷非道なもので、正に鬼畜の所業というほかない。〃
〃被告人堀が被害者の死体を車から引っ張り出してその左肩に担いで運ぶなど、まるで被害者の死体を荷物同然に扱い、遺棄場所に到着するや、ガードレール越しに被害者の死体を投げ捨てて埋め、正にゴミ同然の扱いをしているのであって、そこには犯跡を隠ぺいすることにより完全犯罪を目論んでいた被告人らの卑屈な姿しかなく、人間性のかけらも見られず、完膚なきまでに被害者の人格の尊厳を踏みにじるものであり、卑劣この上ない。〃

論調はこのように厳しいもので、延々と続いた。そして最後に、

〃被告人3名には、特に斟酌すべき有利な事情は認められず、上記永山《ながやま》事件の最高裁判決に示した基準、その他の最高裁判決等に照らしても、被告人3名の罪責は、いずれもひとしく誠に重大である。〃

〃司法として、被告人3名が犯した罪の報いを正当に受けることを社会に示すことが、被害者、遺族を始め、国民から司法に対する信頼を得、社会正義の実現に寄与するものであり、被告人3名に対しては、極刑をもって臨むほかない。

よって、相当法条を適用の上、被告人3名をいずれも死刑に処するのを相当と思料する。

以上〃

法廷がどよめいた。

一人の被害者に対して三人に死刑が求刑されるのは画期的なことであった。検察側は事件の残虐性やネット犯罪の暗闇を暴き出し、溢《あふ》れんばかりの正義感をもって法律で対応しようとした。一人残された富美子への憐憫《れんびん》も忘れることはなかった。この時点で三十一万人以上に及ぶ死刑希望の署名も追い風となったことだろう。死刑判決における鉄の掟《おきて》ともいえる永山基準に検察側からあえて挑んだのである。

富美子はその検察の勇気ある求刑に心から感謝した。自分が味わってきた地獄のような苦しみに、決着をつけようとしてくれていると感じたからである。そして娘への、せめてもの慰めのためにも……。


二〇〇九年二月二日。第十八回公判。最終弁論。

二〇〇九年三月十八日。第十九回公判。判決。

ついに運命の日がきた。

この日名古屋地方裁判所には七十席あまりの傍聴席を求めて六百七十人の人が並んだ。テレビ局の中継車もずらりと駐車し、裁判所の周りは多くの報道陣が取り囲んだ。

富美子はいつものように黒い地味なスーツを着て、利恵の写真をバッグに忍ばせて判決に挑んだ。結果のことは何も考えないようにしていた。結局は人が決めることなのだから、あれこれ考えても仕方ないと、ある意味では開き直っていた。

そして近藤宏子《こんどうひろこ》裁判長による判決が言い渡される。

〝主文
被告人神田司及び被告人田中こと堀慶末をそれぞれ死刑に処する。
被告人山下こと川岸健治を無期懲役に処する。〟

冷徹な言葉が法廷に響き渡った。

裁判長は殺害状況の残虐さや遺族の処罰感情を重く受け止めた。加えて検察から指摘のあった闇サイトの危険性と模倣の可能性を受け止め、それを予防するためにも厳罰が必要という見解を示した。しかし川岸に関しては自首の点を考慮され、無期懲役とした。

判決の瞬間、川岸は勝ち誇ったように他の二人を見渡した。

「神田より罪が重いのだけは納得がいかん」と裁判の席で言ってきた川岸。犯行後に死刑を恐れて警察に自首したことが、無期懲役と死刑という天と地ほどの差となった。

判決を聞いた富美子は傍聴席で泣き崩れた。

川岸の無期が許せない。

その一心だった。

「お前ら、利恵ちゃんを返せ。利恵ちゃんを生きて返せ！」

そのとき傍聴していた富美子の知人が被告三名に向かって怒鳴り声を上げた。

彼だけではない。利恵の囲碁仲間の女性も、同じように声を上げた。

たとえ彼らが全員死刑になったとしても、富美子のもとには何ひとつ返ってこないのだ。

「利恵ちゃん、ごめんね」

富美子は立ち上がることもできずに、ただくずおれていた。

傍聴席は怒りや悲しみや、富美子への憐《あわ》れみなど様々な感情が入り乱れ、異様な雰囲気に包まれていた。

「利恵ちゃんを生きて返せ！」

男が再び叫んだ。

それは誰の気持ちをも代表する魂の叫び声——。

あとは怒りと悔しさしか残らない。

神田はめずらしく傍聴席に一礼して法廷を後にした。

一方、あれほど丁重に振る舞っていたはずの堀は、その日に限り挨拶《あいさつ》どころか傍聴席を見向きもせずに部屋を出た。本性が垣間《かいま》見えた瞬間だった。

判決を終え、ざわつく法廷。

そのざわめきは、たとえどのような判決が下されたとしても、決して心に収まることができない、そんな罪の大きさに人々が狼狽《うろた》えているからなのかもしれなかった。

法曹界には厳然とした永山基準というものがある。死刑適用に対する最高裁の判断で、それが長年判決の基準となっている。平たくいえば、殺人一人なら無期、二人は微妙、三人以上は死刑というものだ。司法はこのモンスターに囚われて多くの被害者遺族を苦しめてきた。一九六八年の永山則夫《のりお》の犯行当時と現代では価値観も経済も道徳観も何もかもが違う。しかし裁判は判例至上主義のように、永山基準に戻っていく。まるでモンスターに鷲摑《わしづか》みされているようにだ。

現在の一般人の価値観と、箱庭に閉じ込められたような法曹界とのそれを少しでも均衡化するために二〇〇九年に裁判員裁判制度がはじまった。しかし二〇〇九年に起こった千葉県松戸《まつど》市の荻野友花里《おぎのゆかり》さん殺害事件では、一審の裁判員が下した死刑判決を、何と二審で無期懲役に減軽するという信じられない事態が起こってしまった。被告は強盗事件や強姦事件を繰り返し、荻野さん殺害も刑務所を出てからわずか一ヶ月半での犯行であった。

被告三人は控訴、検察側も川岸の無期懲役は不服として控訴した。

この判決はマスコミも大きく取り上げ話題になっていた。一人の女性裁判長が永山基準に挑んだからである。週刊誌等の評価は割れた。法曹界出身者からは、厳しすぎる不当判決という意見が多く、また識者や学者たちは判決の勇気を称《たた》えた。いずれにしても一人の被害者に対して二人に死刑判決が言い渡されるのは異例のことであった。

二〇〇九年四月十三日。思わぬ報道がなされた。何を思ったのか神田司被告が控訴を取り下げたというのだ。これにより神田の一審の死刑判決が確定した。報道によるとこの頃神田は、著しく精神不安定な日々を送っていたという。ラジオから好きなアイドルバンドの曲が流れてきて急に踊り出したかと思えば、三度にわたる自殺未遂も起こした。そのうちの二度は靴下で自分の首を絞めるというもの。またもう一度はコンクリートの壁に自らの頭を打ち付けるというもの。当然ながら死ねるわけもなく軽傷に終わり、自殺未遂とさえ呼べるものではなかったのかもしれない。ただ単に看守の関心を引きたかっただけだという説もある。とにかく、そのような極めて不安定な精神状態の中での本人の申し出により死刑は確定したのである。

堀は比較的落ち着いていた。接見した新聞記者によると、死刑判決が出てから二日間は食べ物が何も喉《のど》を通らなかったとぼやいていたという。不眠に悩み、精神安定剤を服用している。しかし最近は薬に頼ることをやめ、もっとも軽い導眠剤に切り替えているという。とにかく、取り返しのつかないことをしてしまった、反省しているとひたすら繰り返していた。

川岸に接見を申し出た中日新聞の記者は最初に出た言葉に驚いた。「会いたいんだったら、まず金を持ってこい。差し入れは現金じゃ」。川岸もまた不眠に悩まされ、強い精神安定剤を処方されていた。ボーッとした状態が続き、呂律《ろれつ》も怪しくなることがあった。しかしときおり目をぎらつかせて金を要求するのだという。

二〇〇九年三月には判決とともにもうひとつ忘れられない出来事があった。

利恵の恋人だった瀧真語が大学院を総代で修了することが決まった。利恵の念願であった数学博士号を取得したのである。あのような形で最愛の恋人を失い、なかなか立ち直ることすらできない極限の精神状態の中をさまよいながら、しかし瀧は利恵との最大の約束を果たして見せた。もちろん簡単なことではなかった。それでも瀧はやり遂げた。もし自分がこれに失敗すれば、それは事件のことも含めて利恵のせいになってしまうような気がした。だから歯を食いしばった。

富美子の家に意気揚々と学位記を運び込んだ。

利恵が生きていればどんなに喜んでくれたことだろう。

瀧は仏前に手を合わせ利恵に報告する。

「やったよ、利恵。僕、約束通りに数学博士になったよ」

利恵によって瀧の部屋の本棚に結びつけられた学業成就のお守りは、一年半たってもそのときのままになっていた。

総代である瀧の学位授与式には利恵の写真とともに富美子と美穂子が付き添うことになる。

富美子にとっても忘れられない晴れがましい一日。自分の娘の恋人が名古屋大学の大学院を修了して数学博士になったのだ。

「恋人が付き添いの卒業式はときどきあるが、恋人のお母さんというのはちょっと珍しいのでは」と瀧は後に面白おかしく書いている。

富美子にも変化があった。

一審を終えて迎えたはじめての八月に、家を引っ越したのである。

名古屋市内の４ＬＤＫの新築マンション。大きな窓からは市内が見渡せる非常に美しい部屋だ。自分のために利恵が残してくれた貯金八百九十万円を使った。利恵が命がけで守ったお金、「母の家を買うために」と懸命に貯めていたものだ。新しいマンションを買い引っ越すこと、それが利恵にとって本望だろうと富美子は考え、三十年ぶりの引っ越しに踏み切った。三十年近く娘と暮らした部屋を出ることは寂しかったが、しかし利恵のためにも前を向かなければならないという気持ちからだった。これが娘の夢を叶えることなのだ。

またこの頃から、富美子に被害者サポートセンターなどから講演の依頼が来るようになる。少しでも犯罪被害で苦しんでいる人たちの助けになればという気持ちで引き受けたのだが、評判がよく、やがて依頼が次々と舞い込みはじめる。警察、学校、法曹関係など、富美子は全国を飛び回るようになる。そこで富美子は自分が経験したことを、決して癒《い》えることのない傷跡を、直々に語って歩いた。そこには素晴らしい説得力があった。

翌春に小さな別れがあった。

毎週一、二度は家を訪れ食事をともにし、よき話し相手になってくれていた瀧は大学院修了後、名古屋大学で特任助教をしていたのだが、翌二〇一〇年に名古屋を離れることになった。利恵が瀧の部屋に残していったナシゴレンの素《もと》は、賞味期限ぎりぎりに富美子が料理した。こうして同じ傷を持ち、同じ悲劇に振り回された富美子と瀧は遠く離れることになる。瀧はその後一年間韓国の高等研究所に所属し、二〇一一年から東京の出身母校で助教として勤めるようになる。

二〇〇九年三月十八日に第一審の判決が下り、その後、弁護側検察側がともに控訴して第二審へと進むのだが、その初公判が開かれたのが二〇一〇年八月九日だった。これにも驚く。一審から二審までなんと一年半もの月日を要しているのである。事件から一年以上が過ぎて開かれた一審は六ヶ月間十九回にわたり公判が続けられた。それが終わってなお、二審までに一年半もの時間がかかる理由がわからない。

被害者遺族は傍聴や証言のために裁判から離れるわけにはいかない。もちろん判決をもって、新しい生活に進みたいという思いもある。しかし現実には、利恵の死から最高裁で最終的な判断が下されるまでには実に五年間も、裁判待ちという形で店晒《たなざら》しにされてしまうことになる。最高裁での上告棄却の判断が出たのは二〇一二年七月十一日のことなのである。

富美子にとって二審は最悪だった。

堀を守るための裁判としか思えない。

弁護人をはじめとした法律家が知恵を絞って堀の死刑判決を減軽しようとする。要するにそれだけのための裁判だった。そこには永山基準というモンスターがいて、法曹界の既得権益があり、素人たちには破られてはならない既成概念があった。裁判所はそれを守ることに固執し、弁護団と見事に利害が一致した。

二審には弁護側が要求した犯罪鑑定人なる人物が登場し証言をした。五十代の女性の大学教員である。この女性が川岸と堀にロールシャッハテストをはじめとするいくつかの心理テストをした。その結果、堀の性格は穏やかで素直でお人好《ひとよ》し。愛情に飢えている。そして犯罪に親和性がない。矯正の可能性が十分にあると判断された。堀は弁護人や鑑定人に向かって自分がいかに取り返しのつかないことをしたか、どうやって償えばいいか、毎日苦しんでいるなどと気持ち悪くなるほどに白々しい反省の言葉を並べている。それを真に受けた鑑定人や弁護人が、堀の言葉を滔々《とうとう》と代弁する。「自分にとって一瞬で終わる死刑よりも、一生かかって償わなければならない無期懲役の方が遥かに厳しい罪なので、その重い方で償いたい」などという言葉を真に受ける姿など、富美子が弁護人という職人たちの人間性を疑いたくなるのも頷《うなず》ける。

鑑定人によると堀に殺意はなかったという。それも神田のときと同じ理由で、本当に殺意があれば三発も殴る必要がないはずということであった。

しかし実際に利恵は死んでいる。

死んでいるのだから殺意はあるだろうと思うのが被害者遺族の当然の思いだ。殺意がないからこそ三発打ち下ろしたとか、三十発になったとかいう言葉を、遺族は法廷で唇を噛《か》みしめながら聞いていなければならない。一般常識の感覚と法曹界の定義との乖離《かいり》はこれほどに大きい。

二〇一〇年九月十日、神田の控訴取り下げは無効として弁護側が控訴審開始を申し立てたことについて、名古屋高裁は、九日付けで「取り下げは有効」とする決定を下した。

二〇一一年三月七日、神田の控訴取り下げ無効を求めた特別抗告について、最高裁第三小法廷は二日付けで、棄却する決定をした。これにより神田の「控訴取り下げ有効」が確定した。

神田が控訴を取り下げたときは、たまたま精神錯乱状態にあり正しい判断ができなかったとして、それを無効にしようと弁護団が争ったものである。

二〇一一年四月十二日。控訴審第五回公判が行われた。

この席で驚きの判決が下される。

川岸に対する検察側の控訴は棄却され、そのまま無期懲役に。

堀の一審での死刑判決は破棄され、無期懲役へと減軽されたのである。

下山保男裁判長による判決はまことに被害者感情を無視しているというしかない。
一審の判決では闇サイトに集う短絡性や危険性に触れ、これから増えていくだろうインターネットでの犯罪を予防する意味でも厳罰が必要だという考えだったが、二審によると「そうでもない」という見解になる。

〝また本件では、被告人らは、初めて会ってから4日間、行動を共にしたり、互いの携帯電話を通じて連絡を取り合ったりしているのであり、互いに共犯者の容貌等を知る上で通話やメールの履歴という共犯者間の関係を示す痕跡が残るこの種の犯罪が、素性を知っている者同士による共犯事案に比べて、格段に犯罪者の発見等が困難であるとも考え難い。素性を知らない者同士である被告人らの結束力の乏しさが、早期の検挙という結果を招いたともいえる。こうしてみると、本件が他の共犯事案と比べて、原判決がいうほどに、検挙困難な類型に属するとも、模倣性が高いとも一概にいえない。〟

第一審における闇サイトへの警鐘をほぼ全否定している。
しかし二〇一三年十一月六日、闇サイトを利用して出会った三人組が東京都大田《おおた》区田園調布《でんえんちょうふ》の路上で女子中学生を車で拉致し、身代金目的で誘拐するという模倣事件が実際に起こっている。このときはたまたま別の事件の捜査のため検問をしていた警察官が車の中にいた少女を発見し、事なきを得た。

殺害の残虐性については次の通りだ。

〝本件において、殺害の様態が残虐性を増したのは、被告人らが想像したよりも被害者が簡単に絶命しなかったため、殺害の手段を次々に変えた結果である、という側面があり……〟

被害者が頑張ったから犯人たちはやむを得ず残虐化していったというのである。そしてこれは最初から残虐な殺し方をした犯行よりも罪が軽いということらしい。

そして堀への判決。

〝犯罪に対する抵抗感が希薄であることは否定できないが、交通関係の罰金前科しかなく、これまでの生活歴をみても、本件のほかに凶悪犯罪への傾向を示すものは見当たらないことに照らせば、犯罪性向が強いとはいえず、矯正可能性もあると考えられる。

殺害された被害者が一名である本件において、死刑の選択がやむを得ないといえるほど他の量刑要素が悪質であるとは断じ難く、被告人堀を死刑に処することにはなお躊躇《ちゆうちよ》を覚えざるを得ないことから、無期懲役に処し、終生、被害者の冥福を祈らせて贖罪《しよくざい》に当たらせることが相当である。〟

堀は犯罪性向が強いとはいえず、矯正可能性と裁判官はいう。

判決後に堀の弁護人が取材に答えている。

「共謀の時期など事実誤認の主張は認められなかったが、結論としては死刑から無期懲役になったことで、我々の主張は認められた」

また堀の矯正可能性に触れた点については、控訴審で提出した「堀被告の人格は穏やかで攻撃性はそれほど強くない」などとする犯罪心理鑑定が判決に影響を与えたと述べている。

傍聴席で富美子はボールペンを握り締め、厳しい表情で判決に聞き入っていた。閉廷後はしばらく立ち上がることすらできなかった。

ようやく法廷を出ると富美子は取材陣に囲まれた。

そこで富美子は「利恵ちゃん、ごめんなさい。なにもしてあげられなかった」と泣き崩れてしまった。悔しさばかりが胸に募った。いったい誰のための裁判なのだろう。これでは被害者遺族を何度も苦しめるだけではないか。どうして堀の矯正の可能性などを考慮する必要があるのだろう。堀には明るい未来があって、いつか矯正して社会に復帰するということなのか。殺された利恵に未来などない。被害者の数だけを一人、二人、三人と気にするが、殺された側にとっては、人数の問題ではない。命は命だ。

しかし、いくら悔しがりいくら泣いたとしても判決が覆るわけではない。

自分は堀に負けたのだ。

ただ一人、裁判官たちの心証をよくするために思ってもいない謝罪の言葉を投げ続け、頭をペコペコ下げ、終始俯きがちに反省の意を示す。死刑だけは逃れたいという堀の戦術に、犯罪心理鑑定人も裁判官も弁護人も、すべてが嵌《は》められている。富美子にはそうとしか思えない。娘の頭に五八〇グラムのハンマーを三度も打ち下ろした男に、どうして優しいとか攻撃性がないなどと言えるのだろう。心の底から怒りがこみあげてくる。これまで署名活動をはじめとして、何とか頑張ってきたが、その気力も折れてしまいそうだった。

富美子は取材陣に囲まれその中央で泣いた。

どうしても涙を止めることができなかった。


富美子は即刻、上告を検事に申し出た。

一審で死刑判決が出ていることもあり、検察も上告の判断を下す。裁判はついに最高裁へと持ち込まれることになる。

最高裁の決定が二〇一二年七月十一日。

二審の判決からさらに一年三ヶ月の月日を待たなければならなかった。

利恵が殺されてから五年目の夏ということになる。

最高裁の判断は極めて簡潔なものである。

「量刑面での判決が甚だしく不当とはいえない」、また「被害者が一人の本件は死刑の選択がやむを得ないほど悪質とは断じ難い」との高裁判決を「誤りとはいえない」と支持したのだった。

裁判に遺族や被害者の気持ちは反映されなかった。

ただ殺された人数によって刑を決める、その法則に則《のっと》っただけだ。

永山基準というあのモンスターがまたうろついている。

富美子はそこから逃れることはできない。いくらもがいても、叫んでも。

こうして堀の無期懲役は確定した。

最高裁での確定である。もう覆されることはない。

薄笑いを浮かべる堀の顔が浮かぶ。

死刑を逃れ勝ち誇っている堀の顔。

しかしそれがどんなに悔しくても、利恵の無念を思っても、もうなす術《すべ》はない。

二〇一二年の夏。

利恵の五回忌が迫っている。

苦しいだけの夏。そしてまた八月二十五日がやってくる。

裁判結果を報告することもできない。利恵に何をしてやることもできなかったし、もうこれからもできないのだ。富美子は泣きぬれて日々を過ごした。あるのは絶望だけだった。利恵は命を奪われ、その奪った男は生きながらえる。そのことをどんなに嘆いても、もう富美子にできることは何ひとつない。

本当に、何ひとつない。

堀の刑は確定してしまったのだ。

第十三章

午後の静寂

最高裁での決定が出てしまえば、富美子にはもう何もやることがなかった。

会社も辞めていた。ただ二〇〇九年の秋から被害者サポートセンターを通じて、あるいは直接依頼された、被害者の母としての講演依頼が全国から舞い込むようになり、それだけは経験者の言葉として必要としている人に届けようと考えていた。四国、九州、東海、関東とどこにでも出かけた。そしてそこにはいつも美穂子が同伴してくれた。場所は警察学校のこともあったし法律を学ぶ学生たちの前での講演もあった。被害者とその遺族というものがどのような現実にさらされるのか、富美子の言葉には間違いなく説得力があった。最高裁の判断が出た後の二〇一二年の十一月二十七日の講演では、五百人もの人が集まった。

娘を失くし、その恋人も去り、裁判も最悪の形ですべてが終わった。

二〇一二年七月。

富美子は空っぽだった。

どうしていいかわからないほど、何もなくなってしまっていた。

被害者遺族の会のために書いた一篇の詩が残されている。

空

利恵ちゃん、お母さんの声届いていますか。

寂しい時、悲しい時、辛い時、あなたに会いたくて空を見上げます。

親しい人に語ったという、あなたの言葉を聞いたから。

「生まれ変わるとしたら、空とかになりたい。」


お母さんは、命あるあなたの最期の場所に行きました。

立ち去る私たちを見送るように、空に奇麗な虹がかかりました。

きっとあなたは伝えたかったのね。

「私は虹の橋を渡って空にいます。」


何時でも何処でも空を見上げると、あなたに会える気がします。

何時もあなたが見ていてくれる気がするから。

利恵ちゃん、お母さんの声届いていますか。

「もう一度あなたに会いたい！　もう一度あなたの声が聞きたい！　もう一度あなたの暖か

な頬に触れたい！」


再びあなたに会える日を楽しみに、しばらくこちらにとどまります。

再びあなたに会える日を楽しみに、空を見上げて歩きます。


二〇一二年、富美子にとっては何もかもを失ってしまった夏。

娘の仇《かたき》を取ると誓い、しかし何をすることもできない自分の無力を知らされた夏。堀は法律の壁の中に手厚く守られ、富美子はただ事実を噛《か》みしめながら泣いているしかなかった。娘に何もしてやれなかった自分。そんな自分に立ちはだかるあまりにも高い法律の壁。

裁判がすべて終わり、富美子の戦いは終了した。

すべてはここで終わるはずだった。

覆ることのない判決の前になす術《すべ》はない。

しかし、有り得ない奇跡が起こる。

それは富美子も予想だにしなかったことだった。

その情報は二〇一二年八月三日にもたらされる。最高裁決定からわずか二十日ほど後のことだ。

堀が十四年間も未解決だった強盗殺人事件の犯人として逮捕されたというものだった。その日、趣味のトールペイントの教室に行っていた時に、携帯にマスコミからの一報が入ったのだ。

「えっ？」と富美子は叫んだ。

事件は一九九八年六月に愛知県碧南《へきなん》市で起きた碧南事件。パチンコ店の店長、馬氷一男《まごおりいちお》宅に男三人が侵入。当時、馬氷家には里美夫人と、八歳と六歳の男の子の三人がいた。日曜日の夕方四時半頃、鍵の掛かっていない玄関から無言で上がり込んだ堀は二階に直行し、そこにいた里美に「おとなしくしていたら何もしない」「一男さんの知り合いでやくざに追われている。かくまって欲しい」などと言って、一男が帰宅するまで待たせてもらうことを承諾させた。里美は男たちを何とか和ませようと、酒を出したりつまみを出したりして歓待するふりをする。里美のなかでは尋常でないことが起こっていると気づいていた。この男たちは間違いなく夫が勤めるパチンコ店の売上を狙ってきたのだ。子供たちの命だけは守らなければならない。その一心で酒をふるまう。子供二人が二階で寝たあと、堀の共犯者、佐藤と葉山が里美を絞殺。さらに、一男が帰宅すると背後から襲い、堀が馬乗りになり首を絞めて殺害する。堀たちは現金六万円と金庫や鍵束《かぎたば》を奪い、夫婦の遺体を車に運んでトランクに押し込み、路上に車ごと遺棄した。子供たち二人は部屋で寝かされていて無事だった。

知り合いの犯行とみられることですぐに解決すると思われていた事件の捜査は難航。瞬く間に十年以上が過ぎ、迷宮入りと思われていた。しかし事件は思わぬ形で解決する。

里美が振る舞った酒や食事、それらを食べながら吸った煙草。堀はＤＮＡや指紋を残さないために軍手をはめたまま食事をし、皿やコップ、吸殻は持ち去っていた。しかし、枝豆の殻が残っていた。

その遺留品を、警察が冷凍して保管していたのである。将来の科学捜査の進歩に期待してということなのだろうか。そしてその執念が実を結ぶ。二〇一一年四月に愛知県警に「特命捜査係」が結成される。それは格段に進歩したDNA鑑定技術を使って、未解決事件を一斉にスクリーニングしようというものであった。

堀のDNAは利恵殺害事件によって採取されていた。

そしてそのDNAが碧南事件に残されたわずかなDNAと似ていたのである。

それだけではない。堀はもうひとつ強盗事件を起こしていた。二〇〇六年七月、名古屋市守山区でのこと。仕事関係で知り合った一人暮らしの老女の家に、男三人が風呂《ふろ》の点検にきたと偽って押し入り、現金二万五千円、貴金属類（三十八万円相当）、金庫を奪った。それからヒモのようなもので首を絞めて逃走。その後老女は奇跡的に息を吹き返し、この守山事件は強盗殺人未遂に終わっている。

堀はほどなく碧南の事件を自供した。DNAという証拠を突き付けられてのものだった。しかし、守山事件については黙秘を通した。

もう一人の共犯者、葉山も逮捕された。

裁判にある通り堀には交通違反の罰金前科しかなく、DNAの採取はされていない。つまり磯谷利恵を殺害したことによりDNAを採取されていなければ、もしかしたら二つの事件は解決しないままだったかもしれないのだ。利恵を殺害したことにより完全犯罪となりかけていた二つの事件を目覚めさせてしまったということになる。無期懲役という壁の向こうに消えかけたと思われた堀だったが、ついに追い詰められた。

利恵が導いたのだと富美子は言った。

どうしても許せないと、無期懲役じゃ許せないからと。

息子を守りたい一心で酒や肴《さかな》を振る舞い陽気に接してみせた馬氷里美の知恵と勇気。それも結果的に事件を解決する鍵となった。これによってわずかな唾液《だえき》のサンプルが残されたのだ。殺害されたとき、里美はまだ三十六歳だった。

こうして稀代の殺人鬼、堀慶末の悪行が暴かれていった。

人を殺すことを何とも思わない。

三度の強盗殺人と強盗殺人未遂を繰り返した悪魔のような男である。

あのハンマーを購入したのもこの男。利恵を車に引きずり込んだのも、手錠をかけたのも、ガムテープで口を塞いだのも、真っ先に利恵の頭にハンマーを打ち下ろしたのも、無慈悲に息も絶え絶えの利恵の頭を粘着テープで二十三周もグルグル巻きにしたのも、遺体となった利恵を荷物同然に肩にかついで放り投げたのも。

その男について、犯罪鑑定人は心理テストの結果として、「優しい」と判定する。

「犯罪に親和性はない」

「矯正の可能性がある」

弁護人が言った通りにその結果が、判決に反映されていった。

それを遺族たちは目の前で聞かされる。

「堀は優しい」「堀は優しい」

氷の心臓。

何も感じずに無抵抗の女性にハンマーを打ち下ろす。あとはお疲れさま。財布にいくらある？

矯正の可能性などあるわけがない。世に放てば四度目、五度目の強盗殺人を繰り返すだけだろう。富美子が司法制度に不信感を持つのは当たり前のことである。検察官をのぞくほぼ全員で、堀を減軽しようとする、そのための裁判。犠牲者の姿はもうそこにはない。

裁判が終わっても被害者の苦しい時間は流れていく。

富美子が半ば無意識で朝に何かを言っても「お母さんうるさいから朝から話しかけないでよ」という娘の声は返ってこない。時間とともに「ただいま」に対する「お帰り」も自分で言うようになった。いつの間にか一人芝居を覚えていた。「行ってきます」「行ってらっしゃい」。そんな声が、毎日空しく響き続ける。夜講演の原稿を書いていたら急に涙が止まらなくなることがある。そんなときは歯を食いしばり、こうつぶやく。「利恵ちゃん、お母さんが強いの知っているでしょう」。

利恵に連れていかれてのレストラン巡り。本当にどんなに楽しみにしていたか。しかしそんな時間も永遠に戻ってこない。まるで毎日がそのことを確認するためにあるような気持ちになってしまう。

そんな日々の中で、思わぬことが起こった。

二〇一五年六月二十五日。法務省により発表があった。

神田司　死刑執行。

死刑確定から五年もたっていない。スピード執行といえた。

上川陽子《かみかわようこ》法務大臣の命により、刑が実行されたのである。

突然の一報に富美子は動揺した。

しかし少なくとも一人は、利恵の仇を討つことができた。そう思うと少しだけ肩の荷が下りたような気がした。利恵には報告をしなかった。事件のことを思い出してほしくなかったからだ。


二〇一五年十二月十五日。

私は名古屋地方裁判所第二法廷の傍聴席にいた。この日も七十席ほどの傍聴席に七百人以上の人が列をなし、傍聴席を確保するのも至難の業であった。編集者が抽籤《ちゆうせん》用のアルバイトを十人用意してくれていた。初公判のときも大混雑し、私と編集者の榊原大祐《さかきはらだいすけ》は抽籤をはずした。しかしアルバイトの二人が当たりくじを引き、辛うじて傍聴することができた。

この日は碧南事件および守山事件に対する堀の判決の日。

不思議なことが起こった。

アルバイト十人が全員抽籤をはずしたのである。

ところが、私と榊原は当たっていた。

こんなこともあるのかと思う。抽籤も何度か経験するうちに少しは読めるようになる。すっかり仲良くなった裁判傍聴マニアのおじさんが二時の方向を引けと教えてくれた。それが功を奏した。富美子もまた当たりくじを引き当てていた。嬉《うれ》しそうにそれを見せ、これは幸先《さいさき》がいいと目が輝いていた。

堀の裁判を傍聴するのは三度目のことだった。

無期懲役が確定している堀は、鮮やかな薄緑色の囚人服を着ていた。頭は真っ青に刈られ顔はまるで深海魚のように真っ白だった。看守に囲まれ手錠をして法廷に現れた。身長は一八五センチは優にあるだろうか。しかし取り囲む三人の看守はさらに大きい。必ず裁判員たちに礼儀正しく一礼をする。おそらく堀にこの先、できうることはほとんどない。それでもほんのわずかの希望を頼りに、自分にできることの最善を尽くす。それは頭を下げて、しおらしく振る舞い、少しでも心証をよくすること。その精神力は見上げるものがある。この手口で先の裁判は見事に乗り越えたのだ。

前回傍聴した公判で、証人として呼ばれていた佐藤浩もまた真っ白な顔をしていた。

堀と佐藤は旧知の仲で碧南事件と守山事件の共犯者でもある。

そのときの公判で、堀と佐藤は碧南事件での殺人を認めた。一男と里美、一人ずつを分け合う形で。

そして守山事件で老女の首を絞めたことに対しては徹底的に譲り合った。あなたがやった。いやそれはないあなたでしょう。強盗殺人も被害者が一人ならば死刑を免れる可能性が高い。しかし老女の首を絞めていたとなると状況は変わる。だから二人ともどうしても引き受けるわけにいかないのだ。

しかし二人ともやっていないのなら、どうして老女は意識不明にならなければならなかったのか。堀は振り向いたら佐藤がすでに首を絞めていたという。佐藤は堀が馬乗りになっていたという。水掛け論が延々と続いた。


判決の時間が近づいていた。

私の右前方の遺族席には事件から十七年たった子供たちの姿がある。両親を殺された彼らは親《しん》戚《せき》の家に預けられて過ごしてきたのだ。紛れもない被害者である。八歳と六歳だった彼らは立派に成人した。それでも口に出せない理不尽な十七年間があったことだろう。それを乗り越えてきたのだ。迷宮入りかと思われていた事件が急展開し、今実行犯の堀を目の前にしている。

その横では何人ものイラストレーターが裁判の様子をスケッチしている。

富美子は私のすぐ後ろの列に座っていた。

三十三万二千八百六人。

それが泣き虫で小柄な富美子が利恵のために集めた最終的な署名の数である。途《と》方《ほう》もない数字と言えるだろう。ではなぜそんなにも多くの人が賛同してくれたのか。

それは誰でもない、利恵の頑張りに尽きるのではないか。

あの最期の二時間、次々と降りかかる恐怖に耐え抜いた利恵。

悪党たちにありとあらゆる脅迫を受け暴力を受け、それでも耐え抜いた利恵。

夢を守るために決して暗証番号を明かさず、しかも最後には嘘の番号を告げた。

「2960」

その言葉を発した瞬間の利恵の気持ちを思うと可哀相でならないと富美子は言う。死を覚悟した瞬間。悲しくてならないと……。

しかし利恵はその後も最後まで戦う。

「殺さないで」

「お願い、話を聞いて」

ハンマーで頭を砕かれガムテープで顔をグルグル巻きにされても、訴え続ける。

「私、死にたくないの」

そして最後まで取り乱すことなく絶命する。

何度も何度も思い出すシーンだ。

頭をハンマーで砕かれどう見ても絶望的な状況の中で言う利恵の言葉。

「私、生きていたいの」

その言葉の清々《すがすが》しさ、高貴さにどのくらい胸を揺さぶられたことか。

その状況の中で利恵は最後まで何かを守り抜いた。

それこそが尊厳というものなのかもしれない。

そして彼女が命を懸けて最後まで守り抜いたことで、富美子をはじめこの事件に接した多くの人たちを守って見せたのである。

法廷は静まり返っている。

判決はまとまったようだ。

私は考えていた。そうなのだ。三十三万人という意味はきっとそういうことなのだ。君が命を懸けて多くの人の尊厳を守ったように、きっと君もいつかはその多くの人たちから守られるようになるだろう。君がいるその暗く果てしない孤独の場所を、やがて君が守った人たちが明るく照らし出してくれるはずだ。

君が勇気を奮い最期まで戦い抜いた、それはもう今となってはいつかの夏のことだ。でも人々はきっとその夏を、いつまでも忘れないだろう。

裁判長が席に戻る。

そして判決が読み上げられる。

堀の坊主頭がびくっと動く。

富美子は歯を食いしばり両手をにぎりしめ祈るように俯《うつむ》いている。

記者たちがバタバタと走り回る。

景山太郎裁判長は張りのある声で高らかにこう宣告した。

それは午後の静寂を引き裂くように法廷に響き渡る。

「主文　堀慶末被告を　死刑に処す」

あとがき

その日、私は遊園地の停電で停まってしまった回転木馬の上に座っているような気分だった。一言で言えばへこんでいた。気分はこれ以上ないくらいに盛り下がっていた。そして当然のごとく間抜けだった。私の隣にはもっと間抜けな顔をした、編集者榊原大祐《さかきはらだいすけ》がいた。

朝、七時台の新幹線に乗って東京駅を出た。名古屋を経由して米原《まいばら》から北陸線に乗り換え金沢へ。家を出て約五時間の旅。そこで取材を済ませ、夕方五時過ぎの金沢発の電車で名古屋を目指していた。取材初日のことで、心は最高潮に高揚していなければいけないはずなのだが、私と隣の席に座る榊原は完全にへこたれていた。

理由はただひとつ。

この取材に出発する二日前に磯谷富美子さんから予想していなかったメールが届いた。優しく思いやりのある言葉で綴《つづ》られていたが、結論としては今回の取材は受けられないというものであった。その最大の理由は娘が望んでいないだろうというのである。

今回の企画がスタートしたとき、私が望んだ最大の条件は、母の取材協力であった。自分としてはひとつの事件としてではなく、家族全体に降りかかった悲劇としてこの事件を書いてみたいという気持ちがあった。主人公は犯人たちではなく被害者側。あくまでもその視点から書いてみたい思いが強く、それには被害者の母の協力は不可欠だった。

富美子さんから頂いたメールは優しい言葉の中にも決然とした意志が感じられた。そのメールを読みながら、名古屋の街頭に立ち、犯人たちを死刑にするための署名を呼びかける小柄な中にも芯の強さを感じさせる母親の姿が脳裏に浮かんでは消えていった。あの堅い意志を心の中に秘めた闘士のような女性の決断をひっくり返すのは無理だろう。何度もそう心に言い聞かせた。

その時点で、私は断念していた。

しかし編集の榊原は何を思ったのか、すでに動いていて、金沢の記者や名古屋の中日新聞本社での取材を取り付けていたのだ。

「どうしますか?」と聞かれた。

書かないであろうノンフィクションの取材に泊まりがけでいくというのもどういうものなのだろうか。単なる金沢観光旅行になってしまう恐れも多い。しかし、私の口から零《こぼ》れた言葉は自分でも意外なものであった。

「まあ、とりあえず行ってみるか」

何人かにアポイントを取っているのを断るのも気が引けた。それに何といっても名古屋に行って拉致《らち》、殺害、遺棄の現場を見てみたいという気持ちも強かった。そして磯谷利恵さんが実際に生き、育っていったその街の空気も吸ってみたいと思ったのだ。

その金沢から名古屋へ向かう電車の中。

もう朝からどのくらい電車に乗ったのだろう。

横に座る榊原はおそらくノンフィクションの担当はこれがはじめて。金沢へ向かう電車の網棚の上に、取材先への手土産を忘れてきてしまったことをしきりに後悔している。窓の外はすっぽりと闇に囲まれ、先に見える光は何一つなく、おそらく世界的にも最低に見込みのない取材班ともいえる二人なのであった。意気消沈、その言葉のままである。

※

私がこの事件をはじめて知ったのは二〇〇七年の秋。

ワイドショーで連日取り上げられていて、印象に残っていたものの、このような残虐な事件は続々と報道されており、その中のひとつとして私は何となくぼんやりとテレビ画面を眺めていた。

報道されている内容は、インターネットの闇の職安と呼ばれるサイトで集まった三人組が金目当てに見ず知らずのＯＬを車に監禁してこれ以上ないような残虐な方法で殺害したというもので、被害者の母親の姿が強く印象に残っていた。しかしこのような言い方をして本当に申し訳ないが、それに近い事件は全国で毎日のように起こっており、本件もまるで大波のように押し寄せてくるそんな数多くの殺人事件のひとつに過ぎなかった。

そんな一人の被害者が私の中で磯谷利恵さんに変わった瞬間。

いつものようにぼんやりとワイドショーを眺めていたある日、新情報として被害者女性が「囲碁カフェに通っていた」という言葉が耳に飛び込んできたのである。三十一歳、派遣OLということは知っていたが、その女性が囲碁を覚え足繁《あししげ》く街の囲碁カフェに通っていたということに驚いた。もしこの言葉を聞き逃していたら、名古屋で起きた悲惨な殺人事件ということで私の心のどこかに整理されていったかもしれない。しかしこの囲碁という言葉ひとつで、私の中の被害者像が瞬く間に具体化されていった。

私は長らく将棋界で仕事をしてきた。囲碁界はすぐ隣にいる兄弟のようなもので、何となくではあるが状況はつねに伝わってきた。将棋もそうだが、もちろん囲碁も三十歳を超えた女性がはじめるには大変な勇気と根気がいる。囲碁はとくにルールを正確に覚えるだけで一苦労だ。大抵の碁会所は男性社会を形成しておりそこに入り込んでいくことにも度胸がいる。そんな様々なハードルを突破して囲碁を習っているという。

そこに並々ならぬ知性を感じたのである。

事件が起こったあの忌々しい二〇〇七年から、取材をはじめる二〇一四年まで、七年の年月を要してしまった。しかしもちろん磯谷富美子さんにとっても、私にとっても、その時間の経過はなくてはならないものだったといえるだろう。

もちろん永遠に癒《い》えない傷ではあるが、しかしその大きな傷跡の上にも音もなく時間という何かが降り積もっていった。それは何かを消し去り、そしてある何かをより鮮明なものにしていた。磯谷利恵さんは静かに降り積もる時間の中で、記憶の中の形や輝きをより際立たせていった。今も母の胸の中で踊りまわるように存在する娘がいて、その姿を母は私にありのままに語ってくれた。そこにあったものは、美しい母と美しい娘、そして輝くような強い二人の愛。ここに描かれている磯谷利恵さんは、今も母の中に生きている姿そのものというしかない。

ほぼ完全な形で取材を断られた私は、残念ながら諦《あきら》めるしかなかった。

母の協力なくしてはこのノンフィクションは成立しようがない。

最高に情けない金沢と名古屋での取材を終えて東京に戻った。私は完全にへこたれていたのだが、しかし驚いたことにまったくへこたれていない男がいた。編集の榊原である。実直で真面目だけが取り柄のような、しかしそれでいてちょっと間抜けなところもあり、そんな彼がまるで網棚に置き忘れた手土産を取り返すかのような活躍を見せる。

止まっていた回転木馬が少しずつ動き出す。目に見えない何かの力で。

彼は彼なりに思いを込めた手紙を富美子さんに送る。するとどうだろう、極めてわずかではあるが軟化の気持ちを示してくれた。事件の取材としてならば会ってもいいと言ってくれたのである。

瀧真語さんも、すでに家庭を持っているということもあり、取材には二の足を踏んだ。当たり前のことである。懸命に悲劇を乗り越えて違う人生へ踏み出したのだから。しかし、どういうわけかそれも、榊原がひっくり返してくれた。きっと瀧さんからしてみれば、あまりにも頼りなく思えたからだろう。

富美子さんにはじめての面会ができたとき、それは二〇一三年十二月五日のことで、場所は名古屋市内の被害者サポートセンターの中であった。富美子さんの顔面は蒼白《そうはく》で、緊張のためか硬い表情をされていた。そのとき堀は死刑を二審で減軽され、最高裁で無期懲役が確定していた。富美子さんにとって落ち着かない時期だったのではないかと思う。しかし本書にあるように、被害者も加害者も含めて運命は想像もしていなかった展開を見せる。それからのことはまるでドラマを見ているような進展で、しかも今も現在進行形で続いている。堀の二審の判決は十一月八日、それからまた上告するだろうから、結末はまだ見えてこないが、是非、注目して頂きたい。

書かれたくないであろう人の人生を書いてしまったことに、ひきつるような後悔の念がなくはない。しかしそれでもやはり、磯谷利恵さんの人生は書き残しておくべき意義のあるものだという強い思いは変わらない。富美子さんは私よりも数倍も強く、同じ思いなのではないかと思う。瀧さんも美穂子さんも、取材に協力していただいた多くの方々も。

どういう偶然なのか、亡くなられたときに利恵さんがバッグに忍ばせていた本は囲碁の藤沢秀行《ふじさわひでゆき》名誉棋聖の「野垂れ死に」という新書であった。自らの破天荒な生涯を面白おかしく語った快著で、瀧さんから借りていたものだ。その題名は口には出さないが誰もが気になっていた。そして磯谷利恵さんの生涯が決してそのようなものではなかったことを証明するために、辛《つら》い過去を振り返り、苦しい思いを何度も何度も繰り返しながらも頑張り抜き、驚くべき精神力で何もかも伝えて下さった磯谷富美子さんに心から感謝を申し上げたい。
最後に……。本書の題名「いつかの夏」は利恵さんが心から愛したGLAYの曲〝いつかの夏に耳をすませば〟というタイトルから抜粋したことを書き添えておく。

二〇一六年一〇月二八日

大崎善生

＊

本書は、「小説 野性時代」2016年2月号から同年10月号に
掲載された作品を、
加筆・修正のうえ、単行本化したものです。

大崎善生（おおさき よしお）
1957年、札幌市生まれ。2000年、デビュー作の『聖の青春』で新潮学芸賞を、01年『将棋の子』で講談社ノンフィクション賞を受賞。02年には、初めての小説作品『パイロットフィッシュ』で吉川英治文学新人賞を受賞した。他の作品に『アジアンタムブルー』『ドナウよ、静かに流れよ』『ロックンロール』『孤独か、それに等しいもの』『別れの後の静かな午後』『優しい子よ』『スワンソング』『孤独の森』『ランプコントロール』『エンプティスター』『ロストデイズ』などがある。

いつかの夏《なつ》
名《な》古《ご》屋《や》闇《やみ》サイト殺《さつ》人《じん》事《じ》件《けん》

2016年11月30日　初版発行

著者　大崎善生《おおさきよしお》
発行者　郡司　聡
発行　株式会社 KADOKAWA
東京都千代田区富士見2-13-3 〒102-8177
電話0570-002-301（カスタマーサポート・ナビダイヤル）
受付時間9:00～17:00（土日 祝日 年末年始を除く）
http://www.kadokawa.co.jp/

印刷所　大日本印刷株式会社
製本所　本間製本株式会社

 ISBN 978-4-04-102522-2 C0095
JASRAC 出 1611150-601